高速铁路基础研究与技术创新丛书

编　委　会

"十四五"时期国家重点出版物出版专项规划项目

高速铁路基础研究与技术创新丛书

动 车 组 系 列

高速列车风阻制动技术

本丛书编委会　总主编

田　春　周嘉俊　马天和　吴萌岭　编　著

周劲松　主　审

中国铁道出版社有限公司

2024年·北　京

内 容 简 介

本书为“高速铁路基础研究与技术创新丛书”之分册。本书基于多项基金项目及课题研究成果，在列车制动理论和工程实践基础上，对风阻制动流场分析、装置设计、试验验证和对列车运行安全性影响等开展系统分析与阐述。本书系统归纳了高速列车风阻制动的基础理论，论述了风阻制动设计方法和理论分析方法，深入探究了风阻制动试验研究方法，阐明了风阻制动紧急制动安全性保障技术，结合具体应用案例介绍了风阻制动技术在工程应用领域进行的一些有益探索。

本书可供高速列车科研和工程技术人员参考，也可作为车辆工程、载运工具运用工程等专业的研究生教材或参考书。

图书在版编目(CIP)数据

高速列车风阻制动技术 / 田春等编著. -- 北京 : 中国铁道出版社有限公司, 2024. 12. --(高速铁路基础研究与技术创新丛书). -- ISBN 978-7-113-31648-8

Ⅰ. U292.91

中国国家版本馆 CIP 数据核字第 2024KY1743 号

书　　名：高速列车风阻制动技术
作　　者：田　春　周嘉俊　马天和　吴萌岭

策　　划：黄　璐
责任编辑：白小玉　黄　璐　　**编辑部电话：**(010)51873138　　**电子邮箱：**jiliang@tdpress.com
封面设计：高博越　　**封面摄影：**王明柱　　**丛书标识设计：**崔丽芳
责任校对：刘　畅
责任印制：高春晓

出版发行：中国铁道出版社有限公司(100054，北京市西城区右安门西街8号)
网　　址：https://www.tdpress.com
印　　刷：北京联兴盛业印刷股份有限公司
版　　次：2024年12月第1版　2024年12月第1次印刷
开　　本：787 mm×1 092 mm　1/16　**印张：**14.5　**字数：**301千
书　　号：ISBN 978-7-113-31648-8
定　　价：98.00元

序

我国高速铁路起步晚、发展快、后劲足，经过几代人的不懈努力，通过原始创新、集成创新、引进消化吸收再创新，成功地走出了一条符合中国国情路情、具有中国特色的自主创新之路。我国已系统掌握各种复杂地质和气候条件下高速铁路建造成套技术；在工务工程、列车运行控制、牵引供电、动车组等高速铁路核心技术方面实现自主化；形成了复杂路网条件下处理跨线运行的运营管理成套技术，构建了人防、物防、技防三位一体的主动安全保障机制。我国已成为全球高速铁路运营里程最长、在建规模最大、运营速度最快、技术体系最全、运营和管理经验最丰富的国家。我国高速铁路技术已走在世界前列，成为推动世界高速铁路发展的重要力量。

为贯彻落实中共中央、国务院《交通强国建设纲要》，推进国铁集团《新时代交通强国铁路先行规划纲要》的落地，系统总结、梳理我国高速铁路各领域前沿理论和技术，向我国乃至世界高速铁路科研工作者和工程技术人员提供一套前沿性的参考书，中国国家铁路集团有限公司铁道出版社公司特组织编著出版“高速铁路基础研究与技术创新丛书”。

丛书以习近平新时代中国特色社会主义思想为指导，以国家自然科学基金课题、国家基金委-国铁集团高铁联合基金课题、国家“973”课题、国家重点研发计划课题等科研成果为支撑，从高速铁路前沿研究、补短板技术、核心技术、技术发展趋势等方向组织选题，涵盖动车组、供电、通信与信号、列控与检测、工程勘察与设计、智能建造、运营与管理、现代信息技术、安全和维护等领域，规模为100册，是全面系统论述我国高速铁路基础研究与技术创新成就的大型系列原创性科技著作。

丛书力求突出制高点、原创性、权威性、全覆盖特色。丛书各册内容以作者团队长期从事高速铁路科学研究的成果为依托，多数成果居于国内领先水平甚至世界先进水平，多种成果荣获国家科学技术奖一等奖、二等奖，国家技术发明奖一等奖、二等奖，茅以升科学技术奖，詹天佑铁道科学技术奖，铁道科技进步奖等奖项，丛书内容体现了我国当今最新、最前沿以及展现未来发展趋势的高速铁路相关研究成果和应用技术。丛书包括动车组、供电、工程施工与组织等十个系列，基本实现高速铁路各领域全覆盖。

丛书由编委会总负责。编委会阵容强大，认真负责。编委会各成员都是长期从事我国高速铁路科研、技术、生产和管理的一流专家学者，是所从事领域的翘楚，其中包括高速铁路及其相关领域的四位院士。编委会多次开会商讨丛书的体系、内容特色、作者条件及质量保障机制；分工负责，精心审订和修改各册编写提纲；多次遴选选题，先从150多个选题意向中遴选出100个选题，后又剔除了内容特色不太鲜明的8个选题，还对10多个选题提出了较大的改进意见，补充了8个关键技术和弥补技术空白的选题；最后邀请专人对各册内容进行审定，从而保证了各册内容的正确性和先进性。

2021年年底，国家新闻出版署经过严格评审，“高速铁路基础研究与技术创新丛书”(100册)成功入选“‘十四五’时期国家重点出版物出版专项规划——重大出版工程”。这是对本丛书项目的认可，也是对编委会、作者和编辑等人员前期工作的认可，更是一种鞭策。我们相信，本丛书的出版，将助力于《交通强国建设纲要》的贯彻落实，推动我国乃至世界高速铁路事业的发展，也将为铁路领域的科研工作者、工程技术人员、管理人员，以及高校相关专业师生提供一套高水平、原创性、权威性、全覆盖的大型高铁科技精品著作。

中国工程院院士
“高速铁路基础研究与技术创新丛书”编委会主任 卢春房

2022年2月

前　言

本书为“高速铁路基础研究与技术创新丛书”之分册，按丛书要求，力图体现高速列车风阻制动技术系统性、前沿性、原创性特色。

在高速铁路的发展进程中，随着列车运行速度的提升，紧急制动时仅采用摩擦制动转移列车动能会使得摩擦副面临极大的热负荷。目前以摩擦制动为主的黏着制动方式在高速时受制于轮轨黏着条件，会为保障列车运行安全被迫延长制动距离。为减轻热负荷和缩短制动距离，有必要采用非黏着制动方式对高速列车的制动力进行补充。风阻制动通过展开置于车顶的制动风翼增加空气阻力来产生制动力，其提供的空气阻力与速度平方成正比。随着列车运行速度的提升，风阻制动具有明显优势。因此迫切需要基于风阻制动作用机理，结合高速列车结构特点，充分利用现有技术条件和研发环境，进一步利用高速列车速度特性，开展风阻制动技术的广泛研究。编写本书旨在让更多科研人员在全面、深入了解风阻制动技术的基础上，能共同努力攻克风阻技术的发展难题、开创风阻技术研究的新局面。

本书系统地归纳了高速列车风阻制动基础理论，论述了风阻制动设计方法和理论分析方法，深入探究了风阻制动试验研究方法，阐明了风阻制动紧急制动安全性保障技术，结合具体应用案例介绍了风阻制动技术在工程应用领域进行的一些有益探索。

当前国内已有一些机构进行了风阻制动技术研究，但理论分析和试验研究尚缺乏系统性。本书凝聚了同济大学交通学院列车制动与安全团队近20年风阻制动研究积累的经验和成果，充分借鉴了空气动力学理论和试验方法以及国内外风阻制动研究经验，结合高速列车应用领域特点，完整深入地分析了风阻制动技术理论分析和试验研究涉及的理论和方法。

本书由同济大学田春、周嘉俊、马天和、吴萌岭编著，同济大学周劲松主审。在编著过程中，编著者根据自身多年从事制动教学和风阻制动研究开发的经验和成果，对内容的编排和取舍做了认真的考量和优化。感谢翟耕慰、童尧、李耀杰、陈超、于昊对本书编著给予的帮助。

由于编著者水平有限，书中难免有不妥、疏漏之处，欢迎广大读者指正，或提出修改意见，以便今后作进一步修改和完善。

编著者

2024年8月

目　　录

第1章　绪　　论

1.1　高速列车制动技术概况

高速列车速度的提高，为人们的出行带来了方便和快捷，同时伴随着列车运营速度的提升，安全问题也越来越受到人们的重视。制动技术作为保障旅客生命财产安全和高速列车运行安全的一道重要防线，更是备受关注。

对于高速列车来说，制动不只是一个重要的安全问题，还限制了列车速度的进一步提高。要想实现列车的“高速”，除了有足够大的牵引功率外，还必须有足够强的制动能力。如果制动能力不足，使制动距离延长，将会极大地影响行车效率，降低列车在紧急情况下的安全性。目前，我国高速列车一般采用盘形制动为紧急制动安全制动方式，它是一种黏着制动。由于黏着制动所产生的制动力取决于轮轨间的黏着系数，且黏着系数随着列车速度增加而下降，这意味着列车在高速行驶时，可利用的黏着力下降从而导致制动力减小。若紧急制动仅依靠现在普遍使用的盘形制动，需要充分优化基础制动装置，提升基础制动摩擦副热负荷能力以及制动力施加充分利用黏着；即便如此，在轮轨黏着不利条件下，列车安全制动也会面临挑战，不得不延长制动距离。我国《铁路技术管理规程》规定高速动车组运行速度为 300 km/h 和 350 km/h 时的平直道紧急制动距离分别为 3 800 m、6 500 m，350 km/h 比 300 km/h 速度提升了 50 km/h（16.7%），但制动距离延长了 2 700 m（71.1%）。

针对国内外普遍采用的盘形制动在高速时遇到的黏着力减小问题，日本、法国、德国等国家已经开始了对新型制动技术的研究。这些国家一致认为，350 km/h 及以上速度的高速列车，有必要采用非黏着制动作为特殊情况下紧急制动的辅助制动方式，弥补高速时黏着制动的缺陷，确保高速列车在紧急情况下的制动安全。欧洲及日本发展 350 km/h 及以上速度的高速列车均采用非黏着制动方式，其中欧洲各国采用轨道涡流制动或磁轨制动，日本新干线和日本超导磁浮列车则采用风阻制动（又称空气动力制动）。轨道涡流制动是一种利用励磁电磁铁与钢轨的相对运动，在钢轨中产生涡流并通过涡流产生的磁场与励磁电磁铁产生的磁场相互作用，获得与列车前进方向相反的作用力分量的非黏着制动方式。采用轨道涡流制动方式需要在现有高速列车基础上增加电磁铁等制动装置，进而增加了列车重量和能量消耗，而且会产生电磁干扰和电磁辐射污染等负面效应。磁轨制动又称为电磁轨道制动，是一种通过将车辆转向架上的电磁铁吸附在轨道上并使车辆在轨道上滑行产生的制动。磁轨制动与轨道涡流制动类似，增加电磁铁等制动装置也会增加列车重量。更值得注意的是，磁轨制动通过与轨道摩擦产生热来消耗列车动能，会对钢轨产生磨耗，维修费用大。相比之下，风阻制动采用车顶展开制动风翼增加空气阻力的方法产生制动力，其产生的空气阻力与速度平方成正比，速度越高则制动力越大，且在高速时具有优良性能。风阻制动具有对原有车辆结构改动较小的特点，而且充分利用风能这种清洁、自然、环保的能源，具有节能环保的意义。

1.2　高速列车风阻制动技术发展现状

日本是较早开展风阻制动技术研究的国家，其相关的企业和科研单位对风阻制动技术均有不同程度的尝试和探索，并取得了开创性的研究成果，分别在宫崎试验线、山梨磁浮试验线以及新干线列车上装车试验了风阻制动装置，积累了一定的试验数据和实践经验；同时还进行了风洞试验、飞鸟撞击和制动风翼强度等试验。1989 年，日本铁路技术研究所季报中已有风阻制动技术研究的相关报道。1994 年，在宫崎试验线 MLU002N 型磁浮试验列车上安装了两套单向开启的风阻制动装置，装置可开启至 90°，其动力来自弹簧力与走行风；装置的关闭通过手动关闭完成。通过时速 250 km 的试验得到，两套风阻制动装置均开启时，产生的总风阻制动力为 24 kN。1996 年，在 MLX01 型山梨磁浮试验列车上也安装了风阻制动装置，该装置可逆风和顺风双向开启，其动力来自液压装置。通过时速 500 km 隧道运行试验，每套风阻装置的单位面积风阻制动力约为 18 kN/m^2。东日本旅客铁道株式会社(JRE)于 2005 年 6 月和 2006 年 4 月分别研制成功了 FASTECH 360S 型、FASTECH 360Z 型新干线高速试验列车，其上均安装有“猫耳朵”式旋转上升开启的双片式风阻制动装置，并进行了一系列实车试验。试验结果表明，利用风阻制动装置实施紧急制动时，能使时速 360 km 列车与时速 275 km 普通新干线列车的紧急制动距离大致相同(日本新干线 500 系最高时速为 275 km 时，紧急制动距离为 4 060 m)。2021 年，日本铁道综合技术研究所研发了一种小型分散式风阻制动装置。该装置大幅缩小制动风翼的尺寸，增加制动风翼的数量；使用“转矩均衡开启机构”，使制动风翼可在无动力、无控制的情况下利用走行风完成开启。该装置的制动空走时间仅为 0.06 s；运行速度为 400 km/h 时，单一风阻制动装置最大可提供 1.5 kN 风阻制动力。若与 FASTECH 360S 型、FASTECH 360Z 型新干线列车上的风阻制动相比，在全列安装该小型分散式风阻制动装置的情况下，该装置可提供 2.5 倍的风阻制动力。之后通过进一步仿真分析及样机试验的方法，对小型分散式风阻制动装置的外形尺寸和车顶布置进行了优化研究。

除日本外，其他国家关于风阻制动技术也有一定的研究：有的对风阻制动装置制动阻力进行数值仿真，并探索了风阻制动的串联干扰效应；有的通过在高速列车模型上安装风阻制动装置，仿真分析了不同速度和不同风阻制动装置展开角度对制动性能的影响，验证风阻制动在高速列车制动方面的有效性；有的则对不同速度和不同展开角度的风阻制动装置效果进行了仿真分析，并与现有高铁制动系统进行了比较，分析了风阻制动装置的优势。

国内高校和科研机构对风阻制动技术也相继开展了研究，如同济大学对风阻制动装置进行了研制和试验验证，配合车体外形和结构采用数值仿真分析方法进行了不同的制动风翼外形优化设计，且进一步研究了不同风阻制动装置在车顶的布置方案与制动力的影响关系，提出制动力随相邻两副制动装置纵向、同一副制动装置两块制动风翼横向距离的变化规律。此外，国内开展了一些关于风阻制动影响性的研究，探究风阻制动对列车动力学安全性指标、列车噪声的影响，也进行了各种适应于风阻制动的型式试验和功能验证试验。

1.3 风阻制动研究的主要方法

自从高速列车风阻制动装置的概念被提出以来，围绕风阻制动的原理设计、机械结构设计、流场分析、试验验证等研究相继开展。风阻制动的气动特性、装置结构和工作原理会对风阻制动力、列车运行安全性和结构强度产生影响。因此，风阻制动研究中的关键问题分为三类，即列车风阻制动系统性能、列车运行安全性和装置结构强度。

研究带风阻制动装置的高速列车空气动力学特性，定量地把握其空气动力学变化规律，对开发风阻制动装置来说是极为重要的，否则无法定量探讨由风阻制动装置产生的制动力，也不能定量探讨风阻制动装置的强度设计，更无法研究列车的乘车舒适度（振动、噪声等）、脱轨以及对地面设备影响等问题。传统的风阻制动研究方法采用的是计算流体力学数值模拟方法，一般考虑某单一变量对制动力的影响，例如迎风面积、制动风翼外形、前后两组板纵向间距等，且由于模拟流体数值的计算量较大，若想要研究多种因素的影响并且得到它们之间的耦合关系，则需要很大的工作量。因此，常采用正交试验设计工况，研究风阻制动装置的优化设计，从而能够用较少的工况得以更全面地分析各种因素对制动力产生的影响，得到优化的风阻制动装置在车上的布置方案。这种正交试验设计最早是应用在遗传试验的设计上，考虑到其稳定的试验结果，将其应用在流体力学的仿真上也展现了独特的优势。

风阻制动装置在投入运营使用之前，应通过例行试验和型式试验。例行试验包括装置的外观检查、尺寸检查、绝缘电阻测量、工作性能试验、驱动部件试验、故障导向安全试验等。型式试验包括振动冲击试验、高低温湿热试验、电磁兼容性试验。风阻制动作为一种新型制动方式，还应根据其自身特性开展相关试验，结合前述对风阻制动关键问题的分析，风阻制动还需完成模拟风载荷的地面试验（风载荷试验）、鸟撞试验和线路试验。

风载荷试验是在地面试验环境中模拟实际风载荷，以验证风阻制动装置的制动能力、功能特性、静强度和动强度，同时测量装置工作时的气动噪声。试验由静载荷试验和动载荷试验组成。静载荷试验通过在制动风翼上施加模拟的平均风载荷，以验证制动风翼静强度是否符合要求。静载荷试验方法可以参考飞机结构静强度地面试验研究。动载荷试验模拟实际脉动风载荷加载，以验证制动风翼的制动能力、功能特性和动强度是否符合要求，同时测量装置工作时的气动噪声。动载荷试验的实现方式有两种，即风洞试验或风载荷试验。动载荷试验的受试对象为风阻制动装置，或风阻制动装置及模拟车顶。试验时控制风阻制动装置进行动作，并完成数据测量。风载荷试验相较于线路试验更易于实现，但试验场地有限，通常无法进行全列车风阻制动装置试验。同时，因为流场状态差异，如受到风洞的壁面影响，风载荷试验结果会与线路试验结果存在差异。线路试验虽然可以获取实际线路数据，但受制于外界环境，很难对所有工况进行试验，如横风工况需要通过风载荷试验进行补充。

动载荷试验也可以在风载荷试验台上完成。风载荷试验台通过对风源和出风口风道进行设计，使得制动装置所受总风压与实车环境接近。风载荷试验台相较于风洞试验成本低，能进行长期动载荷疲劳试验。但是，风载荷试验台提供的是等效风压而非实际流场环境，无法获取制动风翼真实气压分布和绕风阻制动流场特性。

风洞试验是在风洞中安置受试对象，研究气体流动及其与受试对象的相互作用，以了解受试对象的气动特性的一种空气动力试验方法。风洞试验技术已较为成熟，在高速列车气动特性研究方面有许多应用实例，能够模拟装置在不同来流速度和来流方向下的动态响应。由于空间和成本限制，很难进行全列车风阻制动试验，通常仅对一套或两套制动装置进行风洞试验。试验结果无法完全体现风阻制动的串联干扰效应，全列车风阻力只能由试验结果进行推算。

鸟撞试验是通过对固定安装不动的受试对象发射规定质量的鸟弹，以检测其抗撞击性能的一种试验方法。考虑到制动风翼受到硬物撞击可能产生飞溅物，风阻制动型式试验有必要进行鸟撞试验。为了检验制动装置各承力件在鸟撞试验过程中的受力情况，风阻制动装置的固定应与其实际安装条件一致，且在制动风翼、底座等部件上布置应变片。为获得更详细的过程信息，可采用高速摄影机记录整个撞击过程。

线路试验是将风阻制动装置安装于实际列车，验证风阻制动在不同运行工况下的制动性能、结构强度和对列车运行的影响。线路试验结果最能检验风阻制动的实际效果，但由于条件限制往往只能在设计定型后才能进行，且自然风具有随机特性，其速度与风向使列车同一工况试验结果并不完全一致。

第2章 风阻制动基础理论

空气动力学是研究风阻制动的基本学科，其中流体特性和流体运动基本方程是研究风阻工程运用时不可或缺的基础性知识，且研究风阻制动需关注列车及风阻制动装置在大气环境下的气动力、力矩及其外部流场特性。因此，本章将从空气动力学方面介绍风阻制动基础理论，其中包含流体特性、流体运动基本方程、气动力和力矩、流体阻力理论等内容。

2.1 流体特性

2.1.1 流体与连续介质模型

物质的宏观性质是微观性质的统计平均，因此在叙述宏观性质时，常从微观的角度加以说明。由于构成物质的分子间的距离、作用力以及运动范围不同，在宏观上表现出不同的形态，主要有固体、液体、气体。固体具有一定的形状和体积，液体具有一定的体积却无一定的形状，气体既无一定的体积也无一定的形状，可充满其所在的空间。由于物质微观结构的不同，在宏观的力学性能上表现出不同的特点：在宏观平衡状态下，固体承受一定量的压力、拉力和剪切力，即固体在这些力的作用下会产生相应的变形，最终可以达到宏观平衡；液体除了在毛细现象等个别场合需要考虑液体承受很微小的拉力（表面张力）外，工程上一般认为不能承受拉力，也不能承受剪切力；气体可以承受压力，但不能承受拉力和剪切力。液体和气体在任何微小剪切力的持续作用下都将发生连续不断的变形，破坏平衡状态，产生流动。液体和气体的这一特点是区别于固体的根本标志，两者具有的这种易流动性是“流体”命名的由来。

从分子物理学观点看，液体和气体均由处于离散状态的大量分子组成，且分子在不断地做热运动，使其空间位置和运动速度等具有随机性。流体力学研究流体的宏观平衡和运动规律，所考虑问题的特征尺寸远大于流体分子的平均自由程，一般不需要探讨流体的微观结构和分子行为，可对流体的物质实体加以模型化。

例如，当确定流体在某点 $P(x,y,z)$ 的密度时，选取包含点 P 的体积元 ΔV，ΔV 中流体分子总质量为 Δm，用 $\frac{\Delta m}{\Delta V}$ 来表示 ΔV 中流体的平均密度，如图 2-1(a)所示。图 2-1(b)表示

平均密度与体积的变化关系，当 ΔV 向 $\Delta V'$ 逐渐收缩的过程中，其平均密度逐渐趋于一个确定的极限值；当 ΔV 收缩到比 $\Delta V'$ 更小时，所取定体积中含有的分子数会由于分子运动的随机性而产生较大变化，随机进入和逸出该体积的分子数不能随时平衡，从而引起平均密度的随机波动，比值 $\frac{\Delta m}{\Delta V}$ 会不再具有确定值。由此可见，$\Delta V'$ 是特征体积。

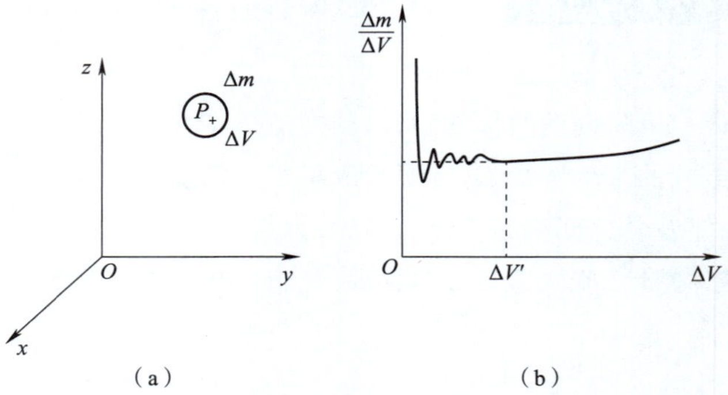

图 2-1　密度与体积的关系

从宏观上看，微小特征体积 $\Delta V'$ 内包含了大量的分子，它反映的不是单个分子的特性，而是大量分子的统计平均特性，且这些统计平均特性具有确定性。在流体力学中，把微小特征体积内含有足够多分子数并具有确定的宏观统计特性的分子集合称为流体质点。因此，$\Delta V'$ 中的平均密度（式 2-1）即为流体质点的密度，并作为流体在点 $P(x,y,z)$ 的局部密度值。

$$\rho = \lim_{\Delta V \to \Delta V'} \frac{\Delta m}{\Delta V} \tag{2-1}$$

流体质点包含以下几层含义：从宏观上看，它的体积非常小，尺度与流动问题的特征长度相比可以近似看作一个几何点，可用数学上的 $\Delta V' \to 0$ 表示。从微观上看，它比分子自由程大得多。特征体积中包含足够多的分子，个别分子行为不会影响流体质点总体的统计平均特性。流体质点的宏观物理量具有确定性，例如质点的温度就是质点所包含分子热运动的统计平均值，压强就是质点所包含分子热运动即相互碰撞时，在单位面积上所产生压力的平均值。在流体力学中，假定组成流体的最小物质实体是流体质点（流体是由无限多个连续不断的流体质点组成的），质点之间不存在间隙，这就是连续介质模型。根据阿伏伽德罗定律推算，在标准状态下，1 mm^3 气体体积中含有约 2.7×10^{16} 个分子，分子每秒发生 10^{26} 次碰撞。液体分子数目更多，如水在常态下，1 mm^3 体积中含有约 3×10^{19} 个分子。另外，在进行统计平均时还应对统计平均时间作出规定。从微观上来说，进行统计平均的时间应选得足够长，使得在这段时间内对微观性质统计平均能够得到稳定的数值；从宏观上来说，进行统计平均的时间应足够短，它与流动问题的特征时间相比，小得可以忽略不计，可以看作一个瞬间。在一般的流体力学问题中，运动的特征尺度远大于分子的自由程，运动宏观起变化的时间远大于分子的碰撞时间，因此引入连续介质模型是合理可行的。引入连续介质模型后，流体的宏观物理量(如速度、密度、压强等)都可以表示成空间坐标和时间的连续函数，从而可用数学中的连续函数来描述和分析流体的平衡和运动规律，这也是连续介质模型的重要作用。

值得指出，连续介质模型对大多数流体力学问题都是成立的，但在某些情况下，例如在高空稀薄空气中飞行的火箭，由于分子的平均自由程较大，与火箭的特征尺寸具有相同的数量级，此时连续介质模型就不再适用。

2.1.2　流体的黏性

2.1.2.1　黏性的定义和特点

黏性是流体抵抗剪切变形(或相对运动)的一种属性。

现以牛顿平板试验为例，说明流体的黏性。图 2-2 为牛顿平板试验示意图。设有两块相距 h 的平行平板，两板间充满均匀的液体，平板面积 A 足够大，以至于可以忽略平板四周边界的影响。B 板固定不动，C 板在切向力 F 的作用下以速度 v_C 沿 x 方向做匀速直线运动。由试验发现，流体具有以下特点：

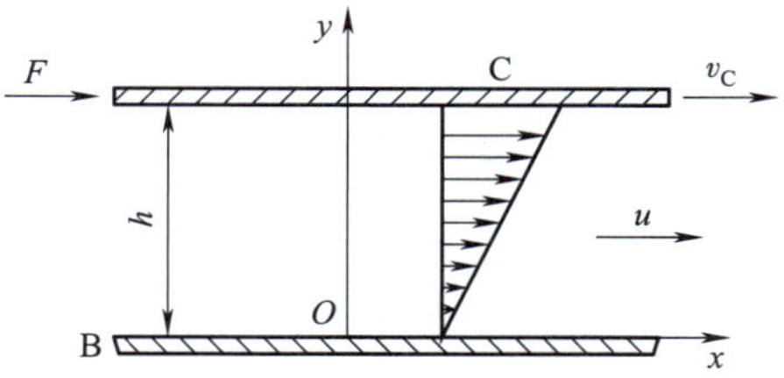

图 2-2　牛顿平板试验

(1)与 C 板接触的液体以速度 v_C 随 C 板一起运动，与 B 板接触的液体速度为零，两板间液体速度呈线性分布，即

$$u=\frac{v_C}{h}y \tag{2-2}$$

式中　u——坐标 y 处的流体速度，m/s；

v_C——C 板速度，m/s；

h——B 板和 C 板间距，m；

y——计算流体速度点的坐标，m。

(2)作用在 C 板上的摩擦力与切向力 F 相平衡，单位面积上的摩擦力称为摩擦应力，因摩擦应力与板面相切，故又称为切应力，表示为 τ。τ 与比值 v_C/h 成正比，而与 C 板上的正压力无关，即

$$\tau=\frac{F}{A}\propto\frac{v_C}{h} \tag{2-3}$$

或

$$\tau=\mu \frac{v_C}{h} \tag{2-4}$$

式中 τ——摩擦应力,Pa;

F——作用在C板的切向力,N;

A——平板面积,m^2;

μ——流体的动力黏性系数,Pa·s。

根据上述试验结果可作如下分析:由于液体分子与固体分子间的作用力,所以紧贴C板的液体附着于C板并以速度 v_C 运动,紧贴B板的液体附着于B板且固定不动。处于两板中间的液体,由于液体内部分子间的内聚力作用,运动快的流层必然拖动运动慢的流层,运动慢的流层必然阻滞运动快的流层。可以设想在任一位置 y,两相邻流层之间由于存在相对运动(或剪切变形),层与层之间必然存在内摩擦力。这种内摩擦力是流体的内力,总是成对地出现,且大小相等、方向相反,并分别作用在相邻的流层上。如果取 y 至 h 间的流体为隔离体,C板对流体的作用力大小为 F(方向沿正 x 轴方向),隔离体受力处于平衡状态,y 处下方流体作用的摩擦力方向沿 x 轴负方向,大小为 F,其摩擦应力或切应力 τ 为 $\mu v_C/h$。总之,当流体存在相对运动或剪切变形时,流体内部会产生切应力以抵抗相对运动或剪切变形,这就是流体黏性的表现。黏性是流体的基本属性之一,处于宏观平衡的流体内部不存在切应力,因此黏性无从表现。流体的黏性不仅影响流体运动的形态和性质,而且也影响运动中许多物理量的数值。

试验结果进一步表明,牛顿平板试验的结果可以推广到流体作任意层状流动中去,速度分布如图2-3所示。距离壁面 y 处,流体内部的切应力可表示为

$$\tau=\mu \frac{du}{dy} \tag{2-5}$$

式中 $\frac{du}{dy}$——速度梯度。

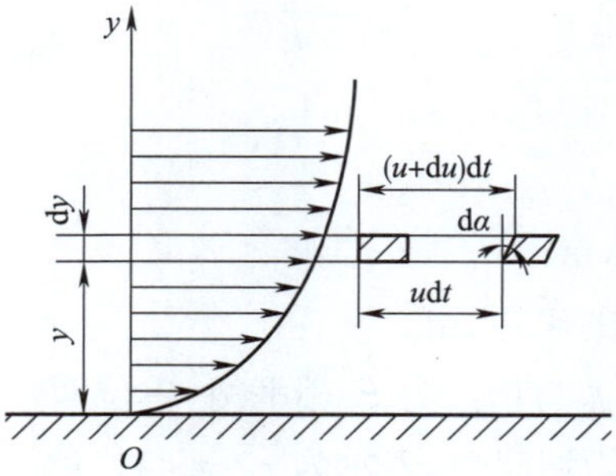

图2-3 速度梯度与角变形率

式(2-5)是牛顿内摩擦定律的数学表达式,式(2-4)只是式(2-5)的一个特例。若某时刻,

在距壁面 y 处取一矩形的流体微元，微元下表面的运动速度为 u，微元上表面的运动速度为 $u+\mathrm{d}u$，经过时间 $\mathrm{d}t$ 后，流体微元发生变形成为平行四边形，其变形角 $\mathrm{d}\alpha \approx \tan(\mathrm{d}\alpha)=\frac{\mathrm{d}u\,\mathrm{d}t}{\mathrm{d}y}$，故 $\frac{\mathrm{d}u}{\mathrm{d}y}=\frac{\mathrm{d}\alpha}{\mathrm{d}t}$。式(2-5)又可表示为

$$\tau=\mu\frac{\mathrm{d}\alpha}{\mathrm{d}t} \tag{2-6}$$

式中　$\frac{\mathrm{d}\alpha}{\mathrm{d}t}$——角变形速度或角变形率。

式(2-5)和式(2-6)分别从流体的相对运动与变形两个侧面反映了流体内切应力的依赖关系。

凡符合牛顿内摩擦定律，即满足式(2-5)的流体称为牛顿流体。自然界中大部分流体(如水、空气)与工程中的大部分气体、油类都属于牛顿流体。工程中也有一些流体，如凝胶、高分子液、泥浆、纸浆、油漆、乳化液等，它们不符合牛顿内摩擦定律，称为非牛顿流体。

2.1.2.2　黏性系数

动力黏性系数 μ 是流体黏性大小的度量，同一种流体的动力黏性系数与流体的温度有很大关系，而受压强影响较小。液体与气体产生黏性的机理不同，因此它们随温度的变化规律也不同。液体的黏性主要取决于液体分子间的距离和分子间的吸引力，温度升高时黏性下降。气体的黏性主要取决于气体分子热运动所产生的动量交换，温度升高时黏性上升。

在流体力学中，动力黏性系数 μ 经常与流体密度 ρ 结合在一起，以比值 $\frac{\mu}{\rho}$ 的形式出现。将比值 $\frac{\mu}{\rho}$ 定义为运动黏性系数，即

$$\upsilon=\frac{\mu}{\rho} \tag{2-7}$$

式中　υ——运动黏性系数，$\mathrm{m^2/s}$；

　　ρ——流体密度，$\mathrm{kg/m^3}$。

这里需要指出的是，运动黏性系数的数值不能真实反映流体的黏性，如在 20 ℃一个大气压条件下，水的运动黏性系数 $\upsilon_{水}=0.1\times10^{-5}\ \mathrm{m^2/s}$，空气的运动黏性系数 $\upsilon_{空气}=0.151\times10^{-4}\ \mathrm{m^2/s}$，但实际上水的黏性大于空气。

2.1.2.3　实际流体与理想流体

存在于自然界中的所有流体都具有一定的黏性，故称其为实际流体或黏性流体。但是，黏性的存在给流体运动的数学描述和处理带来很大困难。对于诸如水、空气等一些黏性较小的流体，在一定的条件下，往往可用一种黏性系数为零的流体模型来代替，以便较为清晰地揭示流体运动的主要特征，较为方便地求出流体运动规律。这种黏性系数等于零的流体

称作理想流体或无黏流体。理想流体虽然在事实上不存在，但这种抽象模型却有着重大的理论意义和实际意义。在黏性不起重要作用的情况下，如考虑绕流物体的升力问题，则忽略黏性所得到的结果与实际结果出入不大。在黏性影响不可忽视的情况下，例如绕物体的大雷诺数流动，也可以先采用理想流体模型分析其运动规律，再考虑黏性影响加以修正。许多黏性流体力学问题往往都是以理想流体的运动规律为基础，进行进一步的分析研究。

2.1.3 流体的可压缩性

2.1.3.1 可压缩性的定义和特点

所有物质都具有一定程度的可压缩性。当作用在一定量流体上的压强增加时，其体积将减小。若压缩的过程不涉及相变时(如由液态变为固态)，体积的相对改变量与压强的改变量成一定的比例关系。工程中，衡量流体的可压缩性常用体积弹性模量 E_V 表示，定义式为

$$E_V=-\frac{\mathrm{d}p}{\dfrac{\mathrm{d}V}{V}} \tag{2-8}$$

式中 E_V——体积弹性模量，Pa；

p——作用在流体上的压强，Pa；

V——流体压缩前的体积，m^3。

其中，$\mathrm{d}p$ 表示作用在流体上的压强改变量，$\mathrm{d}V$ 表示流体体积的改变量。由于压强增加、体积减小，所以 $\mathrm{d}p$ 与 $\mathrm{d}V$ 符号相反，式中加负号以使 E_V 为正值。$\dfrac{\mathrm{d}V}{V}$为无量纲量，故体积弹性模量的量纲与压强的量纲相同，单位为 Pa。由体积弹性模量 E_V 的定义式可见，在相同的压强改变量 $\mathrm{d}p$ 作用下，如果流体的压缩性越大，即体积相对改变量$\dfrac{\mathrm{d}V}{V}$越大，相应的体积弹性模量 E_V 值越小；反之，可压缩性越小，对应的体积弹性模量 E_V 值越大。

由于在压缩过程中流体的质量不变，所以

$$\frac{\mathrm{d}V}{V}=\frac{\dfrac{\mathrm{d}V}{m}}{\dfrac{V}{m}}=\frac{\mathrm{d}v}{v} \tag{2-9}$$

式中 m——流体质量，kg；

v——比容，m^3/kg。

其中，比容 v 表示单位质量流体所占据的体积，与密度 ρ 互为倒数，即 $v=\dfrac{1}{\rho}$。因此，单位质量流体体积改变量(即比容改变量)$\mathrm{d}v$ 为

$$\mathrm{d}v=-\frac{\mathrm{d}\rho}{\rho^2}=-v\,\frac{\mathrm{d}\rho}{\rho} \tag{2-10}$$

利用以上关系式，体积弹性模量 E_V 又可表示为

$$E_V=\frac{\mathrm{d}p}{\frac{\mathrm{d}\rho}{\rho}} \tag{2-11}$$

E_V 值依赖于压缩过程中热力学 p 与 ρ 的关系，有等温压缩和等熵压缩两种较为重要的压缩过程。

对于气体，由等温过程的玻意耳定律 $\frac{p}{\rho}=C$（常数）可得

$$\ln p-\ln \rho=C \tag{2-12}$$

故 $\frac{\mathrm{d}p}{p}-\frac{\mathrm{d}\rho}{\rho}=0$。

将式（2-12）代入式（2-11），得到气体的等温体积弹性模量 $E_V=p$。

由气体的等熵方程 $\frac{p}{\rho^k}=C$ 可得

$$\frac{\mathrm{d}p}{p}-k\frac{\mathrm{d}\rho}{\rho}=0 \tag{2-13}$$

将式（2-13）代入式（2-11），得到气体的等熵体积弹性模量 $E_V=kp$。等熵体积弹性模量与等温体积弹性模量的比值为 k，即气体定压比热 c_p 与定容比热 c_v 之比。

2.1.3.2　可压缩流体与不可压缩流体

式（2-11）可改写为

$$\frac{\mathrm{d}\rho}{\rho}=\frac{\mathrm{d}p}{E_V} \tag{2-14}$$

由式（2-14）可见，当流体的体积弹性模量 E_V 很大，或作用在流体上的压强改变量 $\mathrm{d}p$ 很小，或二者同时存在时，这时流体密度的相对变化量很小。如果忽略流体密度的变化，换言之不考虑流体的可压缩性影响，这种简化的流体模型称作不可压缩流体，其密度视为常量，E_V 视为无限大。反之，考虑密度为变量或受压缩性影响的流体，称为可压缩流体。

一般情况下，液体的体积弹性模量 E_V 值很大，所以通常把液体看作不可压缩流体，但诸如水下爆炸、水锤现象中的液体的体积弹性模量很大，但压强改变量也很大且十分迅速，此时密度的变化不能忽略，该液体应按可压缩流体来处理。气体的体积弹性模量 E_V 值都较小，所以通常把气体看作可压缩流体，但是在一些特定的条件下需要重新考虑，比如当气流速度较低时，由速度变化引起的压强改变量 $\mathrm{d}p$ 亦不大，$\frac{\mathrm{d}p}{E_V}$ 值仍很小，这时即可忽略密度的变化，把低速流动的气体按不可压缩流体来处理。

2.2 流体运动基本方程

任何流动都必须遵守三个基本的物理守恒定律，即质量守恒定律、动量守恒定律和能量守恒定律，且控制方程是对这些守恒定律的数学描述。本节主要介绍质量守恒定律和动量守恒定律所对应的控制方程。

2.2.1 质量守恒方程

任何流动问题都必须满足质量守恒定律，该定律可表述为单位时间内流体微元体中质量的增加等于同一时间间隔内流入该微元体的净质量。按照质量守恒定律，可以得出质量守恒方程，即

$$\frac{\partial\rho}{\partial t}+\frac{\partial(\rho u)}{\partial x}+\frac{\partial(\rho v)}{\partial y}+\frac{\partial(\rho w)}{\partial z}=0 \tag{2-15}$$

式中 t——时间，s；

u,v,w——速度矢量 $\boldsymbol{v}$ 在 x、y、z 方向的分量，m/s。

引入矢量符号 $\text{div}\,\boldsymbol{a}=\partial a_x/\partial x+\partial a_y/\partial y+\partial a_z/\partial z$，式(2-15)可写成式(2-16)的形式。

$$\frac{\partial\rho}{\partial t}+\text{div}(\rho\,\boldsymbol{v})=0 \tag{2-16}$$

使用符号∇表示散度，即$\nabla\boldsymbol{a}=\text{div}\,\boldsymbol{a}=\partial a_x/\partial x+\partial a_y/\partial y+\partial a_z/\partial z$，式(2-15)可写成式(2-17)的形式。

$$\frac{\partial\rho}{\partial t}+\nabla(\rho\,\boldsymbol{v})=0 \tag{2-17}$$

上面给出的是瞬态三维可压缩流体的质量守恒方程。若流体不可压缩，密度 ρ 为常数，式(2-15)可写成式(2-18)的形式。

$$\frac{\partial u}{\partial x}+\frac{\partial v}{\partial y}+\frac{\partial w}{\partial z}=0 \tag{2-18}$$

若流动处于稳态，则密度 ρ 不随时间变化，式(2-15)可写成式(2-19)的形式。

$$\frac{\partial(\rho u)}{\partial x}+\frac{\partial(\rho v)}{\partial y}+\frac{\partial(\rho w)}{\partial z}=0 \tag{2-19}$$

2.2.2 动量守恒方程

动量守恒定律也是任何流动问题都必须满足的基本定律。该定律实际上是牛顿第二定律，可表述为微元体中流体的动量对时间的变化率等于外界作用在该微元体上的各种力之和。按照动量守恒定律，可得出 x、y 和 z 三个方向的动量守恒方程，即

$$\begin{cases}\dfrac{\partial(\rho u)}{\partial t}+\operatorname{div}(\rho u\boldsymbol{v})=\dfrac{\partial P}{\partial x}+\dfrac{\partial\tau_{xx}}{\partial x}+\dfrac{\partial\tau_{yx}}{\partial y}+\dfrac{\partial\tau_{zx}}{\partial z}+F_x\\[2ex]\dfrac{\partial(\rho v)}{\partial t}+\operatorname{div}(\rho v\boldsymbol{v})=\dfrac{\partial P}{\partial y}+\dfrac{\partial\tau_{xy}}{\partial x}+\dfrac{\partial\tau_{yy}}{\partial y}+\dfrac{\partial\tau_{zy}}{\partial z}+F_y\\[2ex]\dfrac{\partial(\rho w)}{\partial t}+\operatorname{div}(\rho w\boldsymbol{v})=\dfrac{\partial P}{\partial z}+\dfrac{\partial\tau_{xz}}{\partial x}+\dfrac{\partial\tau_{yz}}{\partial y}+\dfrac{\partial\tau_{zz}}{\partial z}+F_z\end{cases}\tag{2-20}$$

式中　P——流体微元体上的压力，N；

$\tau_{xx},\tau_{yx},\tau_{zx},\tau_{xy},\tau_{yy},\tau_{zy},\tau_{xz},\tau_{yz},\tau_{zz}$——因分子黏性作用而产生的作用在微元体表面上的黏性应力 $\boldsymbol{\tau}$ 的分量，Pa；

F_x,F_y,F_z——微元体上的体积力（若体积力只有重力，且 z 轴竖直向上，则 $F_x=0,F_y=0,F_z=\rho g$），N。

式(2-20)是对任何类型的流体（包括非牛顿流体）均成立的动量守恒方程。对于牛顿流体，黏性应力 τ 与流体的变形率成比例，即

$$\begin{cases}\tau_{xx}=2\mu\dfrac{\partial u}{\partial x}+\lambda\operatorname{div}\boldsymbol{v}\\[2ex]\tau_{yy}=2\mu\dfrac{\partial v}{\partial y}+\lambda\operatorname{div}\boldsymbol{v}\\[2ex]\tau_{zz}=2\mu\dfrac{\partial w}{\partial z}+\lambda\operatorname{div}\boldsymbol{v}\\[2ex]\tau_{xy}=\tau_{yx}=\mu\left(\dfrac{\partial u}{\partial y}+\dfrac{\partial v}{\partial x}\right)\\[2ex]\tau_{xz}=\tau_{zx}=\mu\left(\dfrac{\partial u}{\partial z}+\dfrac{\partial w}{\partial x}\right)\\[2ex]\tau_{yz}=\tau_{zy}=\mu\left(\dfrac{\partial v}{\partial z}+\dfrac{\partial w}{\partial y}\right)\end{cases}\tag{2-21}$$

式中　λ——第二黏性系数，一般可取 $\lambda=-\dfrac{2}{3}\mu$，Pa·s。

将式(2-21)代入式(2-20)，得

$$\begin{cases}\dfrac{\partial(\rho u)}{\partial t}+\operatorname{div}(\rho u\,\boldsymbol{v})=\operatorname{div}(\mu\,\mathbf{grad}u)-\dfrac{\partial P}{\partial x}+S_u\\[2ex]\dfrac{\partial(\rho v)}{\partial t}+\operatorname{div}(\rho v\,\boldsymbol{v})=\operatorname{div}(\mu\,\mathbf{grad}v)-\dfrac{\partial P}{\partial y}+S_v\\[2ex]\dfrac{\partial(\rho w)}{\partial t}+\operatorname{div}(\rho w\,\boldsymbol{v})=\operatorname{div}(\mu\,\mathbf{grad}w)-\dfrac{\partial P}{\partial z}+S_w\end{cases}\tag{2-22}$$

式中　S_u,S_v,S_w——动量守恒方程的广义源项，$S_u=F_x+s_x,S_v=F_y+s_y,S_w=F_z+s_z$。

其中，s_x、s_y 和 s_z 的表达式为

$$\begin{cases} s_x=\dfrac{\partial}{\partial x}\left(\mu\dfrac{\partial u}{\partial x}\right)+\dfrac{\partial}{\partial y}\left(\mu\dfrac{\partial v}{\partial x}\right)+\dfrac{\partial}{\partial z}\left(\mu\dfrac{\partial w}{\partial x}\right)+\dfrac{\partial}{\partial x}(\lambda\,\mathrm{div}\,\boldsymbol{v}) \\ s_y=\dfrac{\partial}{\partial x}\left(\mu\dfrac{\partial u}{\partial y}\right)+\dfrac{\partial}{\partial y}\left(\mu\dfrac{\partial v}{\partial y}\right)+\dfrac{\partial}{\partial z}\left(\mu\dfrac{\partial w}{\partial y}\right)+\dfrac{\partial}{\partial y}(\lambda\,\mathrm{div}\,\boldsymbol{v}) \\ s_z=\dfrac{\partial}{\partial x}\left(\mu\dfrac{\partial u}{\partial z}\right)+\dfrac{\partial}{\partial y}\left(\mu\dfrac{\partial v}{\partial z}\right)+\dfrac{\partial}{\partial z}\left(\mu\dfrac{\partial w}{\partial z}\right)+\dfrac{\partial}{\partial z}(\lambda\,\mathrm{div}\,\boldsymbol{v}) \end{cases} \tag{2-23}$$

一般来讲，s_x、s_y 和 s_z 取值较小，对于黏性为常数的不可压缩流体，$s_x=s_y=s_z=0$。式(2-22)还可写成如下展开形式

$$\begin{cases} \dfrac{\partial(\rho u)}{\partial t}+\dfrac{\partial(\rho uu)}{\partial x}+\dfrac{\partial(\rho uv)}{\partial y}+\dfrac{\partial(\rho uw)}{\partial z}= \\ \dfrac{\partial}{\partial x}\left(\mu\dfrac{\partial u}{\partial x}\right)+\dfrac{\partial}{\partial x}\left(\mu\dfrac{\partial u}{\partial y}\right)+\dfrac{\partial}{\partial x}\left(\mu\dfrac{\partial u}{\partial z}\right)-\dfrac{\partial p}{\partial x}+S_u \\ \dfrac{\partial(\rho v)}{\partial t}+\dfrac{\partial(\rho vu)}{\partial x}+\dfrac{\partial(\rho vv)}{\partial y}+\dfrac{\partial(\rho vw)}{\partial z}= \\ \dfrac{\partial}{\partial x}\left(\mu\dfrac{\partial v}{\partial x}\right)+\dfrac{\partial}{\partial x}\left(\mu\dfrac{\partial v}{\partial y}\right)+\dfrac{\partial}{\partial x}\left(\mu\dfrac{\partial v}{\partial z}\right)-\dfrac{\partial p}{\partial y}+S_v \\ \dfrac{\partial(\rho w)}{\partial t}+\dfrac{\partial(\rho wu)}{\partial x}+\dfrac{\partial(\rho wv)}{\partial y}+\dfrac{\partial(\rho ww)}{\partial z}= \\ \dfrac{\partial}{\partial x}\left(\mu\dfrac{\partial w}{\partial x}\right)+\dfrac{\partial}{\partial x}\left(\mu\dfrac{\partial w}{\partial y}\right)+\dfrac{\partial}{\partial x}\left(\mu\dfrac{\partial w}{\partial z}\right)-\dfrac{\partial p}{\partial z}+S_w \end{cases} \tag{2-24}$$

式(2-22)～式(2-24)为动量守恒方程，简称动量方程，也称纳维-斯托克斯(Navier-Stokes)方程，即称 N-S 方程。

一般情况下，列车的运行速度比较小，空气密度的变化对流动的影响可以忽略不计，此时可以采用不可压缩流动假设，即认为密度为常数。

连续方程为

$$\frac{\partial u}{\partial x}+\frac{\partial v}{\partial y}+\frac{\partial w}{\partial z}=0 \tag{2-25}$$

三个方向的运动方程为

$$\begin{cases} \dfrac{\partial u}{\partial t}+u\dfrac{\partial u}{\partial x}+v\dfrac{\partial u}{\partial y}+w\dfrac{\partial u}{\partial z}=-\dfrac{1}{\rho_{\mathrm{air}}}\dfrac{\partial p}{\partial x}+\mu\dfrac{1}{\rho_{\mathrm{air}}}\left(\dfrac{\partial^2 u}{\partial x^2}+\dfrac{\partial^2 u}{\partial y^2}+\dfrac{\partial^2 u}{\partial z^2}\right) \\ \dfrac{\partial v}{\partial t}+u\dfrac{\partial v}{\partial x}+v\dfrac{\partial v}{\partial y}+w\dfrac{\partial v}{\partial z}=-\dfrac{1}{\rho_{\mathrm{air}}}\dfrac{\partial p}{\partial y}+\mu\dfrac{1}{\rho_{\mathrm{air}}}\left(\dfrac{\partial^2 v}{\partial x^2}+\dfrac{\partial^2 v}{\partial y^2}+\dfrac{\partial^2 v}{\partial z^2}\right) \\ \dfrac{\partial w}{\partial t}+u\dfrac{\partial w}{\partial x}+v\dfrac{\partial w}{\partial y}+w\dfrac{\partial w}{\partial z}=-\dfrac{1}{\rho_{\mathrm{air}}}\dfrac{\partial p}{\partial z}+\mu\dfrac{1}{\rho_{\mathrm{air}}}\left(\dfrac{\partial^2 w}{\partial x^2}+\dfrac{\partial^2 w}{\partial y^2}+\dfrac{\partial^2 w}{\partial z^2}\right) \end{cases} \tag{2-26}$$

式(2-26)为笛卡尔坐标系下的不可压缩流的 N-S 方程，适用于不可压缩黏性流体的运动。

由式(2-25)和式(2-26)四个独立方程组成的不可压缩流动方程组，共有四个独立的未知量 u、v、w 和 p，方程组封闭。

2.3 气动力和力矩

根据2.1节中介绍的流体特性，如果列车在空气中运动就会产生压力差和涡流，从而会产生作用在列车上的气动力和力矩。如图2-4所示，作用于车辆上的气动力和力矩包含空气阻力、升力、横向力以及纵向摆动力矩、侧滚力矩和扭摆力矩。列车的气动力、力矩和正面投影面积 A_{front}、气流动压 $q=\frac{1}{2}\rho v_{\infty}^{2}$（$v_{\infty}$ 为自由来流速度）、列车特征长度 a 的关系见表2-1。

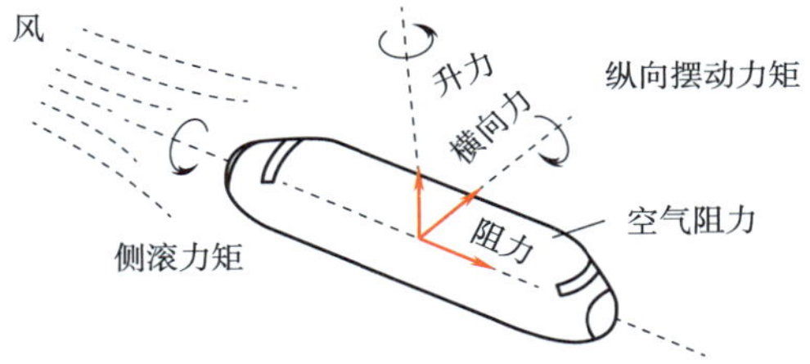

图2-4　气动力和力矩

表2-1　列车气动力和力矩系数

气动力和力矩	系　数
空气阻力 D/N	$C_D=\dfrac{D}{\frac{1}{2}\rho v_{\infty}^{2}A_{front}}$
升力 L/N	$C_L=\dfrac{L}{\frac{1}{2}\rho v_{\infty}^{2}A_{front}}$
横向力 S/N	$C_S=\dfrac{S}{\frac{1}{2}\rho v_{\infty}^{2}A_{front}}$
纵向摆动力矩 P/(N·m)	$C_P=\dfrac{P}{\frac{1}{2}\rho v_{\infty}^{2}A_{front}a}$
侧滚力矩 R/(N·m)	$C_R=\dfrac{R}{\frac{1}{2}\rho v_{\infty}^{2}A_{front}a}$
扭摆力矩 Y/(N·m)	$C_Y=\dfrac{Y}{\frac{1}{2}\rho v_{\infty}^{2}A_{front}a}$

2.3.1 空气阻力及扭摆力矩

列车的运行阻力主要由空气阻力和机械阻力(轮轨摩擦阻力、轴承等滚动部件的摩擦阻力等)组成。减少列车的空气阻力对于实现高速运行和节能都有重要意义,因此需要对车体外形进行最优化设计,以便最大限度地降低空气阻力。对于风阻制动来讲,风阻制动产生的空气阻力则是影响制动力及制动减速度的一个关键量。

空气阻力可以简略地用式(2-27)表示。

$$D=\frac{1}{2}\rho C_D v_{\text{vehicle}}^2 A_{\text{cross}} \tag{2-27}$$

式中 D——空气阻力,N;

ρ——空气密度,kg/m^3;

C_D——空气阻力系数;

v_{vehicle}——列车速度,m/s;

A_{cross}——列车横截面积,m^2。

空气阻力主要由压差阻力、摩擦阻力、干扰阻力三个部分组成。压差阻力是头部及尾部压力差所引起的阻力;摩擦阻力是由于空气黏性而引起的作用于车体表面的剪切应力造成的阻力;干扰阻力是车辆的凸出物(如手柄、门窗、转向架、车体底架、悬挂设备、车顶设备及车辆之间的连接风挡等)所引起的阻力。

研究表明,空气阻力与速度的平方成正比,机械阻力则与速度成正比。速度为 100 km/h 时,空气阻力与机械阻力各占 50%;速度提高到 200 km/h 时,空气阻力占 70%,机械阻力只占 30%;当列车以 250 km/h 速度平稳运行时,空气阻力占列车总阻力的 80%~90%。

扭摆力矩是列车车辆气动六分力中的一个关键因素,其产生的原因在于行驶中的气流对车辆侧面的影响。这一力矩导致车辆绕其垂直轴产生旋转,对列车的稳定性和操控性产生显著影响。扭摆力矩的大小与气动压力、车辆侧面投影面积以及车辆侧面中心与垂直轴之间的距离有关。当车辆遇到横向风或穿越隧道等情况时,扭摆力矩的变化可能对行驶造成不利影响。通过精确的气动设计和先进的控制系统,可以使扭摆力矩达到最小值,提高列车在不同气动条件下的稳定性。

2.3.2 升力及纵向摆动力矩

由于列车车身上部和下部气流流速不同,使车身上部和下部形成压力差,从而产生升力和纵向摆动力矩。升力通常小于空气阻力,但它仍然会对高速列车的性能产生重大影响。当列车表面的局部压力高于周围空气压力时称为正升力,局部压力低于周围空气压力时称为负升力。作为一个整体,车辆是受正升力(向上的)还是受负升力(向下的),取决于车辆所有截面的表面压力累加结果是正还是负。正升力将使轮轨的接触压力减小,对列车的牵引动力学性能产生重要影响。

升力与列车速度的平方成正比。升力的大小取决于列车横截面的形状、行驶速度以及列车相对于气流的迎角三个因素。在低速时，升力通常可以忽略不计，列车主要受到阻力影响。然而，在高速行驶时，升力会变得很大，如果控制不当，甚至会导致列车行驶不稳定甚至脱轨。减少列车升力的一种方法是车体采用流线型造型，有助于最大限度地减少列车上下表面之间的压力差；另一种方法是使用扰流板或涡流发生器等装置来控制列车周围的气流并降低升力。

纵向摆动力矩是列车车辆气动六分力中的一个关键因素，源于气流对列车车辆前后侧面的影响。这一力矩导致车辆绕其纵向轴发生前后摆动，对列车的纵向稳定性和乘坐舒适性产生显著影响。纵向摆动力矩的大小与气动压力、车辆前后侧面投影面积以及车辆前后侧面中心与纵向轴之间的距离有关。在起动、刹车或通过不平路段时，纵向摆动力矩的变化可能对列车的运动特性带来挑战。通过合理设计的车辆外形和先进的控制系统，可以有效减小纵向摆动力矩的影响，提高列车在纵向运动中的运行平稳性和品质。

总体而言，列车升力及纵向摆动力矩是高速列车设计和运营中的重要考虑因素。通过了解影响升力的因素并实施适当的设计措施，可以提高列车的性能、稳定性和安全性。

2.3.3　横向力及侧滚力矩

列车横向力，也称为侧向力，是垂直于列车运动方向，在横向方向（即左右方向）上作用的空气动力。横向力的产生取决于列车的车体形状、行进速度以及列车相对于气流的偏航角三个因素。列车运行中遇到横向风时，车辆将受到横向力矩的作用，当风载荷达到一定程度时，横向力及侧滚力矩、扭摆力矩将影响车辆的横向稳定性。横向力在高速列车中尤为重要，如果控制不当，也会导致列车行驶不稳定甚至脱轨。在高速行驶时，列车受到的横向力可能会很大，并可能导致列车左右摇摆或摆动，给乘客和货物带来潜在危险。

横向力可以简略地用式(2-28)表示。

$$S=\frac{1}{2}\rho C_S v_{\text{vehicle}}^2 A_{\text{side}} \tag{2-28}$$

式中　S——横向力，N；

C_S——横向力系数；

A_{side}——车辆侧面投影面积，m^2。

减少列车横向力的一种方法是车体采用流线型造型，有助于最大限度地减少横截面积并减少列车两侧之间的压力差。此外，主动控制系统的使用（例如主动悬架或主动偏航控制），也可以帮助减少横向力并提高列车的稳定性。

侧滚力矩是列车车辆气动六分力中的一个关键因素，主要由气流对列车车辆顶部侧面的作用引起。侧滚力矩导致车辆绕其横向轴发生倾斜，对列车的横向稳定性产生影响，其大小与气动压力、车辆侧面投影面积以及车辆顶部侧面中心与横向轴之间的距离密切相关。在高速行驶或遭遇弯道时，侧滚力矩的变化可能影响列车的平衡，需要通过主动控制系统来调整车辆姿态。有效的气动设计和系统控制可降低侧滚力矩的影响，提高列车的横向稳定性和行驶舒适性。

总的来说，列车横向力及侧滚力矩是高速列车设计和运行中的重要考虑因素。通过了解影响横向力的因素并实施适当的设计措施和控制系统，可以提高列车的安全性、稳定性等性能。

2.4 流体阻力理论

2.4.1 圆柱体与流线型物体的流态与阻力

当物体在水和空气等流体中运动时，物体上产生阻力的大小在低速时与速度成正比，高速时与速度的平方成正比，并且流线型物体与非流线型物体所受的阻力不同。如图 2-5、图 2-6 所示，用一个圆柱体与一个流线型物体进行阻力比较实验，其中该圆柱体的直径为流线型物体的长度。

图 2-5 所示实验是把圆柱体置于水和空气等定常不可压缩流体（雷诺数 *Re* 不同）中。实验表明，由于流速大小不同，流态出现很大区别。流速慢时，流线几乎前后对称[图 2-5(a)]；当流速稍稍增加时，圆柱背后形成一对“目”字和“玉”字形的涡[图 2-5(b)]；当流速进一步增加时，涡对开始不稳定，一对一对地交错流动，在圆柱的下游形成一对一对很漂亮的涡[图 2-5(c)]，称为卡门涡；当流速持续提高时，产生急骤的涡使卡门涡崩溃，在圆柱的背后出现了时间与空间都不规则变化的涡[图 2-5(d)]。上述表明，在尾流区出现了复杂的涡流区，在圆柱的上流和侧方，流态保持定常状态。

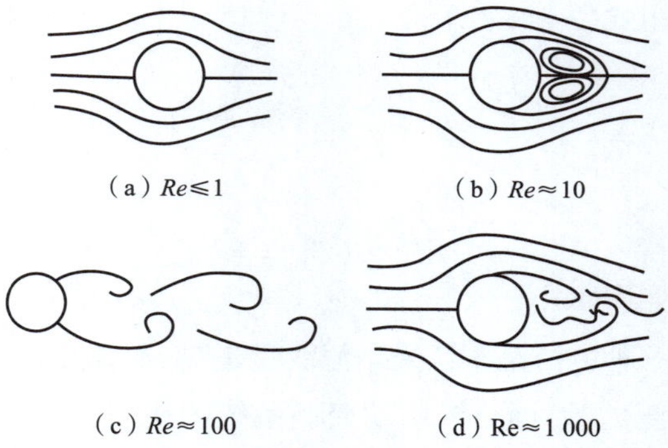

(a) $Re \leq 1$　(b) $Re \approx 10$

(c) $Re \approx 100$　(d) $Re \approx 1\,000$

图 2-5　置于不可压缩流体中的圆柱体的流动

在图 2-5(a)所示的流动中，阻力与流速成比例，亦即斯托克斯定律成立。在图 2-5(d)

的状态中，阻力与流速的平方成比例，亦即牛顿阻力法则成立，而图 2-5(b)、图 2-5(c)的流动相当于两个法则之间移动的区域。

另外一种实验，如图 2-6 所示是把流线型物体放在同样不可压缩的流体介质(密度和黏度都不变的水和空气)中。此时，未见如图 2-5(b)所示的涡对及如图 2-5(d)所示的复杂的涡流区，不论流速大小，流态几乎保持定常状态，即保持漂亮的流线型。

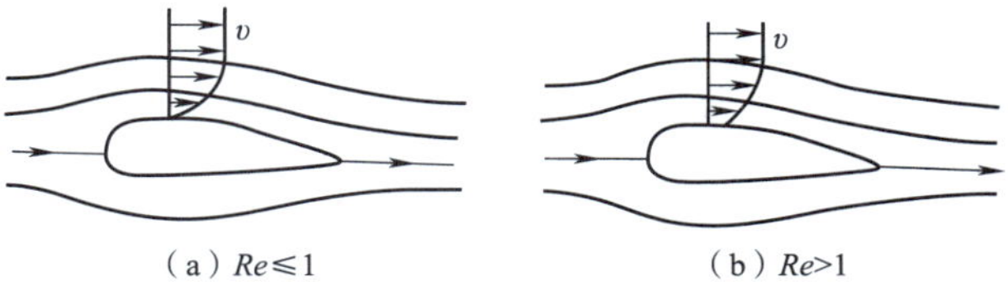

图 2-6　置于不可压缩流体中的流线型物体的流动

实验表明，当流速低时，二者具有同样的阻力，而当流速高时，流线型物体的阻力明显小于圆柱体物体的阻力。这一性质被人们采用，即为减小阻力而采用流线型。

2.4.2　流场物体的阻力理论

将以圆柱体为代表的“钝头体”和流线型物体相比较，说明流体阻力的理论。为进一步对图 2-5 与图 2-6 所示的各种流态机理进行分析，必须定量地求出各种状态下的阻力值。

采用普朗特边界层理论，可完全解决以圆柱体为代表的“钝头体”问题。对于“钝头体”的低速状态，即对应图 2-5(a)和图 2-5(b)的状态，可用纯理论的阻力计算法求出其阻力。对于图 2-5(c)和图 2-5(d)的状态，只能根据一定程度的经验事实做出假定，进而引入半经验的理论。参照式(2-29)，引入雷诺数 Re 这一重要的无量纲系数。

$$Re=\frac{\rho v l}{\mu} \tag{2-29}$$

式中　v——流体速度，m/s；

l——物体的特征长度(如圆柱体使用 l 代表其直径)，m。

雷诺数代表流场中物体所受的惯性力与黏性力之比。因此，雷诺数越小的流动，黏性作用越大(相对于惯性来说)；雷诺数越大的流动，黏性作用越小。

2.4.3　钝体物体的阻力理论

图 2-5(d)所示的流动出现了一个复杂的涡流区。当雷诺数趋于无穷定常解时一般不稳定，即使加进很小的扰流，流动也会不断扩大成为复杂的非定常解，进而出现湍流。

如图 2-7 所示，垂直放置于流场的平板的流态是在板的背后区域Ⅲ存在着非静止的复杂运动，但其速度比区域Ⅰ小得多。假设区域Ⅲ是压力为 p_1 的静止流体，若 $p_1=p_\infty$(p_∞ 为远前方来流的压力)，则区域Ⅲ为流动分离湍流区。

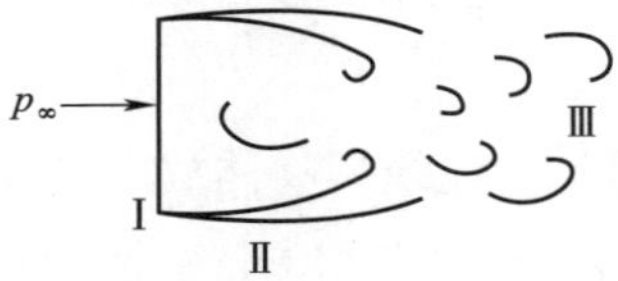

图 2-7 平板背后复杂流动

物体背后的涡流区是相当复杂的随时间而变动的流动，但物体所受的阻力几乎不随时间改变，这表明了流场中有互相抵消的变动成分而使流场保持定常状态。

根据实验，对如图 2-8 所示流场做以下假定：

（a）水，流速0.20 cm/s，圆柱直径10 mm，Re=19，电解沉淀法+铝粉法

（b）水，流速0.25 cm/s，圆柱直径10 mm，Re=26，铝粉法

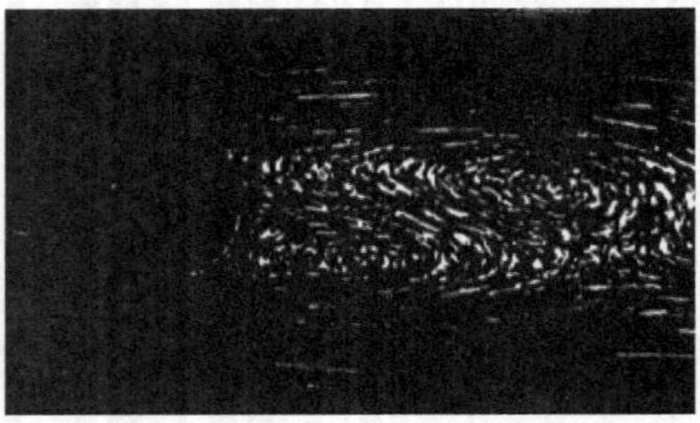

（c）水，流速0.55 cm/s，圆柱直径10 mm，Re=55，铝粉法

（d）水，流速1.50 cm/s，圆柱直径10 mm，Re=140，电解沉淀法

图 2-8 液态显示

(1)区域Ⅰ是无涡的流动。

(2)区域Ⅲ中平均流为涡黏性的定常流。那么，N-S 方程变为如下条件：

①在图 2-9 中，物体前方区域Ⅰ中没有涡，rot $\boldsymbol{v}$＝0。

②在图 2-9 中，物体背后区域Ⅲ没有滑动。

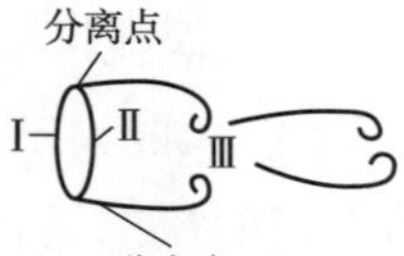

图 2-9 湍流流动

在上述条件下，存在如何确定涡的黏着率的问题。对各种型式的湍流运动，引用“有效雷诺数”的概念，见式(2-30)。

$$Re^{*}=\rho vl/\mu \tag{2-30}$$

式中　Re^{*}——有效雷诺数，值为40～50。

用式(2-31)计算物体阻力系数。

$$C_{D}=C_{Dp}+C_{Df} \tag{2-31}$$

式中　C_D——气动力空气阻力系数，$C_D=\dfrac{D}{\frac{1}{2}\rho v^{2}l}$；

C_{Dp}——压差阻力系数；

C_{Df}——摩擦阻力系数。

对于高雷诺数的“钝头体”周围的流场，用一定的有效雷诺数求阻力系数的时间平均值问题，可根据式(2-32)的阻力法则求阻力系数，实质问题归结为$C_{D\infty}$与常数K的计算问题。

$$C_{D}^{\frac{1}{2}}=C_{D\infty}^{\frac{1}{2}}+KRe^{*-\frac{1}{2}} \tag{2-32}$$

式中　$C_{D\infty}$——Re趋于无穷的阻力系数。

2.4.4　列车空气阻力

在2.3节介绍的列车气动力及力矩中，列车空气阻力是研究风阻制动最为需要关注的力，因此本节将对其作进一步介绍。将列车运行时的表面压力和切应力沿列车运动反方向形成的合力，即列车空气摩擦阻力和列车空气压差阻力之和，称为列车空气阻力。

(1)列车空气摩擦阻力

当空气沿列车表面流动时，由于空气的黏性，在列车壁面将形成一层由流速为零并沿壁面法向迅速升高到与来流速度基本一致的流体层，称之为边界层，其厚度在驻点处为零，然后逐渐向下游增加。边界层内的气流因沿厚度方向位置不同，其流速也迅速变化。不同速度层间将产生切向力，从而形成列车表面的黏性切应力。黏性切应力与风阻黏度和速度梯度成正比。一般情况下，边界层内的流动状态是由开始的层流逐步转变为湍流，但高速列车高速运行的振动对气流的扰动导致层流很快转换为湍流，使黏性切应力迅速增大。各点的黏性切应力在全列车表面的积分，即为列车空气摩擦阻力。

(2)列车空气压差阻力

由于空气具有黏性，当其绕列车表面流动遇到凸起物时，气流速度降低，导致外凸物的表面压力升高，如空气流过头部鼻锥和导流板凹槽时因气流被滞止，气流速度近乎为零，使压力最大；在列车尾端，空气流速加快，使列车尾部压力减小。同时，由于列车是在地面上运行的细长物体，边界层厚度沿列车长度方向不断增加，列车表面边界层的影响和地面效应也会改变列车中后部的表面压力空气。上述因素使得各车辆前后部表面压力有很大差异，如图 2-10 所示。列车表面压力沿列车运动反方向形成的合力，是由于组成列车的各车辆前后部压力差引起的，称为列车空气压差阻力。

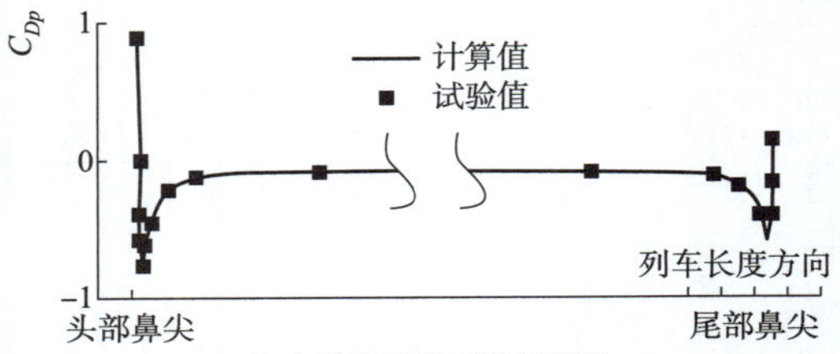

（a）纵向对称面外轮廓线

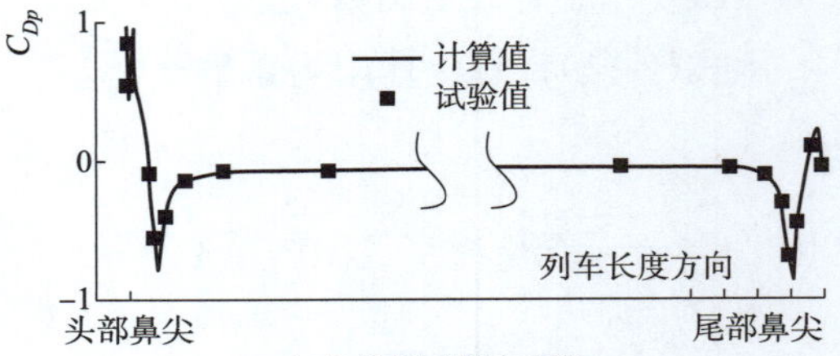

（b）外侧面侧墙中部

图 2-10　流线型动车组表面压差阻力系数 C_{Dp} 分布规律示意

基于列车空气压差阻力形成的机理，在车辆的前端迎风面、后端背风面及列车顶部受电弓等物体前后均会产生压差阻力。列车空气压差阻力主要与列车外形有关，降低列车空气阻力的主要途径是设计合理的外形。

列车空气阻力与列车运行速度的平方成正比，随着列车运行速度的提高，列车空气阻力占总阻力的比重也越来越大。根据多次实车试验结果，我国运行时速 300 km 的列车空气阻力占总阻力的 85％左右，而外形更加合理即流线型程度非常高（头部长度 10 m 左右）的动车组，空气阻力则可降至总阻力的 75％左右，效果显著。同时表明，随着车速的提高，风阻制动可以为列车总制动力贡献更大的力量。

2.5　列车外部流场特性

列车周围的外部流场是列车在空气中移动时围绕在列车周围的气流。流场受多种因素影响，包括列车的形状、大小、行驶速度以及周围空气的特性。了解列车周围的外部流场对于优化风阻制动外形和在车上的布置非常重要，能够有效预测作用在列车和风阻制动装置上的气动力和力矩，从而设计更高效、对列车运行安全影响较小的风阻制动结构。列车周围的外部流场可分为以下四个区域：

①自由气流区域：这是列车前方存在的未受干扰的气流区域。自由流速度和方向是决定作用在列车上的气动力和力矩的重要因素。此区域中气流受黏着影响较小，可看作是无黏着理想流体。

②边界层区域：这是靠近列车表面的空气区域，由于摩擦力影响，空气在此处减速。边界层的厚度随着空气流向列车后部而增加。边界层会对列车的气动阻力产生重大影响。

③分离区域：这是列车后端的区域，气流与列车表面分离时会导致形成湍流尾流，从而

增加空气阻力并降低列车的稳定性。风阻制动装置即制动风翼打开后会在制动风翼后侧出现流场的大分离，形成湍流流动。

④涡流脱落区域：这是列车后端和制动风翼背风面的区域，涡流从列车的边缘和制动风翼边缘脱落。这些涡流会与列车周围的流场相互作用，并可能导致振荡和不稳定。

尽管边界层很薄，但边界层内的黏性流对整个流场的变化影响很大。二维不可压缩流体中，由于黏性的影响而产生阻力。

(1)层流与湍流的转变

图 2-11 为流体在无限空间内，流过一物体的边界层现象。在大气(无限空间)中放着一块薄平板，气流从无限远处以速度 v_∞ 顺着平板流来，气流从平板前端 A 点起，开始与平板壁面发生摩擦，在平板壁面附近产生边界层。x_{tr} 为 AB 间的距离，$u(y)$ 为 x 方向流体速度，$\overline{u}(y)$ 为时均流。

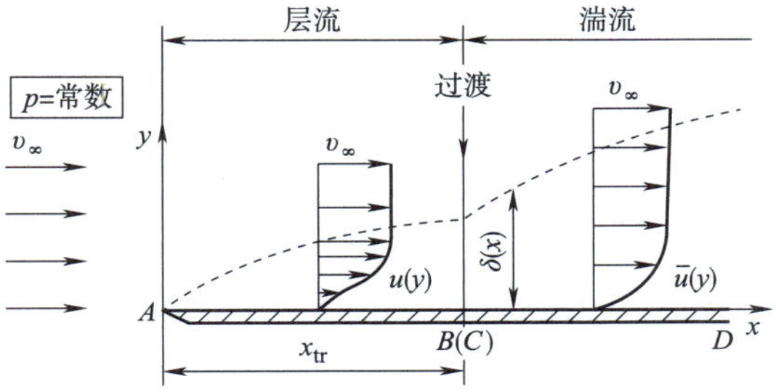

图 2-11　沿平板表面的边界层

气流在平板壁面的速度为零，在垂直于平板的法线方向上的速度从零逐渐增大，到壁面某一距离 δ 时，流体速度达到 $99\%v_\infty$；远离壁面，流体速度几乎不变，达到 v_∞。速度小于 $99\%v_\infty$ 的区域叫作边界层。由式(2-33)可知，

$$\tau=\mu\frac{\mathrm{d}v}{\mathrm{d}y} \tag{2-33}$$

式中　v——流体速度，m/s。

在边界层内，流体速度从零迅速达到 $99\%v_\infty$，此时尽管流体的动力黏性系数 μ 很小，但边界层内 $\mathrm{d}v/\mathrm{d}y$ 很大，τ 不可忽略。在边界层外，气流速度从 $99\%v_\infty$ 变到 v_∞，这时速度变化 $\mathrm{d}v/\mathrm{d}y$ 不大，因而尽管流体本身是有黏性的，但其 τ 值却很小，可以忽略不计。因此，边界层外的流动，可以近似认为是理想流体的流动。

边界层内的流动，有层流与湍流两种。图 2-11 表明，当流体流到平板前端时，流体开始进入边界层。由于流体刚刚与壁面发生摩擦，边界层内的流体还是保持层流流动，图 2-11 中 AB 段是层流边界层，这里的速度分布与管内的层流很接近。流体经过 AB 段内不断地黏性摩擦后开始紊乱，在 BC 段开始产生流体质点的横向混杂运动，而且越来越激烈，边界层内的流动逐渐就变成湍流流动。CD 段是湍流边界层，而 BC 段是层流向湍流过渡的区

域。一般 BC 段很短，可以近似地看成一点，叫作转捩点。湍流边界层内的速度变化与管内湍流规律很接近。

在层流边界层内，黏性流在平板表面没有滑动，边界层气流稳定，其流向基本平行于平板。层流边界层的厚度 δ，沿流线方向按式(2-34)增长。

$$\delta \sim \sqrt{\frac{v}{v_\infty}\sqrt{x}} \tag{2-34}$$

边界层的厚度随距离的增长、运动黏度的增长以及自由流速的减小而增加。边界层的层流状态只是对于某一扰动区域才是稳定的，在距平板的距离为 $x=x_{\mathrm{tr}}$，即图 2-11 的转捩点处，出现边界层由层流状态向湍流状态的转变。雷诺数对两种状态的转变起着决定性作用。对于平板，转捩点出现在 $Re_{x_{\mathrm{tr}}}=\frac{v_\infty x_{\mathrm{tr}}}{v}=5\times10^5$ 处。从层流到湍流的转变一般发生在小压力区，而且随着雷诺数的增加，转捩点顺流下移。

在边界层的湍流区内，流动是不稳定的，时均流仍然附着于壁面，同时时均流 $\overline{u}(y)$ 在 x、y、z 方向的波动速度 u'、v'、w' 要叠加到三个坐标方向上，因此图 2-11 平行速度分量为

$$u(y,t)=\overline{u}(y)+u'(y,t) \tag{2-35}$$

$\overline{u}(y)$ 定义为

$$\overline{u}(y)=\frac{1}{\Delta t}\int_{t_0}^{t_0+\Delta t} u(y,t)\,\mathrm{d}t \tag{2-36}$$

由于速度的波动，使由分子摩擦造成的剪应力随扰动而增大，应补充

$$\tau_{\mathrm{turb}}=-\rho\overline{u'v'} \tag{2-37}$$

$\overline{u'v'}$ 是根据式(2-36)导出的时间速度，由于 u' 和 v' 的符号相反，所以 τ_{turb} 的表达式总是正的。湍流速度波动表明在黏性流体中，波动明显增大，所以图 2-11 中的边界层厚度沿平板在转捩点后迅速增加，湍流边界层近壁处速度远高于层流中速度。

$$\delta \sim \sqrt[5]{\left(\frac{v}{v_\infty}\right)x^{4/5}} \tag{2-38}$$

(2)分离

层流和湍流边界层取决于因外部绕流产生的压力分布。由于顺流压力增大，附面层流动受阻，特别是靠近壁面的地方，甚至出现倒流。图 2-12 描绘了这种特性，表明在顺流和倒流之间，有一条流线离开壁面，这种现象称为分离。分离点 A 满足条件

$$\frac{\mathrm{d}u}{\mathrm{d}y}=0 \tag{2-39}$$

湍流边界层可以承受很大的压力梯度而不发生分离。与层流边界层相比，湍流的混合过程产生了从外部流向壁面的动量传递，由于在流向上压力减小，所以不存在气流分离趋势。

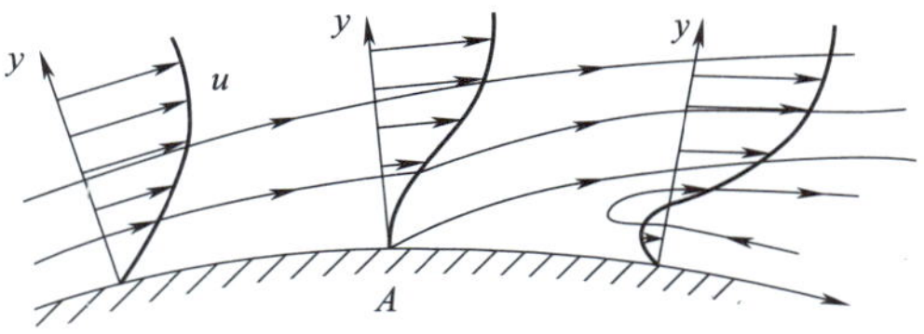

图 2-12　表面边界层的分离示意

2.6　风阻制动力形成机理

2.6.1　风阻制动原理

风阻制动是列车紧急制动过程中，在车体顶部伸展出具有一定面积的制动风翼来增加列车的总体迎风面积，以此增加列车的运行阻力。风阻制动利用气流绕过制动风翼后出现大分离现象，通过大气微团摩擦将列车的动能转化为热能，并随着空气的快速流动消散于大气。如图 2-13 所示，当风阻制动系统工作时，作用在制动风翼前面的正压力空气受阻挡，制动风翼后面的空气流场遭受破坏，产生了负压力。该压力差形成了作用在制动风翼上的气动阻力，被用来充当列车制动力。

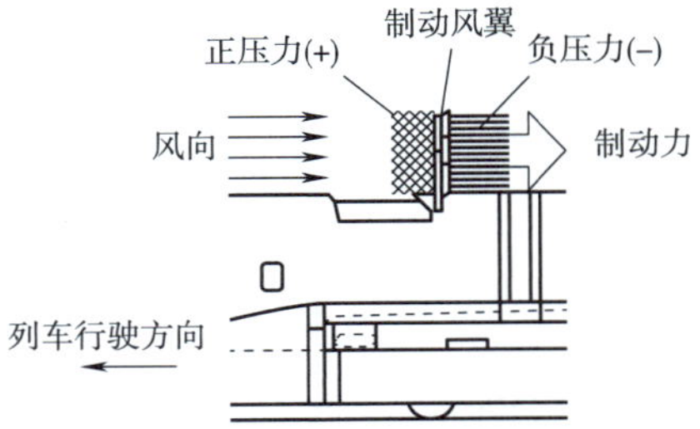

图 2-13　风阻制动作用原理

当然，由制动风翼所产生的列车制动力不仅包括制动风翼本身所承受的压差阻力，同时由于制动风翼造成了列车车身周围(主要是顶部)流场的急剧变化，车体表面的边界层被扰乱，湍流现象加剧，列车空气摩擦阻力增加，也形成了一定的列车制动力。

影响风阻制动力的因素有：列车运行速度，制动风翼的有效迎风面积和表面形状，制动风翼在车顶上的布置位置以及数量，同时还包括运行线路的隧道阻塞比、隧道长度、坡度、线路曲率半径、横风等外界因素。

2.6.2　列车风阻制动力形成

模拟运行速度为 400 km/h 的流场，用数值计算方法对增加风阻制动装置的模型进行仿真分析，下文称其为制动风翼工况。与不加风阻制动装置的裸车工况相比，气动阻力变化见表 2-2。

表 2-2　制动风翼工况与裸车工况的各部分气动阻力差值　　单位：N

车　辆	压差阻力	摩擦阻力	总 阻 力
制动风翼	13 653.77	8.87	13 662.64
头车	150.46	−80.27	70.19
中间车	0.11	−243.60	−243.49
尾车	−15.11	−96.18	−111.29
列车	13 789.23	−411.18	13 378.05

由表 2-2 可知，中间车和尾车的总阻力均下降。除头车的压差阻力增大约 150 N 和中间车可忽略不计的压差阻力之外，其他车辆的压差阻力和摩擦阻力都有不同程度的减小。列车总阻力的提升大部分来自制动风翼的压差阻力，一小部分来自头车的压差阻力以及制动风翼因厚度的限制而提供了很小的摩擦阻力。

造成列车各车辆气动阻力发生变化的原因可通过流场结构来分析。如图 2-14 所示，对比裸车工况和制动风翼工况的列车表面压力云图可见，制动风翼工况的气流在制动风翼处受到阻挡，在制动风翼迎风面形成正高压，而背风面形成负压区，提供了很大的压差阻力，因此制动风翼的增阻作用主要是通过装置本身提供压差阻力来提供的；受制动风翼的影响，头车的表面压力与裸车相比有一段从负压上升到了正压，使得头车的压差阻力增大。图 2-15 为制动风翼处速度流线图，在制动风翼前端气流速度减小，影响了列车上表面边界层的速度差，导致黏性应力下降，使得头车的摩擦阻力下降。列车纵切面的速度云图如图 2-16 所示。

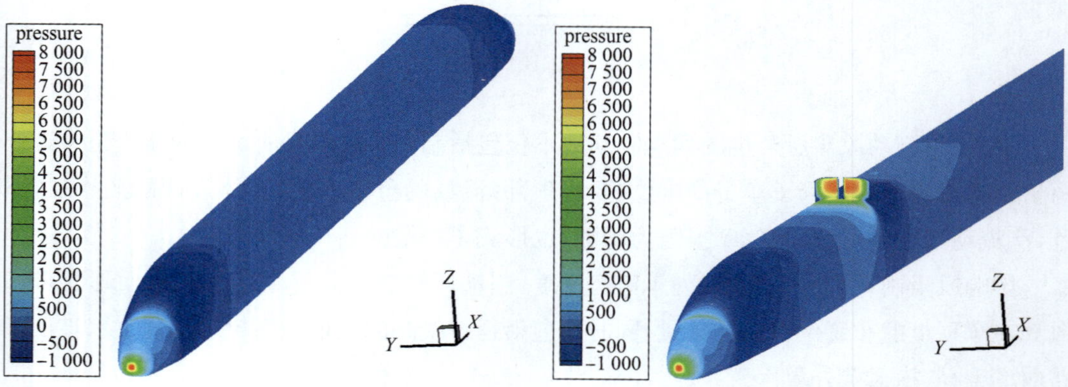

(a) 裸车工况　　(b) 制动风翼工况

图 2-14　裸车工况和制动风翼工况的列车表面压力云图对比

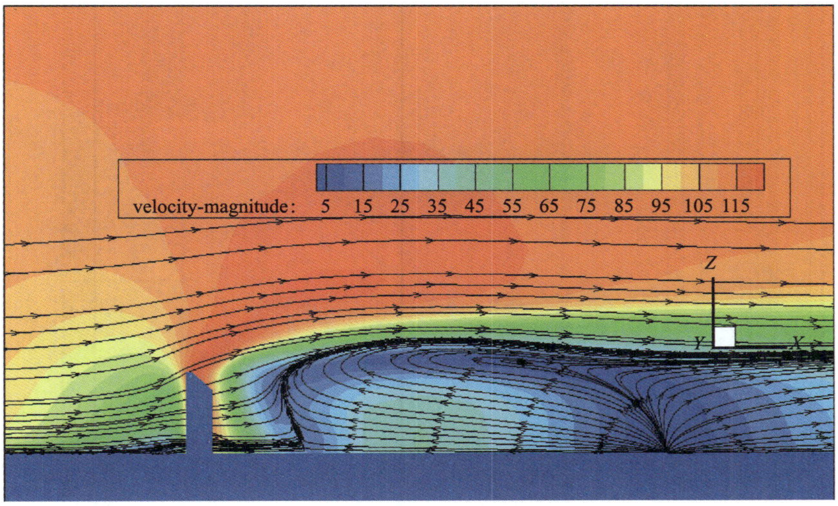

图 2-15　制动风翼处速度流线图

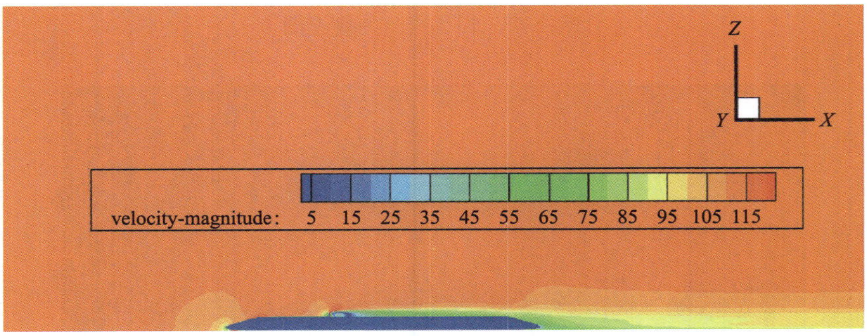

图 2-16　列车纵切面的速度云图

由图 2-15 和图 2-16 可见，由于制动风翼的存在，制动风翼后方生成了一个大尺寸且不规则的涡流，使得后方的流体速度大大降低，中间车的边界层受到破坏，摩擦阻力减小。由于速度的大幅度下降，整个列车后方上表面的流体速度都受到了很大的影响，气流速度一直到距离尾车很远的地方仍没有恢复，使得尾车边界层的速度差减小，摩擦阻力减小。

图 2-17 和图 2-18 为列车尾流的侧视图和俯视图。由图可见，制动风翼工况的列车尾流产生了一个相较于裸车工况更大尺寸且更完整的涡流；整列车的空气动力特性能够反映在尾流的涡流尺寸上。由于涡流的存在，使得尾车负压中心的负压力绝对值减小，尾车的压差阻力减小。

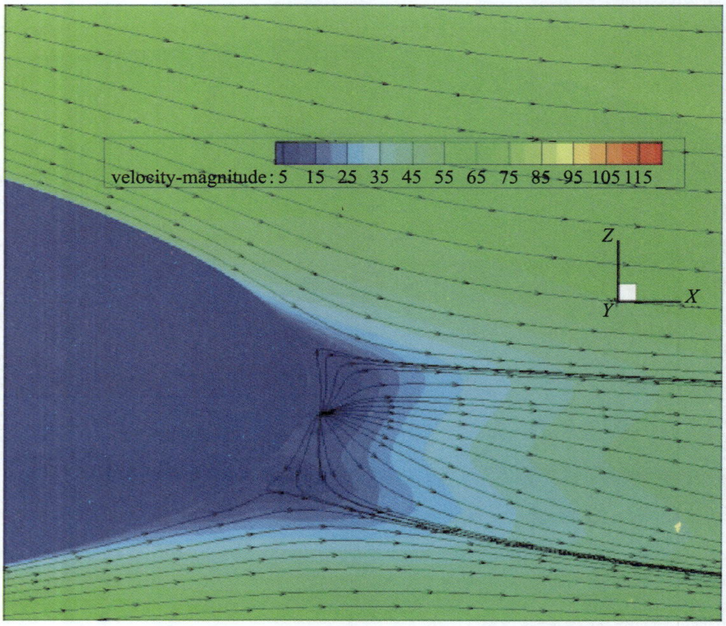

图 2-17　列车尾流的侧视图

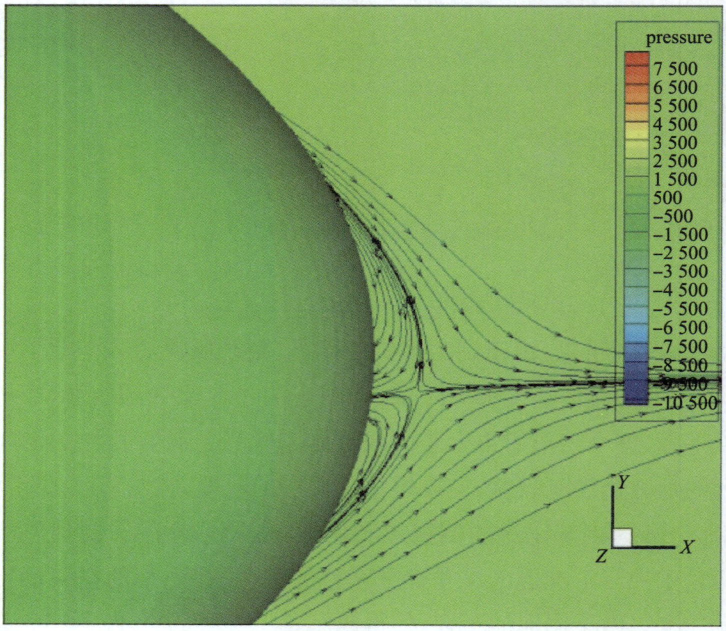

图 2-18　列车尾流的俯视图

第 3 章　风阻制动设计方法

本章结合列车车体结构，探索合适的风阻制动装置安装空间域；基于安装空间域，研究确定高效可靠的风阻制动装置结构形式框架，通过开启方式、驱动模式及控制系统等详细设计最终实现风阻制动装置结构形式。布置在车上的风阻制动装置还涉及在车上的布置位置、布置间距、布置数量以及打开角度等方面。本章将从风阻制动装置的结构形式、风阻制动装置在车上的整体布置以及风阻制动装置的控制及驱动方式等方面展开介绍，主要探讨风阻制动装置的不同设计方法对制动力的影响。

3.1　风阻制动装置结构形式

风阻制动装置的结构形式多种多样，其装置结构直接关系到风阻制动力的大小和占用车内空间大小。目前，风阻制动装置结构形式有回旋上升式风阻制动装置、升降式风阻制动装置、斜起式风阻制动装置（双向斜起式风阻制动装置和单向斜起式风阻制动装置）三种，分别如图 3-1～图 3-4 所示。MLX01-901 型山梨磁浮试验列车搭载的风阻制动装置（图 3-5）采用的是升降式，FASTECH 360 型试验车（图 3-6）搭载的风阻制动装置采用的是回旋上升式。

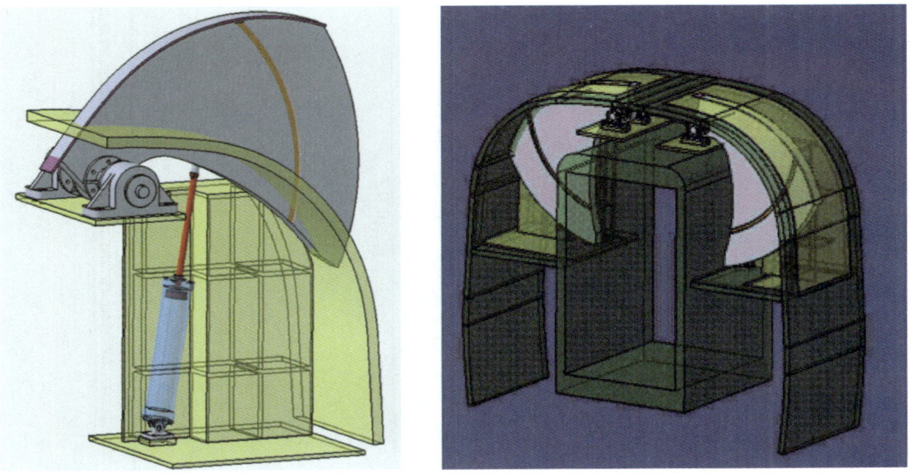

图 3-1　回旋上升式风阻制动装置

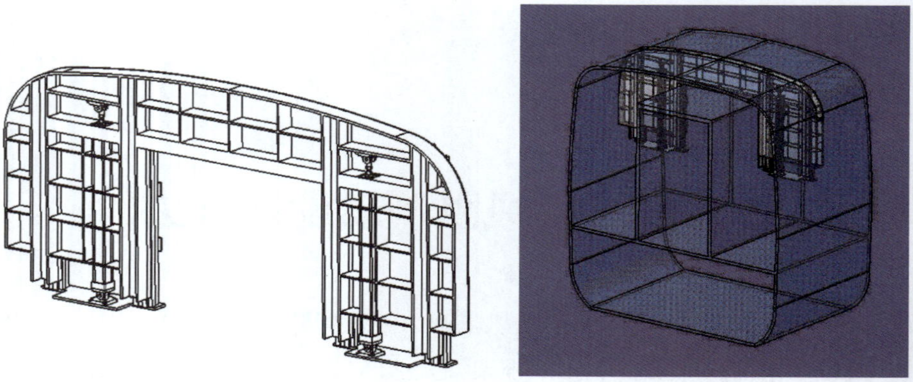

图 3-2　升降式风阻制动装置

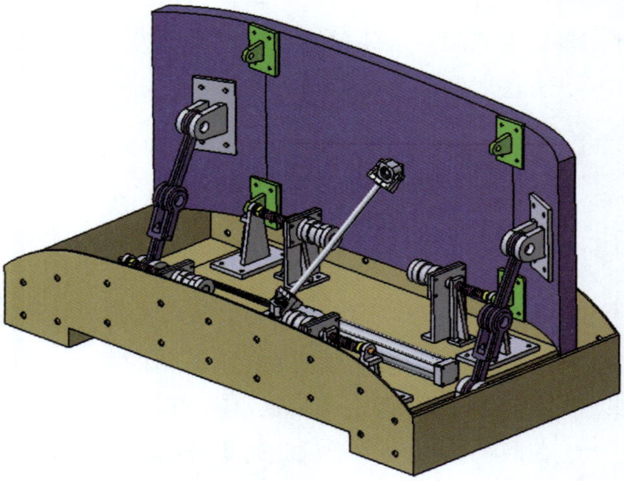

图 3-3　双向斜起式风阻制动装置

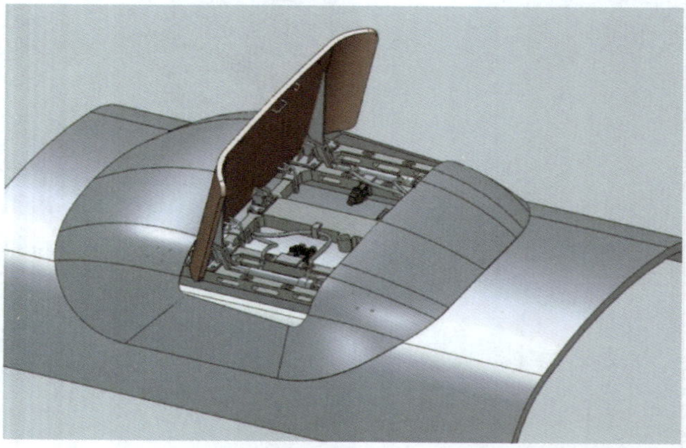

图 3-4　单向斜起式风阻制动装置

图 3-5 MLX01-901 型山梨磁浮试验列车上的风阻制动装置

图 3-6 FASTECH 360 型试验车上的风阻制动装置

以上三种风阻制动装置结构形式的差别体现在制动风翼的打开方式，每种打开方式对应的风阻制动装置都需要考虑车辆限界。在满足车辆限界的条件下，尽可能提高制动效果，其中部分形式则考虑了列车双向运行的工况。通过整体植入式设计，只需在车体上留有固定接口就可以对风阻制动装置进行安装和维修。回旋上升式、升降式风阻制动装置都会占用车内部分空间，且均需对车体做一定的切割改造，会对车体的强度产生一定影响；单向斜起式、双向斜起式风阻制动装置又可称为车顶风阻制动装置，这是因为其结构充分利用车顶的空间，对车体结构改造较小，保证了车体的强度不会受到太大影响。

斜起式风阻制动装置在车体上的安装位置比较灵活，如图 3-7 所示为一种小型化风阻制动装置试验车，该装置的优势在于不仅能够保证列车制动力的设计需求，还能减小制动风翼面积和降低风阻制动装置的重量，做到小型化和轻量化。ALFA-X 型试验车的小型化风阻制动装置由两块展开方向相反的制动风翼组成，在车顶横向布置两组装置、纵向分散化布置多组装置，通过弹簧力将制动风翼推开一个小角度后，可以利用气动力无源开启，列车双向运行开启效果一致；其他列车的制动风翼主要由自带动力源开启。图 3-8 为一种应用于 ALFA-X 型列车的小型化风阻制动装置试验样机，制动风翼组件、驱动单元、锁闭单元、控制单元以及安装支架等全部集成安装在车顶。

图 3-7 日本 ALFA-X 型小型化风阻制动装置试验车

图 3-8 小型化风阻制动装置试验样机

3.2 制动风翼外形设计

3.2.1 不同制动风翼比较

在相同限界约束条件下，制动风翼外形需配合不同的打开方式，上下伸缩式、回旋式和斜起式制动风翼外形分别如图 3-9～图 3-11 所示。

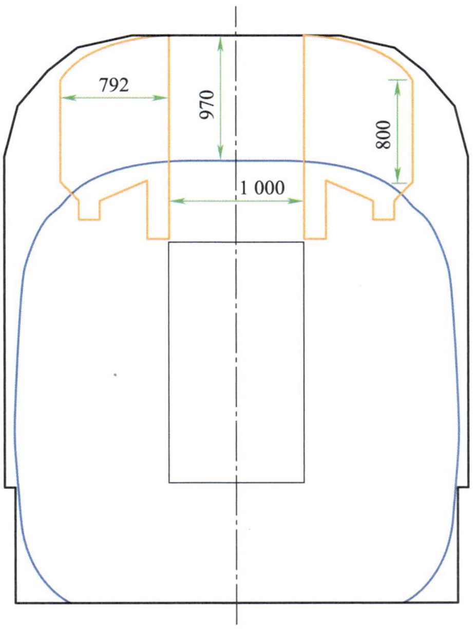

图 3-9　上下伸缩式制动风翼外形(单位:mm)

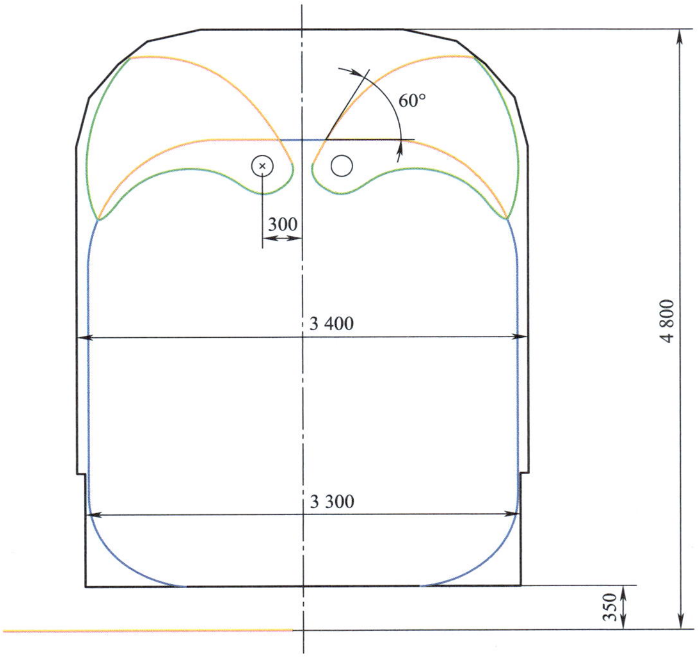

图 3-10　回旋式制动风翼外形(单位:mm)

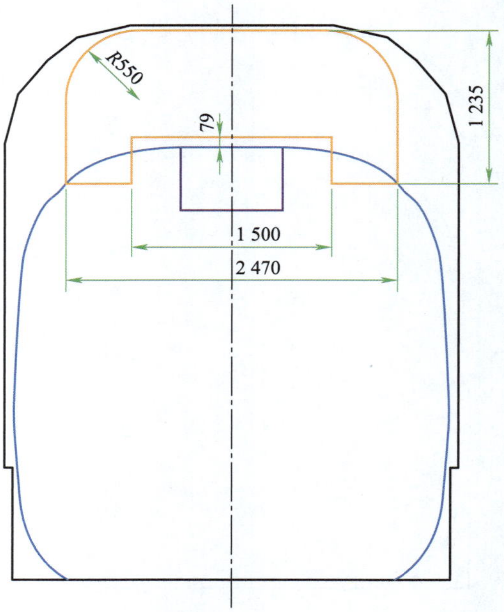

图 3-11 斜起式制动风翼外形(单位:mm)

1. 上下伸缩式制动风翼

上下伸缩式制动风翼通过驱动机构使制动风翼上下移动,以实现制动风翼的打开和闭合。上下伸缩式制动风翼特点如下:

(1)为合理利用车体空间位置,上下伸缩式制动风翼通常安装在车辆端部。为实现风阻制动未启用时保持列车外形为流线型且不影响列车正常运行,制动风翼上端面轮廓需与车顶轮廓保持一致。

(2)上下伸缩式制动风翼由于其灵活的伸缩性,可通过上下伸缩控制制动风翼露出车顶的面积(即迎面面积),以此调节风阻制动产生的制动力。当需要较大风阻制动力时,制动风翼可以向上伸出以增大迎风面积,增加风阻制动力,提高制动效果;反之,当需要较小风阻制动力时,制动风翼可以向下收缩,减小风阻制动力,降低制动效果。

2. 回旋式制动风翼

回旋式制动风翼绕着一根轴旋转,实现制动风翼的打开和关闭。回旋式制动风翼特点如下:

(1)回旋式制动风翼在车上布置相对灵活,可安装于车辆非端部,但由于不使用时需收纳于车体,安装于车辆非端部处会占用客室部分空间。同样,为实现风阻制动未启用时保持列车外形为流线型,制动风翼内侧弧线轮廓需与车顶轮廓保持一致。

(2)回旋式制动风翼沿着旋转轴打开,可通过调节旋转角度来调节制动风翼的迎风面积，以此来调整风阻制动力。

3. 斜起式制动风翼

斜起式制动风翼通过驱动机构绕着转轴迎风或逆风开启。斜起式制动风翼特点如下：

（1）斜起式制动风翼可安装于车辆非端部，在车上布置相对灵活。通过对车顶安装处进行部分改造，留有一个空腔用于放置风阻制动装置，可不占用列车车内空间。

（2）设计制动风翼外形轮廓为所安装处的列车车顶轮廓，以致制动风翼收起时其表面与车顶轮廓保持一致，确保风阻制动未启用时的列车外形仍为流线型。

（3）通过调整制动风翼打开角度来调整风阻制动力大小。

风阻制动产生的制动力与制动风翼的迎风面积成正比。迎风面积指的是制动风翼在风向垂直方向上的投影面积，这个面积越大，制动风翼产生的阻力越大。上下伸缩式制动风翼和回旋式制动风翼通过控制伸出车顶的迎风面控制制动阻力，斜起式制动风翼可通过打开角度控制制动风翼迎风面积的垂直投影面积控制制动阻力。考虑充分利用车辆限界，对应三种不同打开方式的单副制动风翼所能提供的最大迎风面积不同，三种不同翼形的迎风面积见表 3-1，斜起式对应的翼形能提供最大的迎风面积，回旋式翼形次之，上下伸缩式翼形最小，单副制动风翼产生的制动阻力满足同样规律。在列车上安装相同组数风阻制动，三种不同翼形的制动风翼及车身产生的阻力见表 3-2，制动风翼及车身周围压力分布如图 3-12～图 3-14 所示。

表 3-1　三种不同翼形的迎风面积　　单位：m^2

不同翼形	单　块	单　副
上下伸缩式	0.846	1.692
回旋式	0.96	1.92
斜起式	3.339	

表 3-2　三种不同翼形的制动风翼及车身产生的阻力　　单位：N

不同翼形	制动风翼 1	制动风翼 2	制动风翼 3	制动风翼 4	制动风翼 5	制动风翼 6	制动风翼 7	制动风翼合力	车　身	制动风翼与车身合力
上下伸缩式	6 627	4 071	4 452	3 723	3 435	3 594	3 052	57 906	11 227	69 133
回旋式	7 480	4 681	4 738	4 245	3 886	4 113	3 608	65 502	11 160	76 662
斜起式	10 283	6 346	7 735	6 741	6 382	7 246	6 070	101 607	11 988	113 595

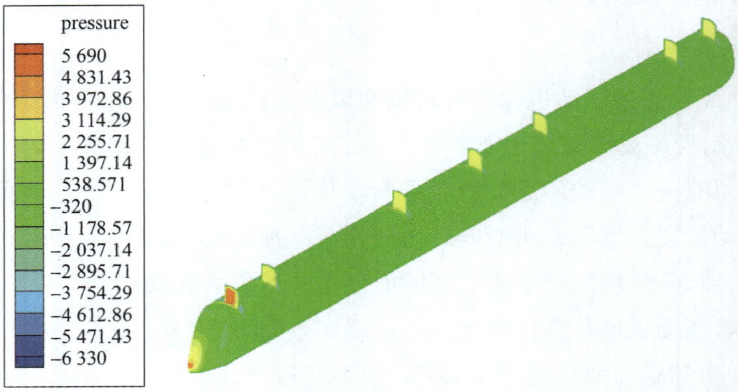

图 3-12　上下伸缩式制动风翼及车身周围压力分布云图

图 3-13　回旋式制动风翼及车身周围压力分布云图

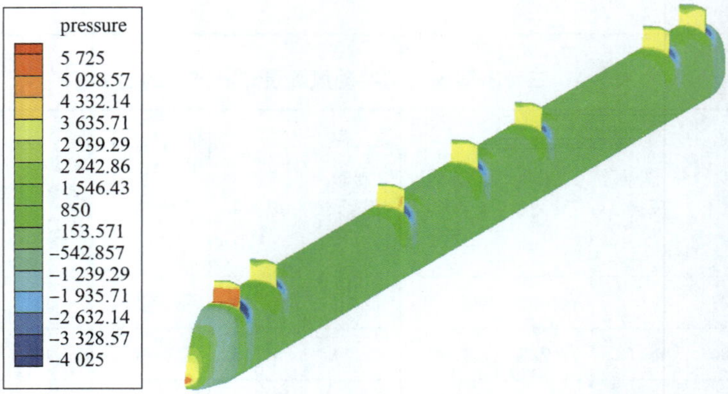

图 3-14　斜起式制动风翼及车身周围压力分布云图

虽然单副斜起式制动风翼迎面面积最大，产生的制动阻力最大，但同一种打开方式可以有不同的制动风翼翼形，且风阻制动产生的总制动阻力与风阻制动在车上布置的具体数量和布置位置有关，可以综合考虑各因素，达到最优的风阻制动整体布置方案。

3.2.2　制动风翼开槽效果

风阻制动是通过破坏列车周围流场使得流体分离从而产生制动阻力，为保障制动风翼工作时的稳定性，有时会对制动风翼进行开槽等设计。以斜起式制动风翼外形为例，对比制动风翼不开槽和开槽的效果，如图 3-15 和图 3-16 所示。

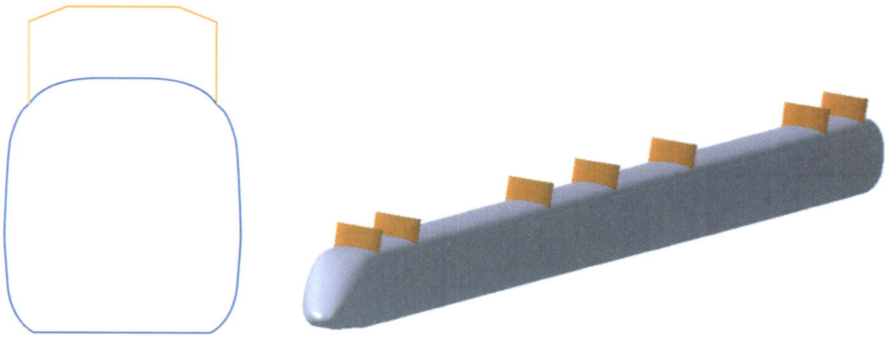

图 3-15　制动风翼不开槽示意

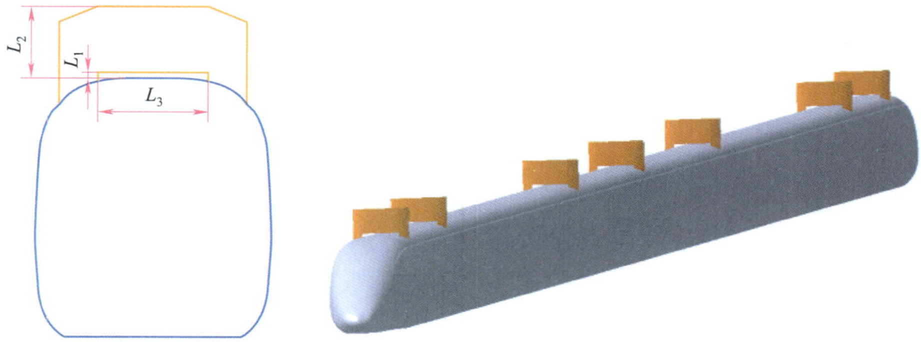

图 3-16　制动风翼开槽示意

通过调整 L_1 和 L_3 尺寸，研究开槽大小对制动阻力的影响，计算得到的制动阻力见表 3-3、表 3-4，流场分布如图 3-17～图 3-24 所示：

(1)对于斜起式制动风翼，在迎风面上开槽能有效增大制动阻力。

(2)当 L_1 约为 1/8 L_2(120 mm)时，制动风翼及车身产生的阻力相对较大。

(3)在结论(1)的基础上，开槽宽度 L_3 越大，车身及制动风翼产生的阻力越大，但从数值上比较，相差不大。考虑到安装时要给两侧的支撑装置留有一定的尺寸余量，L_3 暂取为 750 mm。

表 3-3　不同 L_1 尺寸下制动风翼及车身产生阻力　单位:N

L_1	制动风翼 1	制动风翼 2	制动风翼 3	制动风翼 4	制动风翼 5	制动风翼 6	制动风翼 7	制动风翼合力	车　身	制动风翼与车身合力
0	10 283	6 346	7 735	6 741	6 382	7 246	6 070	101 607	11 988	113 595
80 mm	10 063	6 651	7 884	7 037	6 767	7 321	6 386	104 219	12 414	116 633
120 mm	10 074	6 820	7 912	7 217	6 866	7 486	6 447	105 646	12 561	118 207
160 mm	9 799	6 554	7 793	7 058	6 786	7 350	6 420	103 520	12 432	115 952

表 3-4　不同 L_3 尺寸下制动风翼及车身产生阻力　单位:N

L_3	制动风翼 1	制动风翼 2	制动风翼 3	制动风翼 4	制动风翼 5	制动风翼 6	制动风翼 7	制动风翼合力	车　身	制动风翼与车身合力
450 mm	10 189	6 698	7 966	7 157	6 736	7 346	6 335	104 856	12 170	117 026
550 mm	10 002	6 672	7 881	7 175	6 751	7 352	6 418	104 500	12 350	116 850
650 mm	10 049	6 680	7 953	7 203	6 884	7 479	6 497	105 490	12 452	117 942
750 mm	10 074	6 820	7 912	7 217	6 866	7 486	6 447	105 646	12 561	118 207

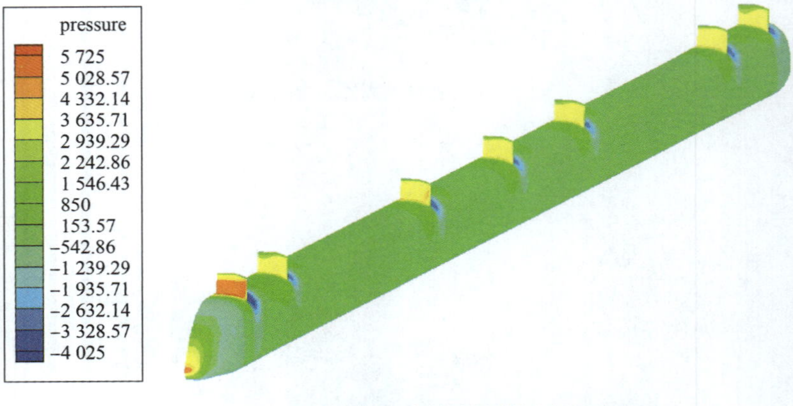

图 3-17　$L_1=0$ 时车身及制动风翼压力场分布

图 3-18　$L_1=0$ 时车身及制动风翼周围速度场分布

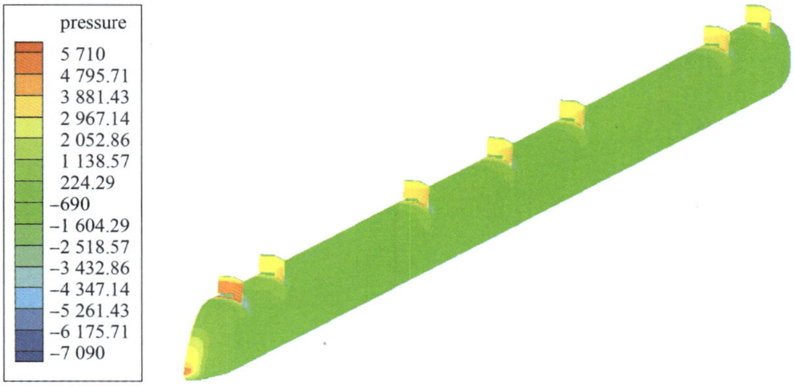

图 3-19　L_1=80 mm 时车身及制动风翼压力场分布

图 3-20　L_1=80 mm 时车身及制动风翼周围速度场分布

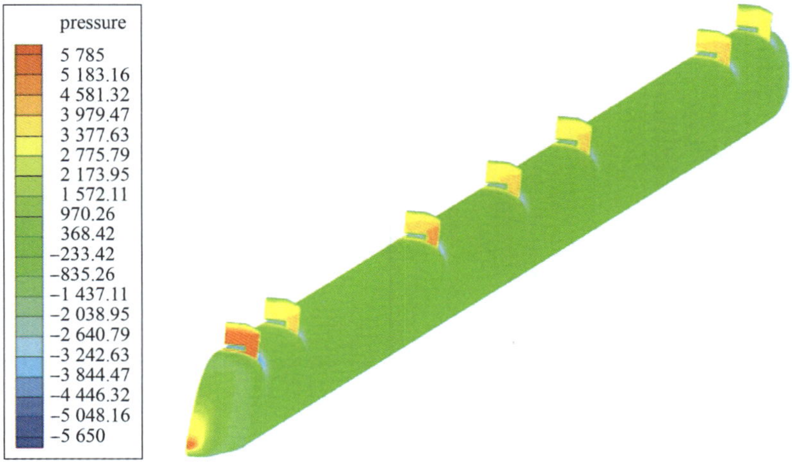

图 3-21　L_1=120 mm 时车身及制动风翼压力场分布

图 3-22　$L_1=120$ mm 时车身及制动风翼周围速度场分布

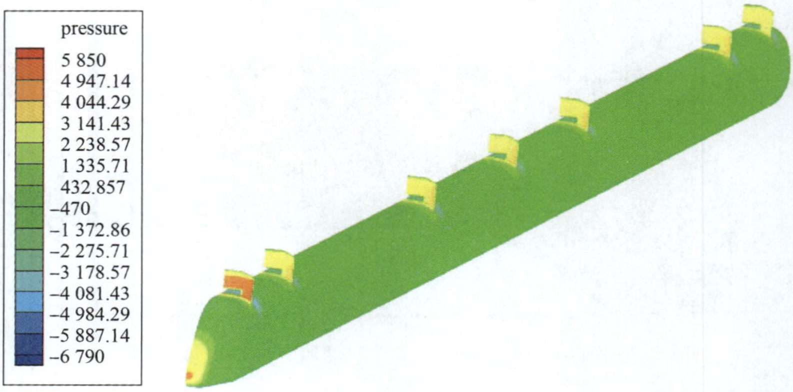

图 3-23　$L_1=160$ mm 时车身及制动风翼压力场分布

图 3-24　$L_1=160$ mm 时车身及制动风翼周围速度场分布

3.3 风阻制动整体布置

3.3.1 制动风翼安装间距

为研究风阻制动装置制动力随纵向安装间距的变化规律，在列车上安装两副制动风翼，通过改变第 2 副制动风翼安装位置来改变两副制动风翼纵向间距，分析制动风翼尾迹影响的范围以及制动风翼纵向间距对制动效果的影响。第 2 副制动风翼安装位置由位置 1 依次变换到位置 6，两副制动风翼间距相应地由 5 000 mm 依次增加到 90 203 mm，即 6 种制动风翼间距，如图 3-25 和表 3-5 所示。两副制动风翼不同间距工况下制动风翼和车身产生制动阻力如图 3-26 和表 3-6 所示，随着第 2 副制动风翼安装位置由位置 1 依次变换到位置 6，两副制动风翼间距随之增大，迎风面第 2 副制动风翼产生的制动阻力逐渐增大，但当两副制动风翼间距由 2 节车厢距离（第 2 副制动风翼处于位置 4，两副制动风翼间距约 40 m）增大到 3 节车厢距离（第 2 副制动风翼处于位置 5，两副制动风翼间距约 66 m）时，第 2 副制动风翼产生的制动阻力基本不变。如图 3-27 所示为两副制动风翼不同间距工况下制动风翼张开时的列车速度云图。从图 3-27 可知：第 2 副制动风翼受第 1 副制动风翼的尾迹影响效应随着距离的增大而逐渐减弱，当两副制动风翼间距约为 2 节车辆距离（约 40 m）[图 3-27(d)]时，第 2 副制动风翼所处流场基本恢复，所处速度场基本恢复为来流速度，此时其所受阻力为最大，随着间距继续增大，第 2 副制动风翼所处流场基本不变，因此所受阻力相应基本不变。同样可以看出，第 1 副制动风翼产生的阻力随着两副制动风翼间距的增加相应有所增大，但增大的幅值不太明显（比较第 1 种工况与第 5 种工况，相差约 700 N）。

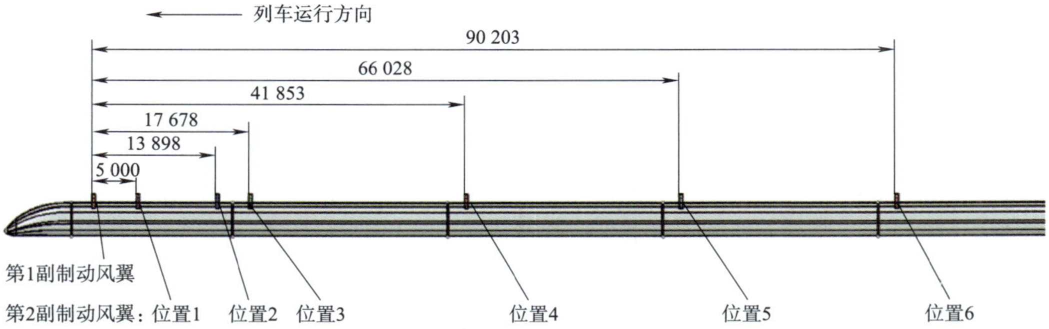

图 3-25　两副制动风翼不同间距（单位：mm）

表 3-5　两副制动风翼不同间距工况　　单位：mm

工　况	工况 1	工况 2	工况 3	工况 4	工况 5	工况 6
两副制动风翼间距	5 000	13 898	17 678	41 853	66 028	90 203

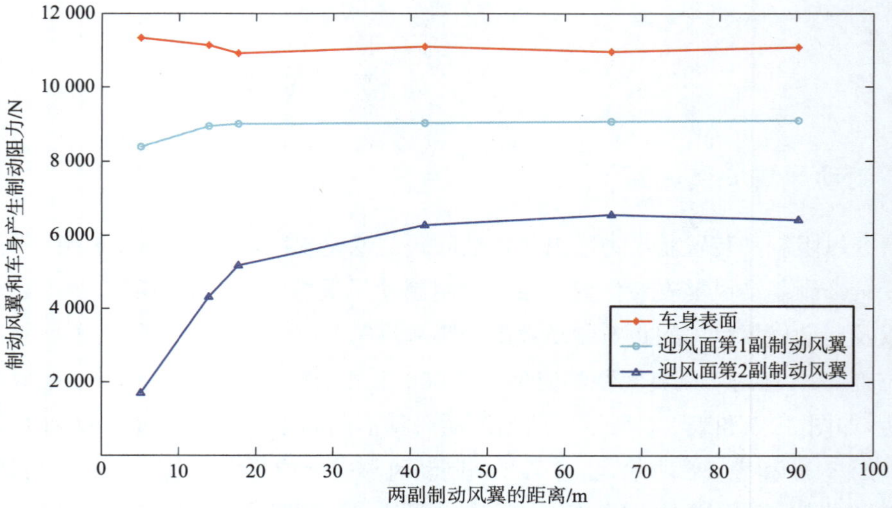

图 3-26 两副制动风翼不同间距工况下制动风翼和车身产生制动阻力

表 3-6 不同工况下制动风翼和车身产生制动阻力 单位：N

制动阻力类型	工况 1	工况 2	工况 3	工况 4	工况 5	工况 6
迎风面第 1 副制动风翼产生制动阻力	8 386	8 959.7	9 010.8	9 028.9	9 070.1	9 091.2
迎风面第 2 副制动风翼产生制动阻力	1 700.2	4 314.9	5 175.7	6 263.5	6 535.1	6 411.9
车身制动阻力	11 376	11 172	10 951	11 090	10 988	11 067.3
两副制动风翼产生制动阻力合力	10 086.2	13 274.6	14 186.5	15 292.4	15 605.2	15 503.1
制动风翼与车身制动阻力合力	21 462	24 447	25 137	26 382	26 593	26 570.4

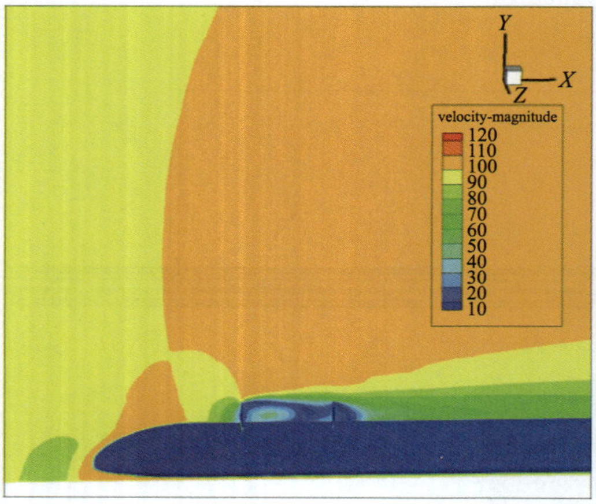

(a) 工况1

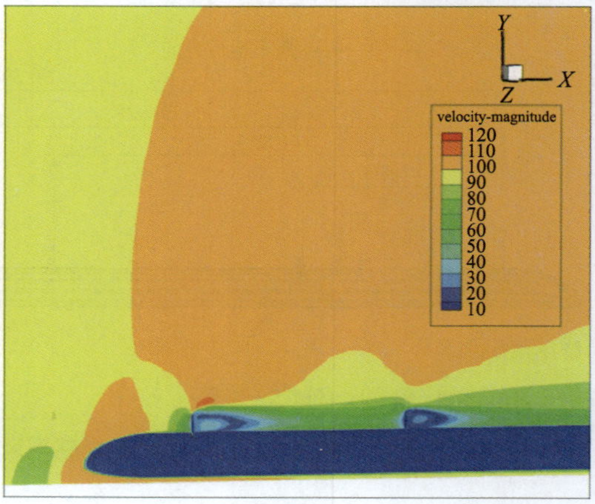

(b) 工况2

图 3-27

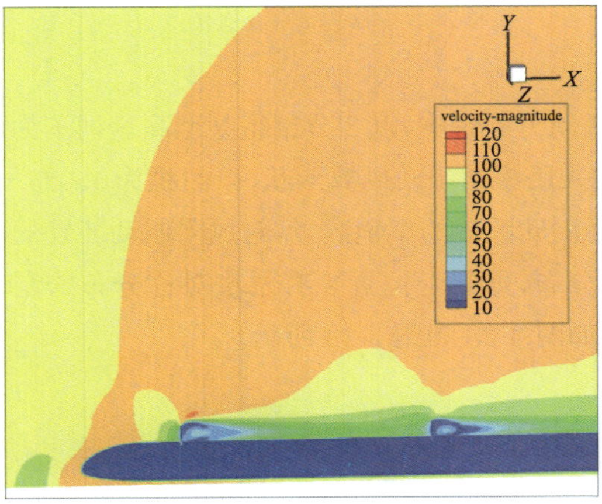

（c）工况3

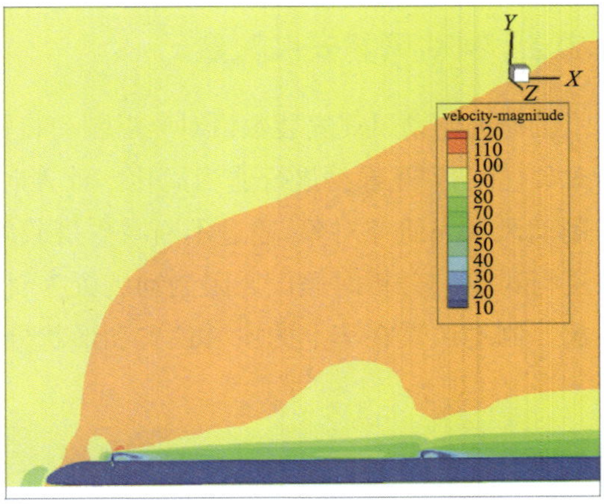

（d）工况4

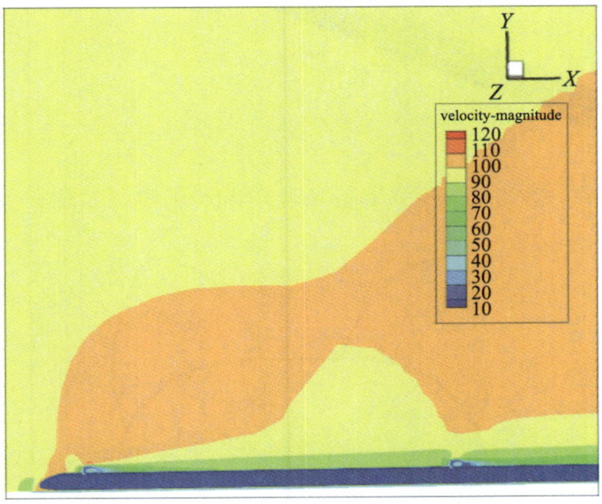

（e）工况5

图 3-27　两副制动风翼不同间距工况下速度云图

由以上仿真计算结果可知，迎风面第 2 副制动风翼产生的制动阻力随着纵向间距增大而增大，但增大的幅度逐渐减小；而第 1 副制动风翼随着两副制动风翼纵向间距的增加相应有所增大，但增大的幅值不明显。通过对比工况 2 和工况 3，工况 2 中第 2 副制动风翼安装在车端墙前，工况 3 则安装在车端墙后。工况 3 中两副制动风翼产生的合制动力比工况 2 增加了大约 900 N，但实际安装时，需将制动力效果和对受电弓影响综合起来考虑，如受电弓安装在第 2 节车和第 7 节车上，则第 2 副制动风翼安装在车端墙前或车端墙后需结合受电弓影响进行分析选择。对比工况 3 和工况 4，实际安装时如果选择工况 4，则第 2 节车没有安装制动风翼，虽然随着间距增大，工况 4 中两副制动风翼产生的合制动力比工况 3 增加了大约 1 100 N，但减少 1 节车的制动风翼会使整列车的制动力下降，其下降值远大于增加间距带来的制动力增幅。综上所述，实际安装风阻制动装置时，第 2 副制动风翼应安装在第 2 节车前端墙前部或后部。

3.3.2 制动风翼安装数量

为研究制动风翼安装数量对风阻制动装置制动力的影响，以 8 节编组某型高速列车为分析对象，并对列车模型进行适当简化。计算时均采用相同制动风翼形状，以面积为 1.083 m^2 的制动风翼为研究对象，通过不断减少搭载风阻制动装置的车辆数量，对风阻制动装置的数量进行讨论。分析时假设风阻制动装置为对称分布，即每个位置装有两块对称分布的制动风翼。制动风翼在车上的安装位置和形状分别如图 3-28 和图 3-29 所示。

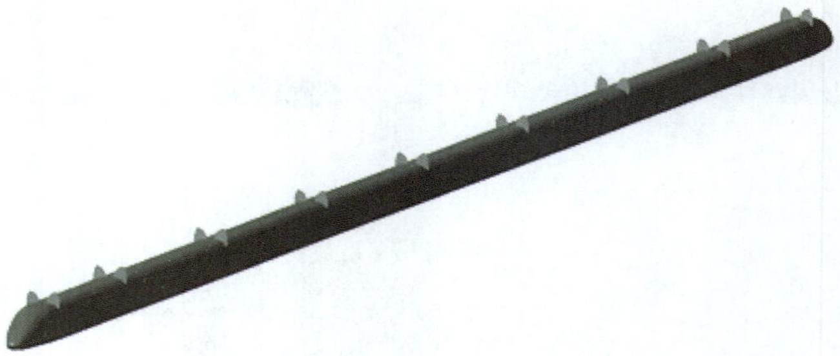

图 3-28 8 节编组某型高速列车模型示意

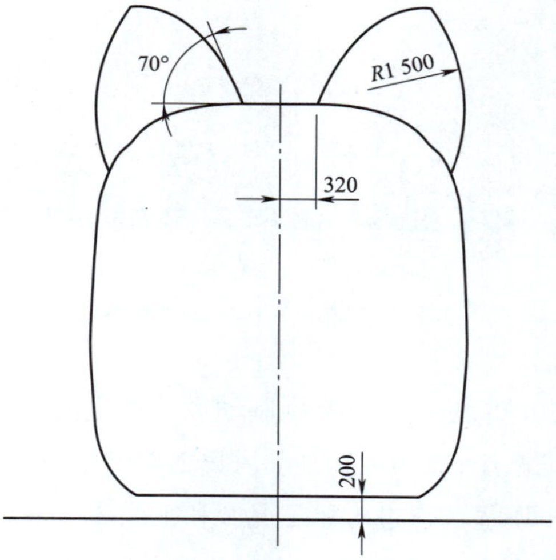

图 3-29 制动风翼几何参数(单位：mm)

首先，对 8 节编组列车每节车均装有制动风翼的情况进行讨论，各制动风翼产生的制动阻力如图 3-30 所示。由图可知，在 350 km/h 的速度条件下所有制动风翼(每个位置两块)产生的风阻制动力约为 92 000 N，其中第 1 副制动风翼所受起动阻力最大，随后逐渐降低；随着间距的增大，制动力下降趋势减缓，这表示两副制动风翼间的制动力差别逐渐减小。

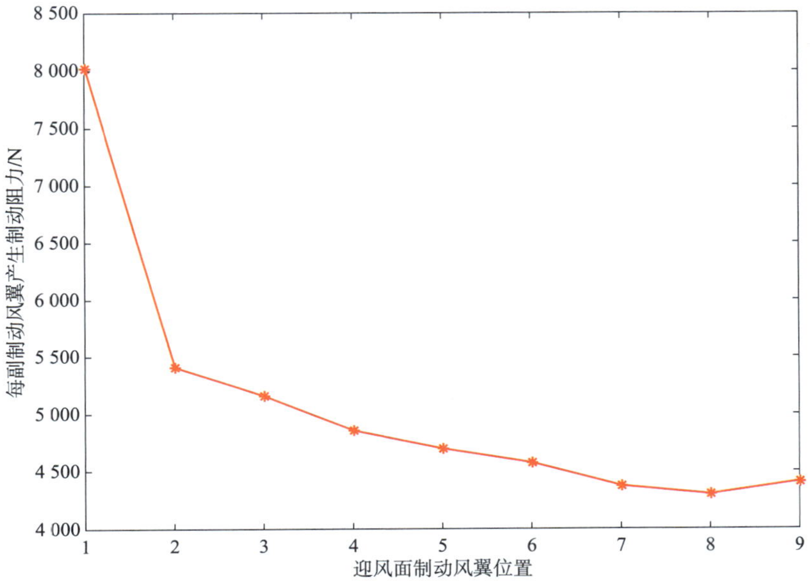

图 3-30　制动风翼产生的制动阻力

其次，对 8 节编组列车中有一节车未装载风阻制动装置的工况进行讨论，设定工况 1 为第 2 节车未装载风阻制动装置，工况 2 为第 4 节车未装载风阻制动装置，单节列车未装载风阻制动装置工况如图 3-31 所示。

（a）工况1：第2辆车未装载风阻制动装置

（b）工况2：第4辆车未装载风阻制动装置

图 3-31　单节列车未装载风阻制动装置工况示意

两种工况下各制动风翼产生的风阻制动力计算结果如图 3-32 所示。由图可知，前部若未装载风阻制动装置则会导致后续的制动风翼风阻制动力增大，第 2 节车未装制动风翼引起其后第 4 副制动风翼所受阻力增大了大约 1 000 N，第 5 副制动风翼所受阻力增大了大约 200 N，但整列车制动风翼产生的制动阻力比全装有制动风翼产生制动阻力下降了大约 3 700 N；第 4 节车未装制动风翼引起其后第 6 副制动风翼所受阻力增大了大约 700 N，第 7 副制动风翼所受阻力增大了大约 300 N，但整列车制动风翼产生的制动力比全装有制动风翼产生制动力下降了大约 3 300 N。综上所述，可以发现迎风面第 2 副未装制动风翼引起制动力的下降大于迎风面第 4 副未装制动风翼引起制动力的下降，故减少的制动风翼越靠迎风面前部，制动力下降越明显。而且考虑列车双向运行，如果要减少制动风翼，则应当尽量减去中间车辆上的制动风翼。

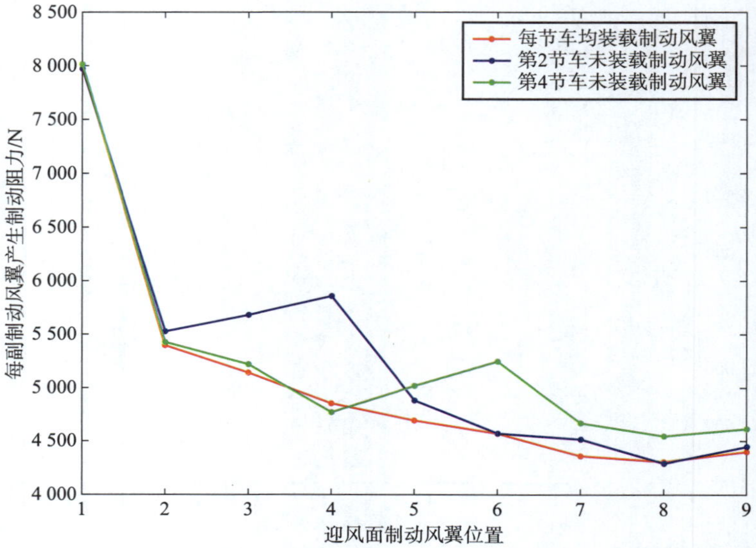

图 3-32 第 2 辆(第 4 辆)车未装载制动风翼时各制动风翼产生制动阻力

最后,将 8 节编组列车中的若干辆列车的风阻制动装置切除,设定工况 1 为第 2、6 节车未装风阻制动装置,工况 2 为第 2、3、6 节车未装风阻制动装置,工况 3 为第 2、4、6 节车未装风阻制动装置,若干节列车未装载风阻制动装置工况如图 3-33 所示。

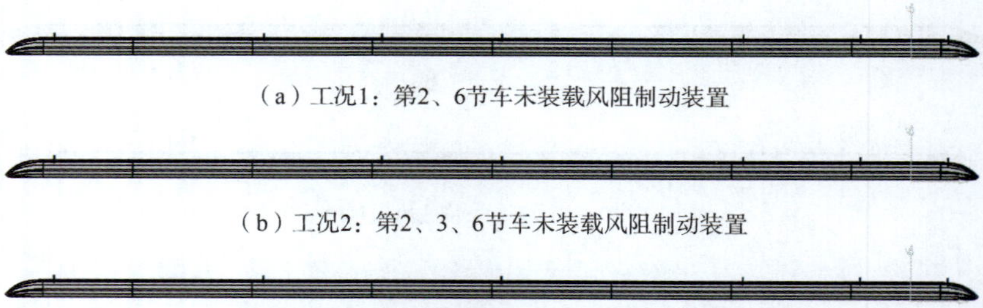

(a) 工况1:第2、6节车未装载风阻制动装置

(b) 工况2:第2、3、6节车未装载风阻制动装置

(c) 工况3:第2、4、6节车未装载风阻制动装置

图 3-33 若干辆列车未装载风阻制动装置工况示意

三种工况下各制动风翼产生的风阻制动力计算结果如图 3-34 所示。由图可知,工况 1 条件下风阻制动装置产生的总制动力大约为 77 000 N,总制动力相较于全车装有风阻制动装置时的制动阻力下降了约 7 000 N,减少量少于第 1 副制动风翼产生的风阻制动力。工况 2 相较于工况 1,总制动力下降了约 300 N,减少量甚至小于产生制动力最小的制动风翼所产生的制动阻力;而工况 3 相较于工况 2,总制动力反而上升了约 300 N,这表明若要减少制动风翼,应尽量采取等间距间隔的方式。

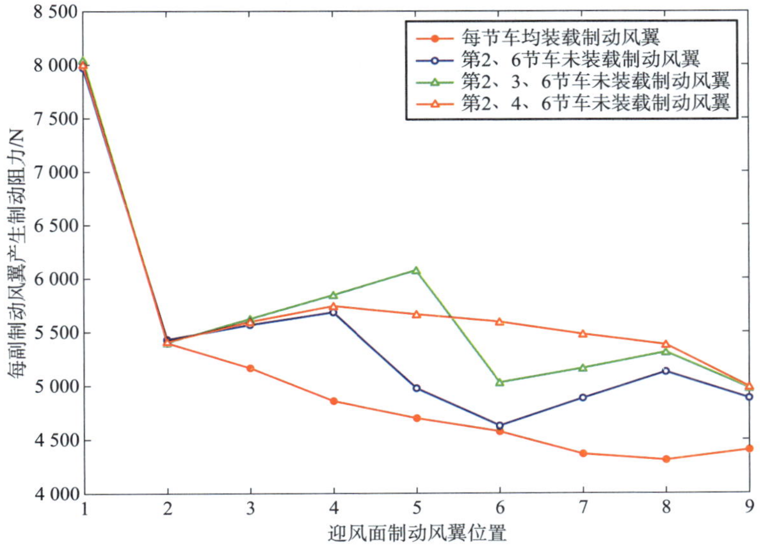

图 3-34　第 2、6 辆(第 2、3、6 辆，第 2、4、6 辆)车未装载制动风翼时各制动风翼产生的制动阻力

3.3.3　制动风翼安装位置

为研究制动风翼安装位置，设定工况 1～工况 4(图 3-35)，四种工况均避开受电弓所在区域。四种工况下整列车制动风翼产生的风阻制动力和各制动风翼所产生的风阻制动力计算结果见表 3-7。通过对比工况 1 和工况 2 的计算结果发现，制动风翼装在端墙后(工况 1)产生的风阻制动力较大。考虑双向运行时制动风翼应对称分布，则同样将制动风翼装在端墙后，对比对称分布和非对称分布(工况 1、工况 3)发现，制动风翼对称装在端墙后时(工况 3)产生的制动力最大。综合考虑制动力效果、双向运行等因素，制动风翼对称装在每节车端墙后并为受电弓留有一定空间的设计具有更高的参考价值。

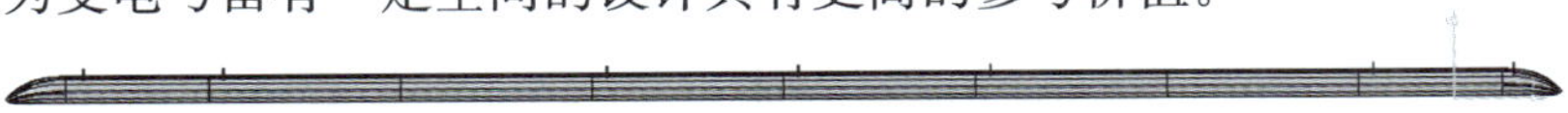

(a) 工况1：制动风翼装在每辆车端墙后

(b) 工况2：制动风翼装在每辆车端墙前

(c) 工况3：制动风翼对称装在每辆车端墙后

(d) 工况4：制动风翼对称装在每辆车端墙前

图 3-35　不同制动风翼安装位置工况示意

表 3-7 不同工况下制动风翼和整列车产生风阻制动力 单位:N

安装位置	总风阻制动力	第 1 副	第 2 副	第 3 副	第 4 副	第 5 副	第 6 副	第 7 副
工况 1	74 694	8 267	5 670	5 640	4 761	4 645	4 728	3 637
工况 2	73 484	7 520	5 408	5 433	4 822	4 568	4 761	4 229
工况 3	75 088	8 253	5 657	5 541	4 600	4 484	4 803	4 204
工况 4	73 072	7 506	5 576	5 585	4 596	4 429	4 710	4 132

3.3.4 制动风翼打开角度

制动风翼的打开角度直接决定了制动风翼的迎风面积,这也就说明制动风翼的打开角度对制动风翼能够产生的风阻制动力有着重要影响。为探究制动风翼打开角度引起制动阻力效果的变化,将制动风翼打开角度从 5°变化到 90°,分别为 5°、15°、30°、45°、60°、75°、90°这 7 种打开角度工况。如图 3-36 所示为制动风翼打开角度的示意图,90°为制动风翼能够打开的极限角度,而 5°则是驱动装置推动制动风翼达到能够被外部气动力弹开的角度。各工况产生的风阻制动力计算结果如图 3-37 所示。

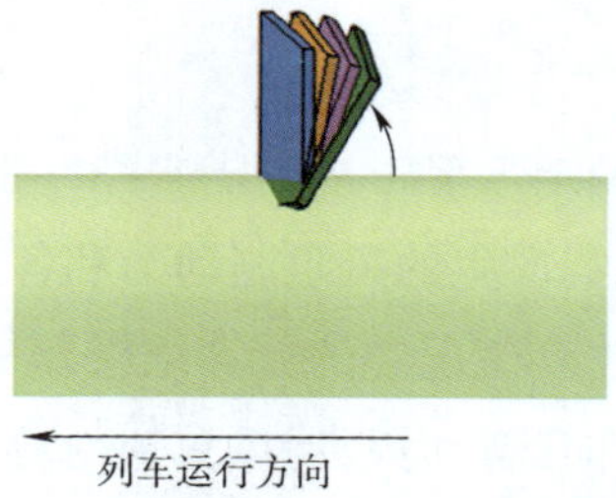

图 3-36 制动风翼打开角度示意

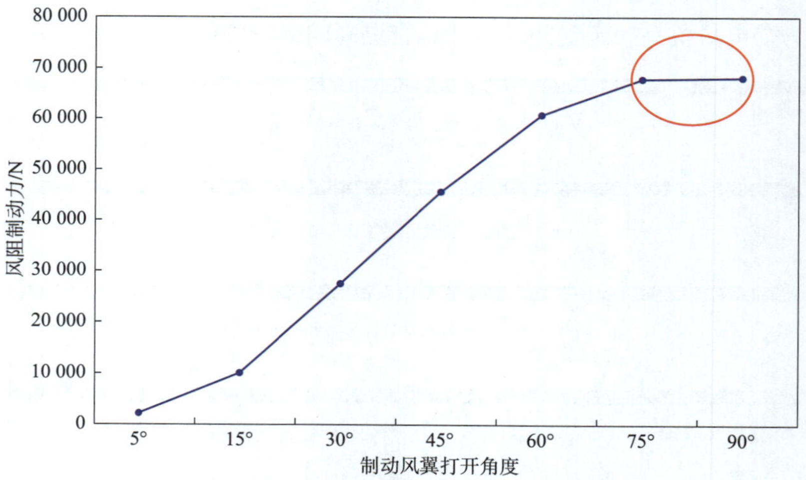

图 3-37 不同制动风翼打开角度产生的风阻制动力

由图 3-37 可知，不同制动风翼打开角度产生的制动阻力随着打开角度的增加，制动风翼产生的风阻制动力不断增大，而当角度达到 75°时，风阻制动力增长趋势逐渐减缓，故综合考虑制动风翼振动稳定性、产生的制动阻力等因素，选择制动风翼打开后的最大打开角度在 75°左右较为合理。

3.4　风阻制动驱动方式

风阻制动工作过程包含制动风翼解锁、运动、回收及锁闭等过程，各动作涉及驱动方式。一般风阻制动装置会设计一种驱动机构实现制动风翼打开和闭合，可通过动力源将制动风翼运行至工作位，也可设计通过走行风无动力源（简称无源）开启至工作位。根据制动风翼打开和闭合动力源不同，风阻制动驱动方式有液压驱动方式、电机驱动方式以及气压驱动方式等。各种方式均需要结合风阻制动装置的特性进行设计，保证风阻制动装置控制的稳定性、精确性等。液压驱动方式制动风翼的驱动系统由液压缸、各种阀类部件及液压管路等部件组成。电机驱动方式则是以电机作为制动风翼的驱动部件，通过控制电机的转动达到风阻制动装置的控制需求。气压驱动方式则是由气缸中的压缩空气作为制动风翼开启和运动的动力源，有时会使用列车常用的压力范围内的压缩空气驱动。本节将通过实例对三种方式分别进行介绍。

3.4.1　液压驱动方式

风阻制动装置若采用液压驱动方式，其原理就是以液压缸位移信号及压力信号为反馈量，结合各车辆风阻制动装置的状态，通过制动指令控制制动风翼动作。

MLX01 型山梨磁浮试验列车上安装风阻制动是斜起式打开方式，如图 3-38 所示，制动风翼由液压缸控制，液压缸由各风阻制动系统的液压泵提供液力，液压泵安装于各转向架上。

（a）A型(两片)　　（b）B型(一片)

图 3-38　MLX01 型山梨磁浮试验列车上安装的液压驱动方式风阻制动

我国某时速 500 km 高速试验列车(安装单向斜起式风阻制动)进行了线路试验,该风阻制动装置采用双液压缸驱动制动风翼逆风开启,如图 3-39 所示。此外,应设置位移传感器(内置)和压力传感器,用来检测液压缸行程和受力情况并进行控制。

图 3-39 某时速 500 km 高速试验列车液压驱动单向斜起式风阻制动

液压油是液压系统传输能量的介质。液压油的选择应考虑系统的温度、压力和工作环境。液压油应具有良好的黏—温特性、适当的压缩性、良好的润滑特性、热稳定性、抗氧化性、抗燃性、良好的流动性、污染小等特点,应与密封材料、系统材料相容。该风阻制动液压油选用了航空液压油,它由精制的低凝点石油馏分加增黏剂及其他添加剂调和制成,具有良好的黏—温性能、抗氧化安定性和液压传递性能。同时,液压系统的密封应具有良好的高低温特性、良好的耐磨性和与液压油的相容性,以保证密封件在使用条件下具有良好的耐磨性、密封性和长的使用寿命。

作为液压系统能量传输的管路,铺设在系统的各个部位。管路有长有短,其工作环境也较严酷,在高温区、高振动区、外露部位均有铺设,有些导管还需经常拆卸。液压管路的设计遵循了以下原则:

管路设计应满足液压系统的设计方案及功能的要求,导管材料和壁厚的选择应与其工作压力、介质流量相适应，既有足够的强度又使系统质量最轻。导管的选用应与其使用环境相适应。导管与其相连的接头材料及连接形式相适应，使导管组件具有良好的密封性、抗振性和耐疲劳性能，提高其使用寿命。在管路设计中尽量少分段，在可拆卸接头部位应保证较好的可达性和足够的操作空间，管路在车上的布置如图 3-40 和图 3-41 所示。

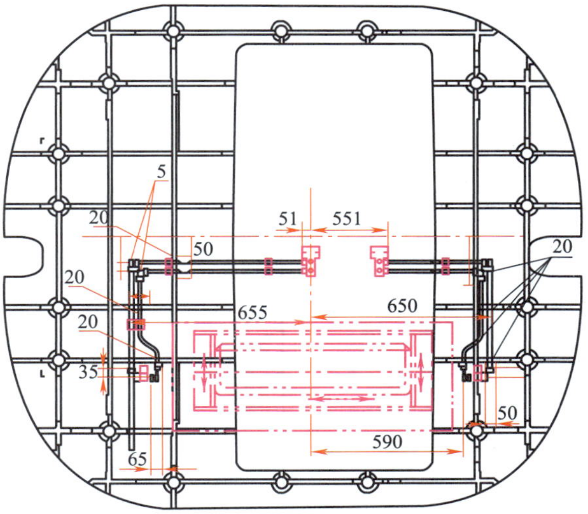

图 3-40　车上硬管布置示意(单位：mm)

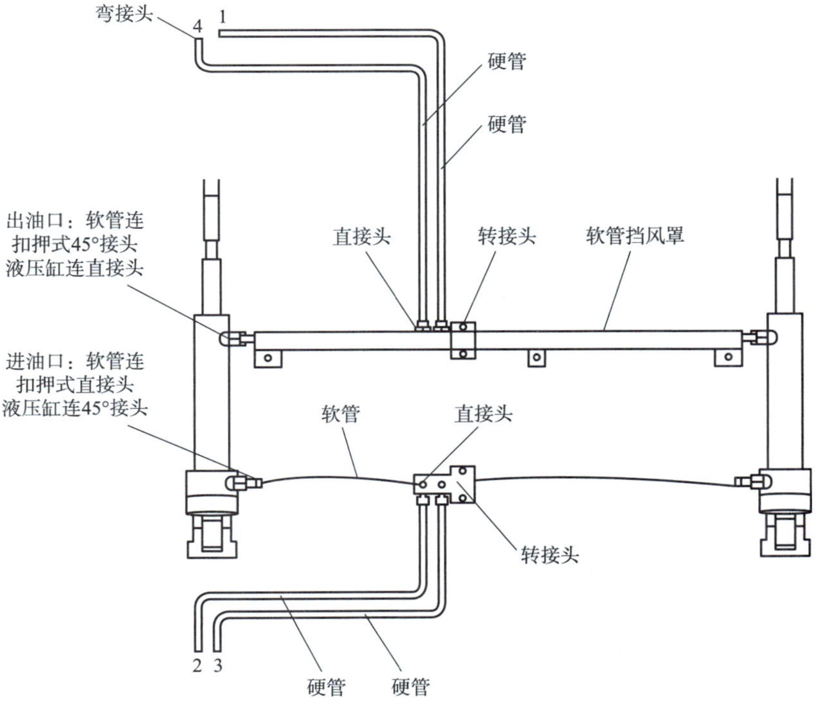

图 3-41　车上管路布置说明

为了把液体传递的能量转换成各种机械能，并使被驱动部件按一定的规律运动，以完成其预定的工作任务，这就要求对液体进行控制：为了获得不同的动作，则要求控制液体的流向；为了获得一定的输出力，则需要控制液体的压力；为了获得一定的运动速度，则需要控制液体的流量。液压站集成如图 3-42 所示，主要包括换向阀、液压锁、分流阀、梭阀及压力补偿阀等阀类部件。换向阀根据需要选择的液压阀工作状态进行设计，可带手动功能。液压锁则用来控制液压缸的位置，以及液压泵故障状态下的液压缸的位置。分流阀用于保证各个液压缸的同步动作。梭阀则是用于检测高压腔压力，以控制变量泵。压力补偿阀用于控制系统的泄荷压力，此阀的应用可使液压系统在较小功率输出的情况下，不考虑系统散热器情况，长时间工作。

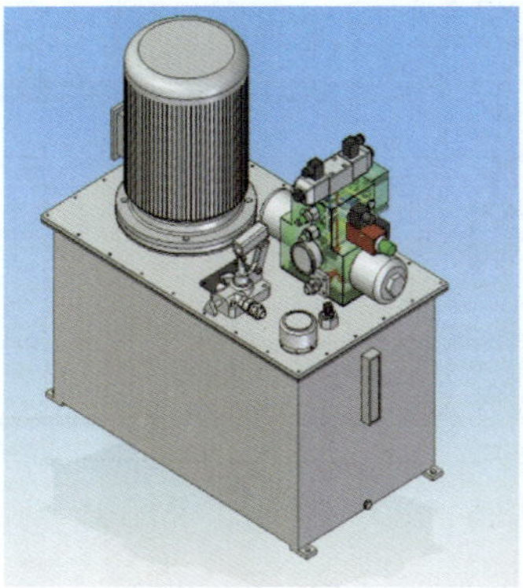

图 3-42　液压站集成

3.4.2　气压驱动方式

3.4.1 节所述的液压驱动方式适用于所需驱动力较大情况，MLX01-901 型山梨磁浮试验列车改变了制动风翼的打开方式，将原有斜起式打开方式改成了上下伸缩式(图 3-43)，减小了驱动制动风翼动作的驱动力，所以采用了无油压装置的空气压缩机，从而可使制造成

图 3-43　MLX01-901 型山梨磁浮试验列车气压驱动风阻制动

本、维护工时和重量都随之降低。

为了不占用车厢客室空间，小型化风阻制动是一种可选择的方式，如图 3-44 所示是一套足够薄且结构紧凑的小型化风阻制动装置，可以在不减少车厢容量的情况下，将风阻制动装置分布在整列车上（图 3-45）。此外，在整个列车上以分散方式安装多台装置，使整体产生的制动阻力损失较小。该风阻制动具有一种可同时操作一副制动风翼的力矩平衡机构。运行时，该机构利用逆风造成的两块制动风翼之间的阻力差来获得驱动制动风翼的力矩，由此可见此机构不需动力源来驱动制动风翼运动到所设定的工作角度。但非工作状态时所需的锁紧力和制动风翼收回时所需的折叠力仍然需要动力机构，且该动力机构是通过小型气缸组合实现的。气缸由列车常用的压力范围内的压缩空气驱动。小型气缸组合是由两个气缸组成，其中双杆气缸（以下简称气缸 1）解锁制动风翼，这使得带旋转轴的制动风翼在水平方向打开约 4°或更大角度。制动风翼收回时采用机械锁进行锁闭，可防止列车通过隧道时由于压力载荷或运行时的振动而导致制动风翼意外打开。另有一个短行程的小型气缸（以下简称气缸 2）来辅助气缸 1 的初始运动，其目的是防止制动风翼因结冰而冻结，并确保故障时可安全起作用。每一副制动风翼由一个圆柱齿轮连接，使它们各自向相反的方向旋转。当一副制动风翼稍稍打开时，由于运行产生的逆风而围绕旋转轴附近产生一个旋转力矩。各方向的力矩作用于制动风翼 1 来推动开启，作用于制动风翼 2 以阻止开启。各力矩强度根据其与逆风的反向冲角的不同而不同。冲角小时，制动风翼 1 的阻力系数比制动风翼 2 的阻力系数大 1 倍。因此，用齿轮连接的两块制动风翼可以在没有外部动力的情况下由逆风驱动。列车停车后，在制动风翼的空载状态下，气缸 1 的反向作用将制动风翼折叠起来，同时将制动风翼机械锁定。利用运行产生的逆风的力矩平衡机构，不需大型驱动单元，减小了设备尺寸并减轻了质量。综上所述，该小型化风阻制动解锁、锁闭和制动风翼折叠回收等动作的驱动动力是压缩空气，制动风翼从解锁后到工作角度的动力源为逆风开启走行风。

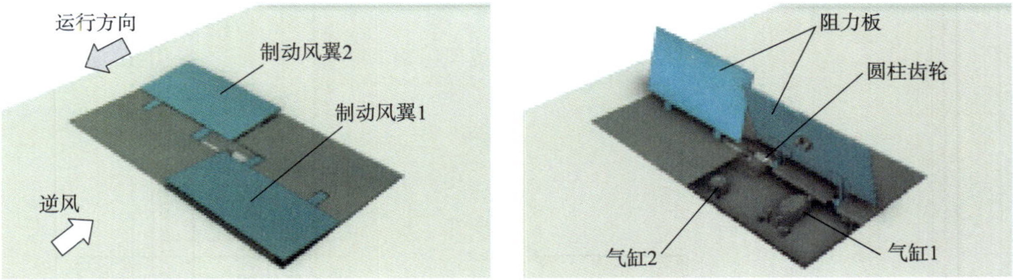

（a）初始运动　　（b）作用位置

图 3-44　气压驱动小型化风阻制动装置

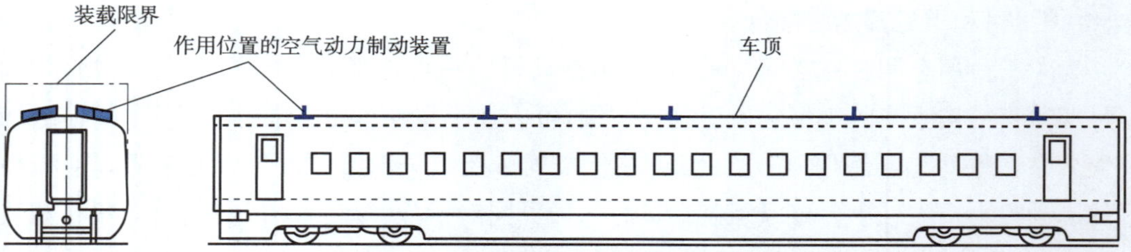

图 3-45　小型化风阻制动装置在车上分散布置

3.4.3　电机驱动方式

随着工业设备电气化、智能化发展，电机是一种常见的动力部件，如图 3-46 所示为电机驱动的风阻制动装置。制动风翼的解锁、锁闭可通过电磁锁实现，制动风翼从解锁后到工作角度可以靠逆风开启走行风实现，也可以通过电机驱动实现。图 3-47 为控制基本原理示意，角度传感器和电磁制动器（包含在电机内部）的配合实现了制动风翼可打开到任意角度。角度闭环控制策略逻辑如图 3-48 所示，制动时，电机带动制动风翼打开一定角度后停转，采集角度传感器数据，将其与前面板输入的期望角作差值判断，如果差值小于 3°则判断制动风翼在指定角度附近，使电磁离合器抱轴制动；如果差值在 3°～5°的范围内则将差值作为控制量，再次启动电机带动制动风翼转动。

图 3-46　电机驱动的风阻制动装置

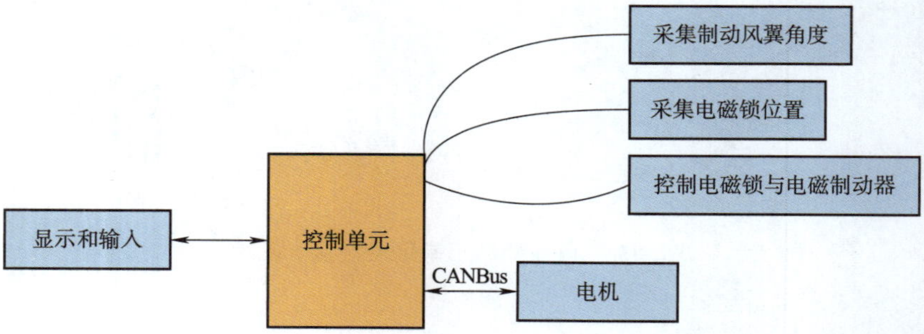

图 3-47　控制基本原理示意

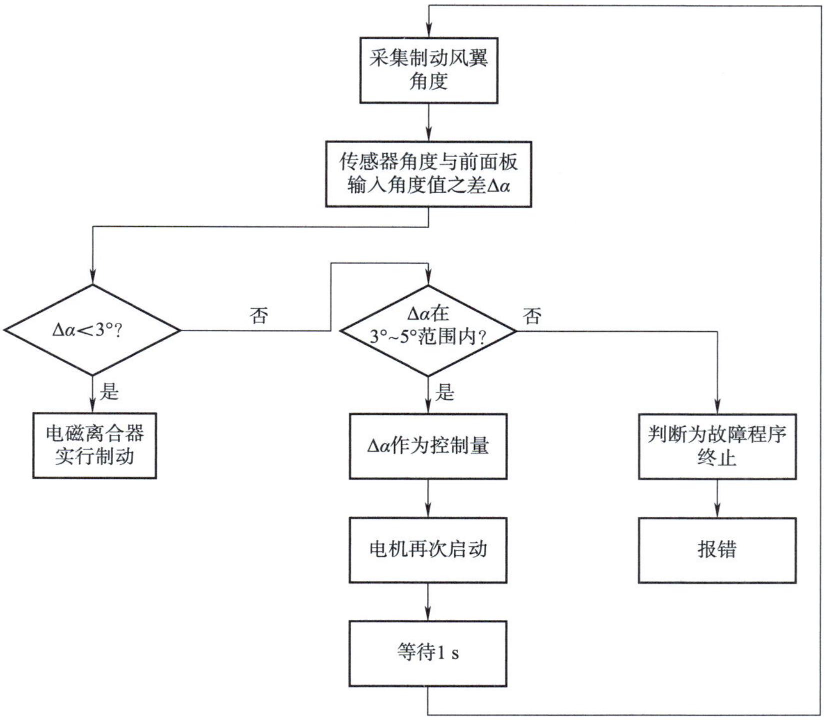

图 3-48 角度闭环控制策略逻辑示意

风阻制动通过驱动机构实现了制动风翼从解锁、运动、回收到锁闭等动作过程，每个动作可以有不同的驱动方式。液压驱动、气压驱动和电机驱动主要是运动和回收的动力源，解锁和锁闭等动作驱动方式在此未作详细阐述。在具体设计时，可以通过不同动力源的优选组合实现整个风阻制动装置的各动作协调配合。

第 4 章　风阻制动理论分析

风阻制动理论分析一般涉及风阻制动力、安全性、结构强度、可靠性及噪声等方面。在制动力方面，带风阻制动的高速列车外形具有特殊性。由于制动风翼的安装，使得原流线型车型上呈现流场变化情况，如何模拟带风阻制动装置列车流场，划分网格、计算模型的选择均是关键因素。在风阻制动安全性影响分析方面，一般可通过空气动力学与车辆动力学两个不同的角度对列车交会工况、侧风工况和过隧道工况进行分析研究，以此来探究列车运行时的安全性影响。在结构强度方面，结构强度分析主要指静强度、疲劳强度和碰撞强度三个方面。另外，风阻制动设计时常采用故障模式、影响和危害性分析(failure mode，effects and criticality analysis，FMECA)和故障树分析(fault tree analysis，FTA)等可靠性分析方法，进行风阻制动装置及部件的可靠性设计和评估。

4.1　风阻制动流体分析

本节基于计算流体力学采用空气动力学分析方法，对安装有风阻制动装置的车辆进行流体分析，形成了风阻制动流体分析方法。

4.1.1　流体分析基本思路

在进行流体分析时，需要进行多个步骤。首先需要建立带风阻制动装置或是不带风阻制动装置的列车三维模型并对模型结构进行简化处理，随后导入流体仿真软件中进行网格的划分，然后进行仿真计算的相关设置(网格质量检查、选取物理模型、定义材料物性、设置边界条件、设置监测参数、初始化并计算)，最后对所得到的数据按照研究者的需求进行后处理。如图 4-1 所示，为流体分析过程的一般步骤。

4.1.2　流体分析中的相关设置思路

1. 物理模型网格划分

可以采用非结构化网格和结构化网格进行网格划分，其中划分结构化网格的计算效率会高于非结构化网格。如果采用非结构化网格，可以在划分时将整个计算域分成两部分，即

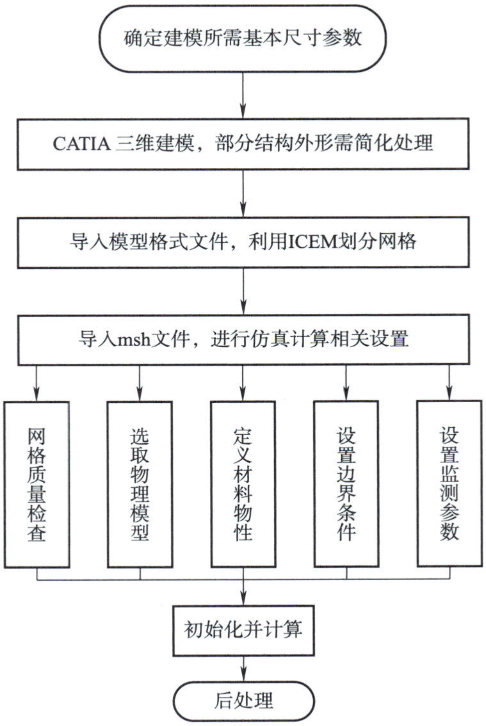

图 4-1 流体分析一般步骤

靠近车体附近采用小体包围，小体以外计算域称为大体，分别在制动风翼、车底以及小体上采用 Size Function 控制其周围网格尺度。

2. 设置边界条件

设置边界条件主要是指对计算域进行设置。理论上，考虑到计算域越大，计算结果越真实，外流场的计算域应设置为无限大，但实际计算时只能取有限空间。因为计算域越大，相应的网格数也就越多，对计算机的要求也就越高，计算时间也相应地加长，模拟计算也就无法表现出优越性。而且当计算域大到一定程度以后，再加大计算域对于模拟计算的结果精度的影响也将变得很小。所以计算域的选取应在满足计算要求的前提下，选取适当的大小，具体地说就是以基本不影响车体附近流体的流动为原则。

3. 初始化并计算

湍流模型选用 Realizable k-epsilon 两方程模型，并选用 COUPLED 压力修正算法。对计算模型首先进行一阶精度计算，当残差收敛到 1×10^{-3} 数量级后再进行二阶精度计算，直至残差减小到 1×10^{-4} 以下。其中，为了保证精度，同时提高计算速度，应选择合适的库朗数和收敛因子，并可通过反复计算来进行对比选择。

4.1.3 小型化风阻制动装置流体分析

4.1.3.1 高速列车几何模型的建立

1. 列车模型

实际情况中，高速列车包括车体、转向架、电气设备、门窗等结构，是一个非常复杂的模型；同时高速列车尺度较大，若对整列车进行实际的几何建模与流体网格划分，则需要占用大量的计算空间，这在目前的计算条件下是难以完成的。由于本节仅涉及风阻制动力仿真计算，主要考虑安装在车顶的风阻制动装置及其附近流场，对于复杂的车底结构、门窗、受电弓等设备则可进行简化，即将高速列车表面模拟为平滑表面，风阻制动装置则模拟为平板结构，忽略制动风翼与车体之间的缝隙。这样的简化措施在较大程度上保证制动力仿真结果准确度的前提下，大大降低了计算成本，是一种现实可行的简化方法。列车模型设定参数见表 4-1，通过三维设计软件 CATIA 建立高速列车外形几何模型，如图 4-2 所示。

表 4-1 列车模型设定参数

结 构	参 数 值
列车编组	3 节
列车总长	78 m
车辆宽度	3.4 m
车辆高度	3.5 m

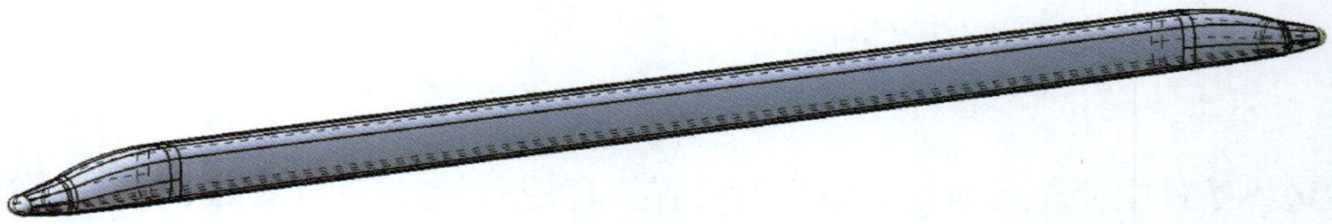

图 4-2 高速列车外形几何模型

2. 制动风翼模型

制动风翼设定参数见表 4-2，并在列车模型上加装开启的制动风翼，如图 4-3 所示。由图 4-3 可见，制动风翼与车顶并非垂直角度关系，其开启角度（即制动状态时，制动风翼与车顶平面间所夹锐角）实际为 75°。

小型化风阻制动装置由于其特殊的开启原理，每一副风阻制动装置均由打开方向相反的两块制动风翼组成。因装置尺寸的小型化（单块制动风翼的宽度仅 0.5 m 左右），可将两副风阻制动装置并排布置。同时，将布置在同一排的两组制动装置设计为异向布置，如图 4-3 所示，左侧一副制动装置为左侧制动风翼逆风开启、右侧制动风翼顺风开启，而右侧一副制动装置为左侧制动风翼顺风开启、右侧制动风翼逆风开启。若同一排两组制动装置同向布置，如图 4-4 所示，则制动状态下，顺风开启的制动风翼将受到竖直向上的气动升力，逆风开启的制动风翼将受到竖直向下的气动压力。该现象将对车体产生侧滚力矩，即同向布置的两组制动装置将产生同向侧滚力矩，如图 4-5 所示，加大车辆倾覆风险。若同一排两组制动装置异向布置，则两组制动风翼产生的侧滚力矩方向相反，其倾覆效应可相互抵消。

表 4-2　制动风翼设定参数

结　　构	参 数 值
每排制动风翼数量	4 块
风阻制动纵向间距	4 m
风阻制动装置数量	16 排/32 副

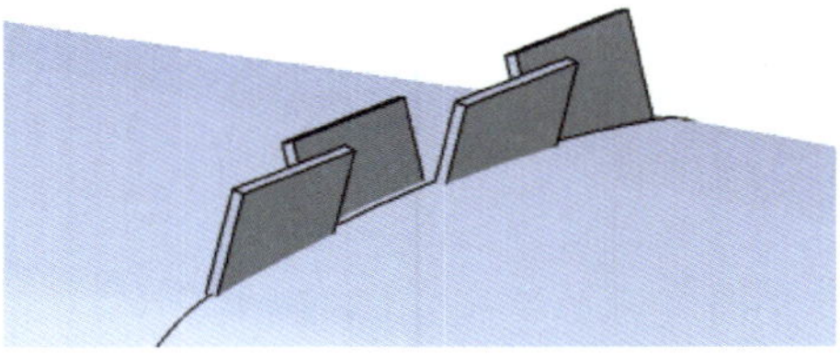

图 4-3　异向排布的制动风翼示意

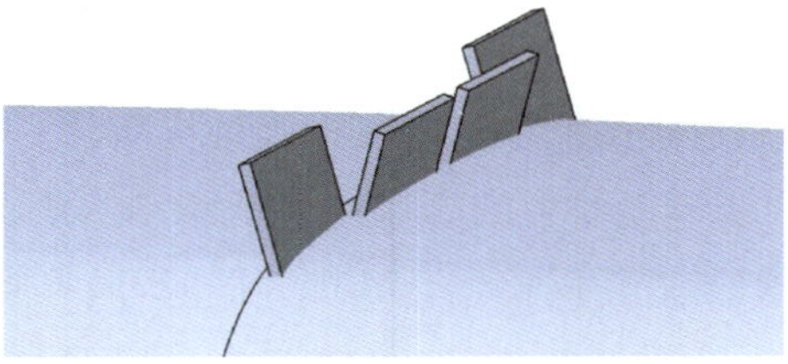

图 4-4　同向排布的制动风翼示意

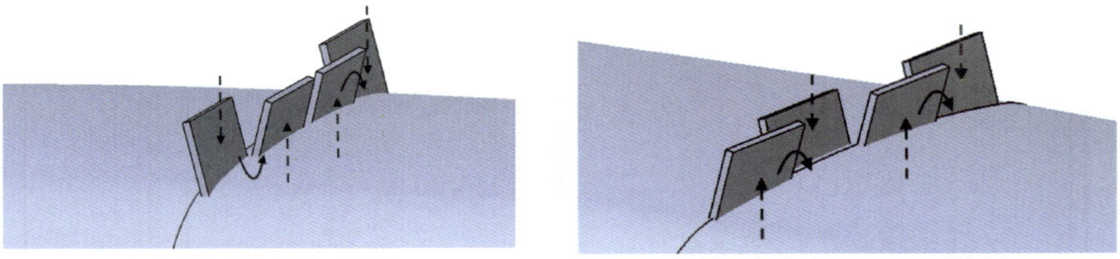

（a）同向排布的制动风翼　　（b）异向排布的制动风翼

图 4-5　制动风翼气动力受力示意

4.1.3.2　计算域、网格划分及边界条件的设置

1. 计算域

本节的研究对象为 3 节编组的高速列车，其车身尺寸约为 78 m×3.4 m×3.5 m，模型

长细比很大，在此取几何模型特征尺度为车体高度 3.5 m。在设置流体网格计算域时，考虑如下两方面：一是流体域底部边界在本模型中模拟地面，设为距车底 0.2 m；二是为了保证流体域其他边界处的流体不受到列车附近湍流影响，流体出口距车头尾距离为特征尺度的 20 倍，其他边界距列车的距离为特征尺度的 5 倍。综上所述，流体域尺寸为 165.5 m×38.4 m×21.4 m，如图 4-6 所示。

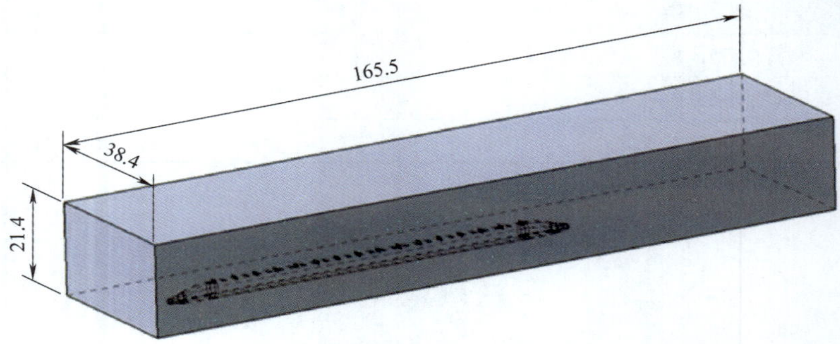

图 4-6　流体域尺寸示意(单位：m)

2. 网格划分

流体网格划分尺度是流体仿真前处理中至关重要的一步，过大的网格尺度将导致流体力学计算结果准确度降低，而过小的网格尺度将极大地提高计算成本，则可能超出现有计算机的处理能力。对于装有风阻制动装置的高速列车模型，制动风翼相较于车体尺寸较小，与车体连接的部分存在夹角，需要进行网格细化处理。同时，风阻制动及车顶附近的流场是复杂的湍流状态，而影响风阻制动力大小的主要因素是制动风翼前后两侧的压力差。因此，需对列车及风阻制动装置表面的边界层流动状态进行较为准确的模拟。由此可见，边界层网格是流体域网格中较为重要的部分，需要细化处理。

为了获得合适的边界层网格尺度，在此引入无量纲壁面距离 y^+ 的定义：

$$y^+ \equiv \frac{u_* y}{\nu} \tag{4-1}$$

式中　u_*——边界层首层网格高度处的摩擦速度，m/s；

y——边界层首层网格高度，m；

ν——运动黏度，m^2/s。

由此可见，当确定了 y^+ 取值后，即可计算得到边界层首层网格高度，有助于边界层网格的划分。在流场仿真计算时，对于比首层网格高度的尺度更大的边界层流动，可通过仿真计算精确求解，而对于比其更小尺度的边界层流动状态，则进行近似求解处理。边界层中，流体的流动状态分为近壁面近似层流、外部湍流核心区与二者间的过渡区，y^+ 作为一个无量纲值，其取值反映了边界层中不同流动状态的区域。由图 4-7 可见，对于近壁层流区(黏性层)，$y^+<5$；对于过渡区，$5<y^+<30$；对于湍流核心区，$y^+>30$。

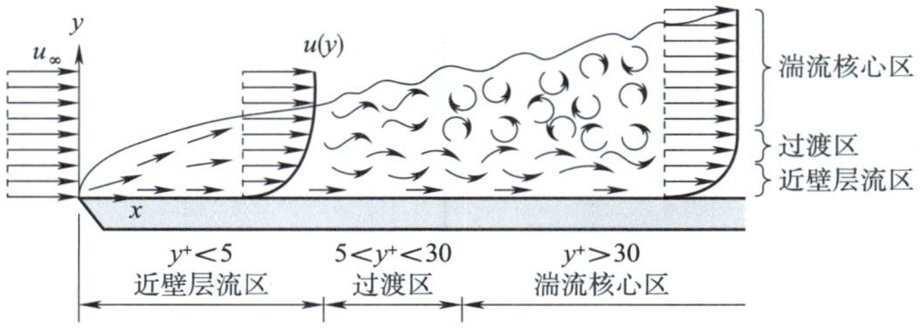

图 4-7　各流动状态区域的y^+范围

在计算流体力学算例中，y^+的选择范围通常是由 FLUENT 软件湍流模型的选择决定的。在工程问题中，由于湍流状态十分复杂，而 LES 模型与 DNS 模型均对计算条件有较高的要求；RANS 求解法既能够保证相当的精度，经济性也较高，因而较为常用。在 FLUENT 软件中，RANS 求解法又可根据对于近壁面流动状态解法的不同，分为壁面函数模型和近壁面模型。壁面函数模型不会对黏性子层和过渡层作精确的求解，而是用一种半经验的“壁面函数”法进行代替，来计算近壁面区的流动状态；FLUENT 软件中常用的壁面函数模型为一些高雷诺数模型，如 k-epsilon 模型等。近壁面模型则通过修改湍流模型的方法，求解近壁黏性影响区域(黏性子层)。FLUENT 软件中 k-epsilon 模型即为一种近壁面求解模型。

在工程问题中，当求解对象为压差阻力时，通常选择求解速度快、对计算条件要求不高的壁面函数模型。该模型要求 y^+取值在 30～200 之间，若 y^+取值过低，则近壁面网格划分过密，可能导致数值结果恶化。本节选择 k-epsilon 模型求解器，利用 ICEM-CFD 流场前处理软件完成高速列车外流场网格划分。其中网格类型为六面体结构化网格，边界层首层网格高度为 0.5 mm，边界层网格层数取为 10 层，各层间的网格高度生长率为 1.4。外流场网格参数见表 4-3，列车及制动风翼表面网格如图 4-8、图 4-9 所示。

表 4-3　高速列车外流场网格参数

网格信息	参数值
流场域尺寸	165.5 m×38.4 m×21.4 m
网格类型	六面体结构化网格
边界层首层网格高度	0.5 mm
边界层网格高度生长率	1.4
网格总数	1 827 万个

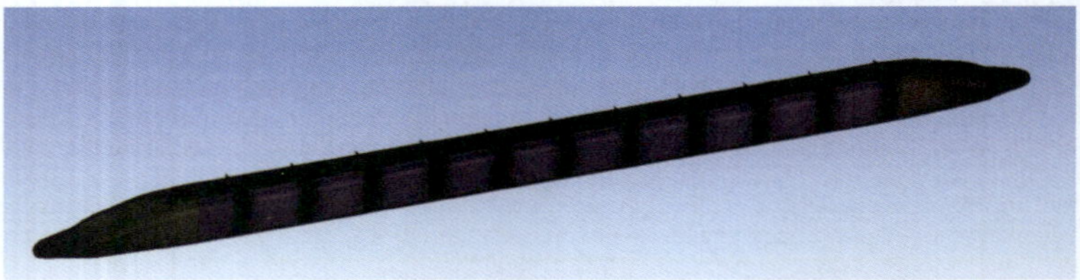

图 4-8 安装风阻制动装置的高速列车网格模型

图 4-9 风阻制动装置网格模型

3. 边界条件和参数设置

通用的边界条件按照物理情况一般分为入口边界、出口边界、对称面、固壁边界与自由边界，其原则是能够真实地反映出物理本质，将无限的空间压缩到有限的计算域中并且不影响计算的精度。因此，边界条件设置如下：

列车进口边界设置为速度入口，速度值设定为 500 km/h。列车出口边界设置为压力出口。地面为滑移壁面边界条件，大小和方向与来流速度相同；车体表面以及制动风翼均为无滑移壁面边界条件；计算域上表面和侧面设为无滑移光滑壁面边界条件。

本节有关风阻制动力计算的湍流模型均选用 Standard k-epsilon 湍流模型。k-epsilon 模型是一种两方程模型。该模型使用范围广，精度合理，经济适用，在工程计算流体力学中运用最为广泛。具体仿真条件设置见表 4-4。

表 4-4 FLUENT 软件仿真条件设置

仿真条件	设　置
湍流模型	Standard k-epsilon
进口边界条件	速度入口
出口边界条件	压力出口

续上表

仿真条件	设　置
地面边界条件	滑移壁面
其他边界条件	无滑移壁面
残差控制	1×10^{-4}
迭代次数	6 000 次

4.1.3.3　多参数水平的风阻制动力仿真计算

由于风阻制动力可能受到制动风翼尺寸参数、风阻制动装置安装参数(前后两组装置的纵向间距)等参数的影响,本节将讨论各个参数对风阻制动力的影响规律,从而分析得到可实现目标制动力的参数取值。并对不同参数取值时的风阻制动力进行仿真计算,从而研究参数对制动力的影响程度及影响规律。本节研究高速列车的最大制动初速度为500 km/h,而风阻制动与速度的平方成正比,为节约计算资源,未模拟整个制动减速的动态过程,仅对500 km/h速度下的风阻制动力进行模拟,则制动减速过程中的风阻制动力均可根据500 km/h速度的风阻制动力与当前速度推算得到,计算公式为

$$F=F_0\frac{v_{当}^2}{{v_0}^2} \tag{4-2}$$

式中　F——当前速度$v_{当}$时的风阻制动力,N;

F_0——最大制动初速度v_0时的风阻制动力,N;

$v_{当}$——当前速度,km/h;

v_0——最大制动初速度,km/h。

常用制动可分为一至七级制动级位,其制动力呈阶梯式变化;需要根据多级制动力需求对风阻制动力进行调节。因此,本节选择组合灵活的小型化风阻制动装置作为研究对象,便于进行风阻制动力的调控。

由空气阻力计算公式可知,制动风翼迎风面积是影响风阻制动力的重要参数。风阻制动作用时,首位制动风翼会对2位制动风翼带来纵向干扰,造成较大的制动力衰减,而其后各位制动风翼的制动力衰减则不明显。综上所述,本节将对制动风翼宽度、制动风翼高度、前两位制动风翼之间的纵向间距这三项参数对风阻制动力的影响性进行研究。对有关参数取值范围,作如下讨论:

(1)500 km/h高速列车的横截面模型如图4-10所示,其车顶轮廓为中间接近平面而两侧为圆弧的平滑曲线,风阻制动作为加装于列车车顶的装置,应尽可能贴合车顶形状。测量可得,车顶中间接近平面的宽度约为2 m,而每组风阻制动器配有四块制动风翼,故本节将制动风翼最大宽度设定为0.5 m。

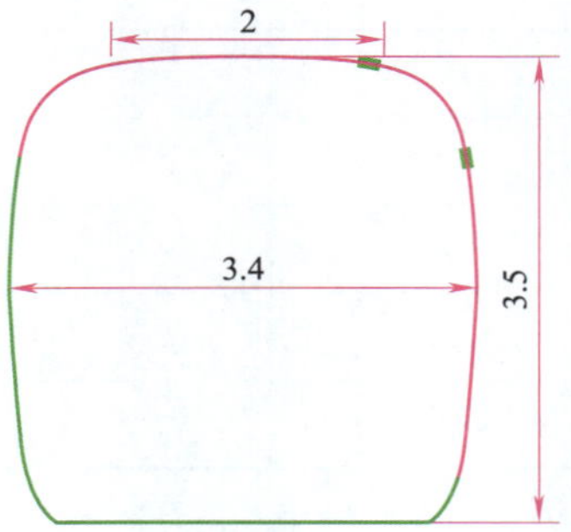

图 4-10　500 km/h 高速列车横截面示意(单位:m)

(2)根据已有文献中对小型化制动风翼尺寸的研究,得到在制动风翼长宽比小于 1 时,制动风翼尾流区会产生非对称卡门涡街,并与交替状涡激振动相关。因此制动风翼长宽比应大于 1,且因制动风翼最大宽度为 0.5 m,本节将制动风翼最大高度取为 0.4 m。

(3)日本对于小型化风阻制动装置已有一定研究,其相关文献指出,风阻制动装置纵向串联干扰效应将受到制动风翼高度与纵向间距的耦合影响。当纵向间距与制动风翼高度之比小于 10 时,纵向干扰效应会急剧加重。因制动风翼最大高度为 0.4 m,则最小纵向间距可为 4 m。对于 2 位以后的各组风阻制动装置,由于纵向干扰效应不明显,纵向间距均取 4 m;而对于首位与 2 位装置之间的纵向间距(以下简称"纵向间距"),本节将进行多项取值的研究。在此基础上,根据列车长度(除去车头、车尾不适宜安装风阻制动装置的区域),可得到风阻制动装置总数为 16 排。

上述三项参数的边界取值确定后,在确定各参数水平时,三项参数水平的取值范围应尽可能稍广,以便得到完整的风阻制动力随参数变化的趋势。同时考虑到流体计算成本,参数取值不宜过多。初步确定各参数分别选取三个水平进行试验,见表 4-5。根据参数值,确定风阻制动力计算工况见表 4-6。

表 4-5　制动风翼宽度、制动风翼高度、纵向间距参数值　　单位:m

参 数 名	参 数 值
制动风翼宽度	0.3/0.4/0.5
制动风翼高度	0.2/0.3/0.4
纵向间距	4/6/8

表 4-6　风阻制动力计算工况

工　况	制动风翼宽度/m	制动风翼高度/m	纵向间距/m	风阻制动装置数量/个
1	0.3	0.2	4	16
2	0.4	0.2	4	16

续上表

工　况	制动风翼宽度/m	制动风翼高度/m	纵向间距/m	风阻制动装置数量/个
3	0.5	0.2	4	16
4	0.3	0.3	4	16
5	0.4	0.3	4	16
6	0.5	0.3	4	16
7	0.3	0.4	4	16
8	0.4	0.4	4	16
9	0.5	0.4	4	16
10	0.3	0.2	6	16
11	0.4	0.2	6	16
12	0.5	0.2	6	16
13	0.3	0.3	6	16
14	0.4	0.3	6	16
15	0.5	0.3	6	16
16	0.3	0.4	6	16
17	0.4	0.4	6	16
18	0.5	0.4	6	16
19	0.3	0.2	8	16
20	0.4	0.2	8	16
21	0.5	0.2	8	16
22	0.3	0.3	8	16
23	0.4	0.3	8	16
24	0.5	0.3	8	16
25	0.3	0.4	8	16
26	0.4	0.4	8	16
27	0.5	0.4	8	16

经过 FLUENT 软件中的流场数值模拟计算，可求解开启风阻装置的 500 km/h 高速列车的外空气流场状态（外流场流速、列车表面压力等）以及风阻制动力。通过数值计算得到的风力包括垂向升力、纵向阻力及横向力，其中纵向阻力即为本文研究的风阻制动力。27 组仿真工况下的风阻制动力计算结果见表 4-7～表 4-9。图 4-11、图 4-12 以两个工况（宽 0.5 m、高 0.4 m、纵向间距 4 m，宽 0.3 m、高 0.2 m、纵向间距 8 m）为例，分别展示了 500 km/h 速度下，列车外流场速度云图和列车及制动风翼表面的压力云图。

表 4-7　多参数风阻制动力仿真计算结果(制动风翼宽度 0.5 m)

制动风翼高度/m	0.2	0.3	0.4	0.2	0.3	0.4	0.2	0.3	0.4
纵向间距/m	8	8	8	6	6	6	4	4	4
首位风阻力/N	6 034	8 838	12 234	6 034	8 712	12 234	6 267	8 898	11 679
2 位风阻力/N	4 716	6 322	6 948	4 224	5 301	6 117	3 348	3 228	2 202
3 位风阻力/N	3 065	3 626	3 720	3 908	4 905	5 199	3 200	3 874	3 276
4 位风阻力/N	3 678	4 375	4 561	2 931	3 222	3 120	3 057	3 445	3 834
5 位风阻力/N	3 589	4 259	4 173	3 224	3 574	3 432	3 037	3 428	3 925
6 位风阻力/N	3 621	4 288	4 265	3 547	3 535	3 496	3 004	3 261	3 554
7 位风阻力/N	3 775	4 169	4 232	3 540	3 550	3 348	3 046	3 257	3 643
8 位风阻力/N	3 686	4 272	4 219	3 562	3 563	3 345	3 093	3 265	3 582
9 位风阻力/N	3 608	4 257	4 152	3 624	3 488	3 526	3 045	3 176	3 561
10 位风阻力/N	3 546	4 266	4 167	3 646	3 488	3 528	3 074	3 212	3 584
11 位风阻力/N	3 699	4 273	4 100	3 477	3 618	3 421	3 005	3 352	3 508
12 位风阻力/N	3 671	4 251	4 109	3 589	3 643	3 394	3 000	3 224	3 471
13 位风阻力/N	3 720	4 319	4 251	3 627	3 577	3 388	3 132	3 331	3 578
15 位风阻力/N	3 597	4 270	4 217	3 643	3 539	3 520	2 965	3 246	3 568
15 位风阻力/N	3 751	4 390	4 261	3 596	3 599	3 601	3 278	3 178	3 504
16 位风阻力/N	4 156	4 789	4 719	3 920	3 897	3 732	3 575	3 662	3 898
其他风阻力/N	32 593	32 220	32 137	31 949	34 530	33 135	33 987	33 718	31 151
合　　力/N	94 505	107 188	110 465	92 041	99 738	101 535	87 114	92 756	95 517
减 速 度/(m/s^2)	0.56	0.64	0.65	0.55	0.59	0.60	0.52	0.55	0.57

表 4-8　多参数风阻制动力仿真计算结果(制动风翼宽度 0.4 m)

制动风翼高度/m	0.2	0.3	0.4	0.2	0.3	0.4	0.2	0.3	0.4
纵向间距/m	8	8	8	6	6	6	4	4	4
首位风阻力/N	4 774	7 202	9 398	4 771	7 053	9 371	4 977	7 001	9 335
2 位风阻力/N	3 724	4 930	2 819	3 289	4 341	4 685	2 925	3 244	2 334
3 位风阻力/N	2 421	2 828	3 383	2 986	4 016	3 982	2 654	3 113	3 501
4 位风阻力/N	2 905	3 393	2 977	2 914	2 638	2 389	2 335	2 821	2 957
5 位风阻力/N	2 982	3 380	3 056	2 857	2 902	2 628	2 268	2 729	2 857
6 位风阻力/N	3 003	3 365	2 930	2 975	2 903	2 633	2 176	2 776	2 895
7 位风阻力/N	2 826	3 442	3 056	2 894	2 907	2 660	2 265	2 700	2 892
8 位风阻力/N	2 952	3 393	3 001	2 873	2 994	2 583	2 284	2 807	2 915
9 位风阻力/N	2 976	3 356	3 107	2 918	2 853	2 607	2 260	2 629	2 920

续上表

10 位风阻力/N	2 910	3 490	3 049	2 825	2 989	2 693	2 173	2 637	2 906
11 位风阻力/N	2 890	3 344	3 173	2 825	2 803	2 663	2 243	2 776	2 874
12 位风阻力/N	2 944	3 331	3 119	3 000	2 877	2 622	2 210	2 653	2 895
13 位风阻力/N	3 002	3 359	3 139	2 915	2 882	2 545	2 199	2 739	2 935
14 位风阻力/N	2 922	3 492	3 177	2 999	2 845	2 644	2 229	2 759	2 928
15 位风阻力/N	2 961	3 449	3 216	2 860	2 895	2 697	2 319	2 670	2 890
16 位风阻力/N	3 282	3 733	3 773	3 045	3 279	3 170	2 695	3 017	3 179
其他风阻力/N	31 969	32 322	35 912	31 494	32 460	33 923	35 017	32 637	30 368
合　力/N	81 442	91 808	92 287	80 439	85 637	86 496	75 229	81 707	83 581
减 速 度/(m/s^2)	0.48	0.55	0.55	0.48	0.51	0.51	0.45	0.49	0.50

表 4-9　多参数风阻制动力仿真计算结果(制动风翼宽度 0.3 m)

制动风翼高度/m	0.2	0.3	0.4	0.2	0.3	0.4	0.2	0.3	0.4
纵向间距/m	8	8	8	6	6	6	4	4	4
首位风阻力/N	3 637	5 486	7 262	3 634	5 373	7 138	3 791	5 333	7 009
2 位风阻力/N	2 837	3 755	4 378	2 505	3 307	3 569	2 152	2 471	1 752
3 位风阻力/N	1 844	2 154	2 547	2 274	3 059	3 034	1 869	2 372	2 628
4 位风阻力/N	2 213	2 585	2 489	2 219	2 010	1 820	1 702	2 149	2 434
5 位风阻力/N	2 213	2 516	2 315	2 219	2 211	2 002	1 652	2 079	2 323
6 位风阻力/N	2 290	2 540	2 314	2 249	2 118	2 048	1 604	2 089	2 328
7 位风阻力/N	2 287	2 582	2 291	2 184	2 192	1 972	1 688	2 116	2 379
8 位风阻力/N	2 275	2 535	2 267	2 258	2 226	2 031	1 570	2 063	2 415
9 位风阻力/N	2 233	2 457	2 249	2 263	2 166	2 073	1 736	1 984	2 332
10 位风阻力/N	2 141	2 443	2 356	2 177	2 291	1 999	1 723	2 105	2 350
11 位风阻力/N	2 290	2 438	2 338	2 301	2 210	1 946	1 737	2 118	2 268
12 位风阻力/N	2 136	2 541	2 294	2 148	2 268	1 978	1 668	2 073	2 246
13 位风阻力/N	2 136	2 573	2 289	2 166	2 202	1 986	1 569	1 998	2 322
14 位风阻力/N	2 224	2 553	2 295	2 263	2 257	2 006	1 722	2 083	2 260
15 位风阻力/N	2 139	2 578	2 305	2 130	2 239	2 090	1 746	2 100	2 277
16 位风阻力/N	2 500	2 843	2 424	2 319	2 498	2 262	1 646	2 239	2 474
其他风阻力/N	31 361	32 309	33 625	31 439	33 323	33 279	34 708	33 152	30 656
合　力/N	68 754	76 888	78 037	68 751	73 949	73 232	64 283	70 524	72 452
减 速 度/(m/s^2)	0.41	0.46	0.46	0.41	0.44	0.44	0.38	0.42	0.42

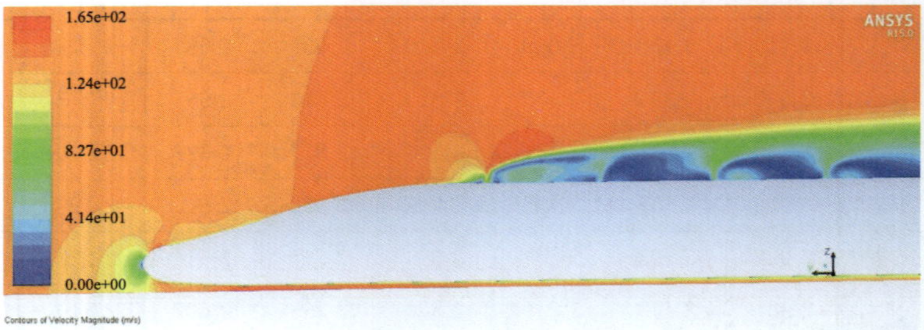

（a）列车外流场速度云图

（b）列车表面压力场云图

图 4-11　外流场速度与列车表面压力(宽 0.5 m、高 0.4 m、纵向间距 4 m)

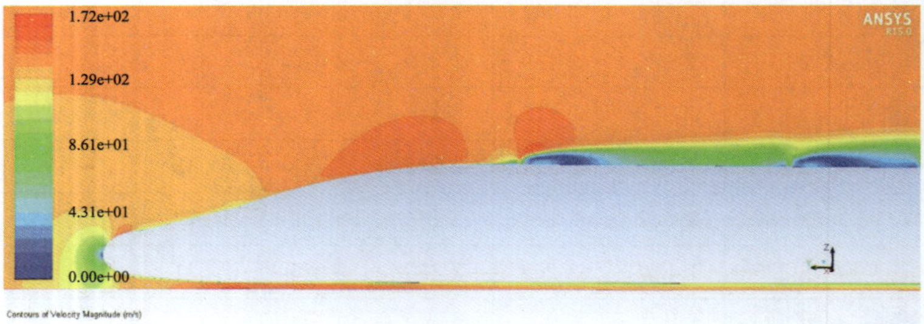

（a）列车外流场速度云图

（b）列车表面压力场云图

图 4-12　外流场速度与列车表面压力(宽 0.3 m、高 0.2 m、纵向间距 8 m)

从表 4-7～表 4-9 可知，风阻制动力由两个部分构成，为制动风翼提供的制动力与列车表面受到的空气阻力。其中，列车表面所受的空气阻力是列车运行阻力，难以通过制动风翼的参数调整进行控制；而制动风翼提供的制动力则随着参数取值的不同而变化。由压力场与速度场云图可以初步定性地分析风阻制动力与三项参数的关系：车顶制动风翼表面的压力（制动风翼迎风面与背风面的压差阻力，是风阻制动力的主要来源）因制动风翼的尺寸、纵向间距的不同而分布各异。当制动风翼尺寸较大（宽度 0.5 m、高度 0.4 m）、纵向间距较小（4 m）时，流场在绕过首位制动风翼后，尚未来得及恢复至均匀状态，便到达 2 位制动风翼；因此，2 位制动风翼迎风面的正压力削弱很大。而当制动风翼尺寸较小（宽度 0.3 m、高度 0.2 m）、纵向间距较大（8 m）时，流场绕过第一排风阻装置后，能够得到更多空间恢复至接近来流状态；则 2 位制动风翼迎风面的正压力相对于前一种工况更大，削弱程度较轻。因此，可初步认为，虽然制动风翼尺寸的增大会使风阻迎风面积增大，可增大风阻制动力；但由于制动风翼尺寸增大而引起的风阻制动力削弱现象可能会对风阻制动力造成反向影响，同时纵向间距的减小也可能带来相似的影响。

4.1.3.4　实现紧急制动平均目标减速度的风阻制动方案研究

4.1.3.3 节进行的仿真分析是基于三项参数的多水平工况研究。由表 4-7～表 4-9 可见，风阻制动力最大的工况（工况 27：制动风翼高度 0.4 m、宽度 0.5 m、纵向间距 8 m）在最大制动初速度 v_0 为 500 km/h 时所提供减速度约为 0.65 m/s^2。根据风阻制动力随速度变化的计算公式，可绘制得到风阻制动力随速度变化的曲线；将风阻制动减速度曲线与黏着制动减速度曲线相加，即可得到总减速度曲线（图 4-13）。同时，计算得到该工况下的列车制动距离约为 9 720 m，并计算其平均减速度约为 0.99 m/s^2，见式（4-3），该平均减速度尚不能达到目标平均减速度。为了实现更大的风阻制动力，达到研究目标，本节将对风阻制动方案进行优化研究。

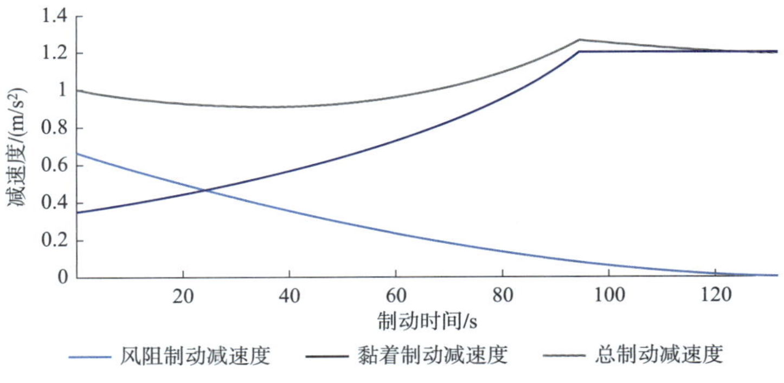

图 4-13　风阻制动、黏着制动与总制动减速度曲线（工况 27）

$$a=\frac{v_0^2}{2s}=\frac{\left(\frac{500}{3.6}\right)^2}{2\times 9\ 720}\approx 0.99\ \mathrm{m/s^2} \tag{4-3}$$

1. 方差分析理论基础

分析各仿真工况下尺寸及布置参数对风阻制动力的影响，该影响显著性分析将通过方差分析实现。

方差分析(analysis of variance)，又称 F 检验，通过分析不同来源的结果差异对结果总差异的贡献程度，从而研究因子对研究因变量的影响显著性。对方差分析的原理简要描述为：不同试验工况之间，由于不同的试验条件或参数取值的影响，将产生“组间差异”，而因为测量或试验条件精准度的误差，将产生“组内差异”。在进行方差分析时，主要研究的统计量包括偏差平方和、自由度、均方和 F 值等，这些统计量的具体含义解释如下：

(1)组间差异用因子在各个取值条件下的试验结果均值与全部试验总的均值的平方差表示，记作“组间平方和(SS_b)”；组内差异则用因子在各个取值条件下的试验结果均值与该取值条件的试验组内因子值的偏差平方和表示，记作“组内平方和(SS_w)”。因此，总的偏差平方和(SS_t)记作 $SS_t=SS_b+SS_w$。

(2)在研究某一统计量的时候，其值不受限制的变量个数被称为“自由度(df)”。通常，$df=n-k$，其中样本的数量为 n，被限制的条件数量或变量的数量为 k。其计算方法为：若试验工况总数为 n，根据参数取值共分 m 组，则组间平方和有 $m-1$ 个自由度；组内平方和有 $n-m$ 个自由度。

(3)将组内平方和与组间平方和各自与其自由度 df_w、df_b 相除，则可得到它们的均方 MS_w、MS_b，MS_b/MS_w 值构成 F 分布[式(4-4)～式(4-6)]，用计算得到的 F 值与其显著临界取值相比，则可得到研究的各个影响因素(制动风翼尺寸与布置参数)对因变量(风阻制动力)影响的显著性。

$$MS_w=\frac{SS_w}{df_w} \tag{4-4}$$

$$MS_b=\frac{SS_b}{df_b} \tag{4-5}$$

$$F=\frac{MS_b}{MS_w} \tag{4-6}$$

2. 基于方差分析的多参数对制动力的影响研究

本节将对三项参数(制动风翼宽度、制动风翼高度、纵向间距)对风阻制动力的影响显著性进行方差分析。由于涉及多个参数，各参数间可能存在对制动力的交互作用，因此还需对交互作用进行检验。本节以 F 值来检验参数影响的显著性。上述分析结果中，风阻制动力随三项参数取值的变化趋势见表 4-10～表 4-12，如图 4-14～图 4-16 所示，可见制动风翼高度、宽度增大时，风阻制动力呈上升趋势；纵向间距增大时，风阻制动力也呈上升趋势。本节将进一步根据气动力原理对方差分析结果进行定性分析解释。

表 4-10　不同制动风翼高度与纵向间距下的平均风阻制动力

高　度/m	平均风阻制动力/N		
	纵向间距为 8 m	纵向间距为 6 m	纵向间距为 4 m
0.2	81 564	80 410	77 215
0.3	91 962	86 441	82 329
0.4	93 596	87 088	82 183

表 4-11　不同制动风翼高度与宽度下的平均风阻制动力

高　度/m	平均风阻制动力/N		
	宽度为 0.3 m	宽度为 0.4 m	宽度为 0.5 m
0.2	67 929	79 703	91 556
0.3	73 787	86 384	100 561
0.4	73 240	87 121	102 505

表 4-12　不同制动风翼纵向间距与宽度下的平均风阻制动力

纵向间距/m	平均风阻制动力/N		
	宽度为 0.3 m	宽度为 0.4 m	宽度为 0.5 m
4	68 753	80 172	92 802
6	71 977	84 190	97 771
8	74 226	88 846	104 049

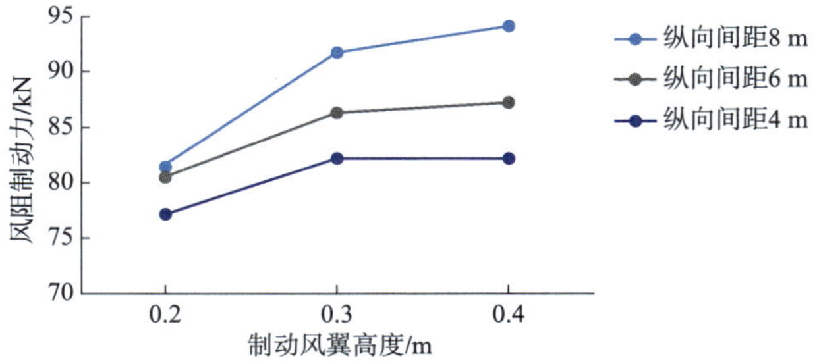

图 4-14　风阻制动力随制动风翼高度变化趋势

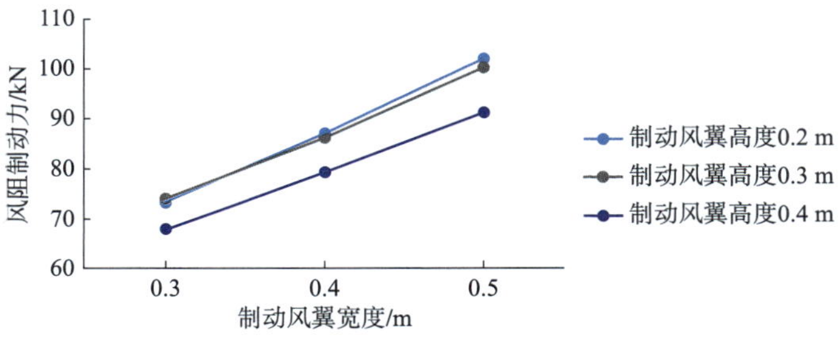

图 4-15　风阻制动力随制动风翼宽度变化趋势

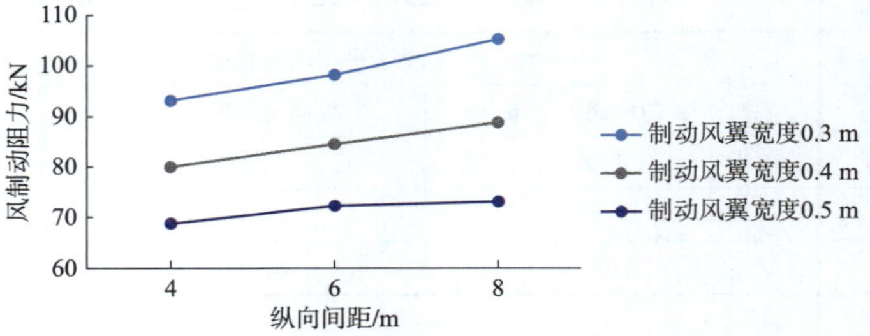

图 4-16　风阻制动力随纵向间距变化趋势

(1) 对于制动风翼高度、宽度两项参数：由于制动风翼迎风面积与其高度、宽度成正线性相关，则风阻制动力与制动风翼高度、宽度之间也应存在正线性关系。因此，制动风翼高度、宽度对风阻制动力的影响是显著的。

(2)对于纵向间距这一参数：风阻制动力主要来源于制动风翼前后两侧压力差，制动风翼后侧将产生一块负压区域。若制动风翼后侧不存在其他障碍物，则尾流可逐渐恢复至来流状态；但实际情况下，制动风翼后侧布置了其他风阻制动装置，这使得尾流尚未完全恢复至来流状态时便再次受到扰动，后位的制动风翼前后两侧压力差将变小，风阻制动力也会被削弱。纵向间距越小，后位制动风翼的制动力被削弱越严重。因此，纵向间距与风阻制动力之间应存在显著的反向关系。

(3)对于参数间交互作用：制动风翼高度与纵向间距的交互作用对风阻制动力影响较为显著，制动风翼宽度与纵向间距的交互作用对风阻制动力影响较为显著，制动风翼高度与制动风翼宽度的交互作用对风阻制动力的影响显著性较弱。对比图 4-11 与图 4-12 的列车外流场状态，可见制动风翼高度 0.4 m 时，其流速缓慢的负压尾流区高度明显高于制动风翼高度 0.2 m 的工况。从空气动力学角度分析，这是因为制动风翼高度越大，空气流场受到的扰动越严重，尾流的负压区也越大，难以恢复到均匀来流状态。从图 4-14 也可看出，在不同的纵向间距下，风阻制动力随制动风翼高度变化的趋势曲线斜率不同。当制动风翼高度较大时，不同纵向间距下的风阻制动力变化平缓。

(4)对于制动风翼宽度与纵向间距之间的交互作用：当制动风翼宽度较小时，位于同一排的两副风阻制动装置之间存在较为明显的横向间距，气流容易通过这一横向间隙，有助于尾流区流场的恢复；当制动风翼宽度较大时，同一排两副装置之间几乎不存在横向间距，则流场的恢复较为困难。由图 4-16 可见，在不同制动风翼宽度条件下，风阻制动力随纵向间距变化的趋势曲线斜率不同。当制动风翼宽度较大时，风阻制动力随纵向间距增大的速度会小于制动风翼宽度较小时的工况。

3. 实现平均目标减速度的风阻制动优化方案研究

由图 4-14～图 4-16 可直观看出，风阻制动力与制动风翼宽度、制动风翼高度和纵向间距均成正相关。其中，制动力随着制动风翼宽度与纵向间距的增大，均有显著上升趋势，且变化率基本稳定，可通过风阻制动力的变化趋势确定制动风翼宽度的最佳取值为 0.5 m、纵向间距的最佳取值为 8 m。随着制动风翼高度的变大，风阻制动力增长率变缓，制动力较大的结果出现在制动风翼高度为 0.3 m 和 0.4 m 的工况中。本节将在风阻制动力较优的参数取值区间内进一步细化参数取值工况，从而讨论制动风翼高度的最优取值。细化风阻制动力仿真工况见表 4-13，计算结果见表 4-14，各细化工况的压力场、速度场如图 4-17 所示。

表 4-13　细化风阻制动力仿真工况

工　况	制动风翼宽度/m	制动风翼高度/m	纵向间距/m	风阻制动装置数量/个
1	0.5	0.3	8	16
2	0.5	0.325	8	16
3	0.5	0.35	8	16
4	0.5	0.375	8	16
5	0.5	0.4	8	16

表 4-14　细化风阻制动力仿真计算结果

制动风翼高度/m	0.3	0.325	0.35	0.375	0.4
制动风翼宽度/m	0.5	0.5	0.5	0.5	0.5
纵向间距/m	8	8	8	8	8
首位风阻力/N	8 838	9 536	10 239	11 873	12 234
2 位风阻力/N	6 322	6 592	6 490	7 084	6 948
3 位风阻力/N	3 926	4 020	3 743	3 882	3 720
4 位风阻力/N	4 375	4 450	4 571	4 949	4 561
5 位风阻力/N	4 159	4 183	4 355	4 443	4 173
6 位风阻力/N	4 188	4 166	4 249	4 461	4 265
7 位风阻力/N	4 169	4 075	4 236	4 465	4 232
8 位风阻力/N	4 272	4 059	4 251	4 419	4 219
9 位风阻力/N	4 257	4 073	4 174	4 515	4 152
10 位风阻力/N	4 266	4 039	4 192	4 350	4 167
11 位风阻力/N	4 273	4 073	4 175	4 481	4 100
12 位风阻力/N	4 251	4 015	4 209	4 407	4 109
13 位风阻力/N	4 319	4 021	4 325	4 479	4 251
14 位风阻力/N	4 270	4 062	4 461	4 497	4 217
15 位风阻力/N	4 390	4 241	4 819	4 675	4 261
16 位风阻力/N	4 789	4 751	5 083	5 451	4 719
其他风阻力/N	32 220	33 806	33 385	33 891	32 137
合　力/N	107 288	108 162	110 959	116 322	110 465
减速度/(m/s^2)	0.64	0.64	0.66	0.69	0.65

（a）工况1(制动风翼高度0.3 m)下的列车表面压力云图

（b）工况1(制动风翼高度0.3 m)下的列车表面速度云图

（c）工况2(制动风翼高度0.325 m)下的列车表面压力云图

（d）工况2(制动风翼高度0.325 m)下的列车表面速度云图

图 4-17

（e）工况3(制动风翼高度0.35 m)下的列车表面压力云图

（f）工况3(制动风翼高度0.35 m)下的列车表面速度云图

（g）工况4(制动风翼高度0.375 m)下的列车表面压力云图

（h）工况4(制动风翼高度0.375 m)下的列车表面速度云图

图 4-17

（i）工况5(制动风翼高度0.4 m)下的列车表面压力云图

（j）工况5(制动风翼高度0.4 m)下的列车表面速度云图

图 4-17　各细化工况的列车表面压力云图及速度云图

通过对比细化风阻制动力仿真工况结果可得，当制动风翼高度为 0.375 m 时，风阻制动力最大（图 4-18），则可得出最优参数水平（表 4-15）下列车模型（图 4-19）。该参数水平下，500 km/h 速度下的最大风阻制动力为 116 kN，可提供的减速度约为 0.69 m/s^2。

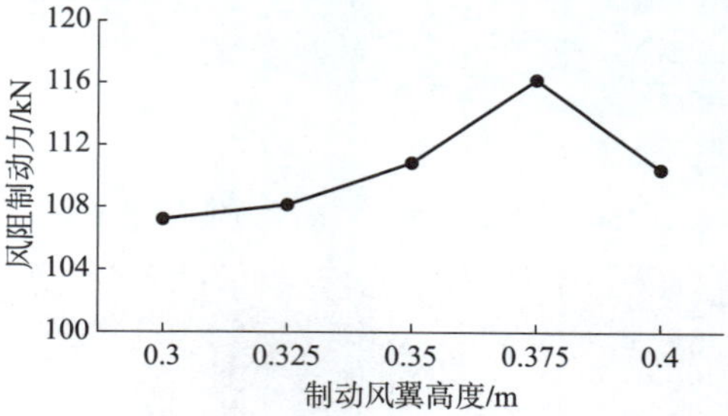

图 4-18　风阻制动力随制动风翼高度变化趋势

表 4-15　实现紧急制动目标减速度的参数取值　　单位：m

制动风翼宽度	制动风翼高度	纵向间距
0.5	0.375	8

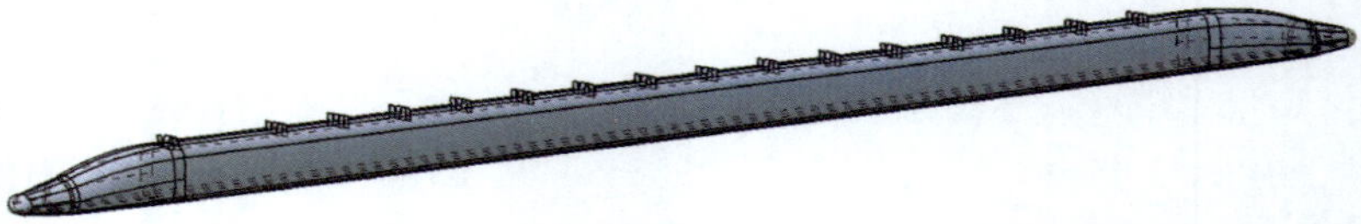

图 4-19　最优参数水平下的列车模型

由最优参数水平计算得到，500 km/h 风阻制动可提供的减速度，根据风阻制动力与速度的平方成正比，则可推算得到减速过程中风阻制动减速度随速度的变化趋势(图 4-20)。同时，结合通过回归拟合得到的黏着制动减速度曲线，则可计算得到配合风阻制动的紧急制动减速度曲线，并将其与平均目标减速度进行比较，如图 4-21 所示。根据紧急制动减速度曲线和 500 km/h 制动初速度值，计算并绘制列车紧急制动过程中，随着时间变化的速度曲线与制动距离曲线如图 4-22 所示。经计算可得，列车紧急制动距离 s 约为 9 490 m，制动时间为 129 s。根据式(4-3)得到该风阻制动方案下的紧急平均减速度为 1.02 m/s²，可以满足紧急平均减速度 1.0 m/s² 的研究目标。

$$a=\frac{v_0^2}{2s}=\frac{\left(\frac{500}{3.6}\right)^2}{2\times 9\ 490}\approx 1.02\ \mathrm{m/s^2}$$

假设制动初速度为 500 km/h，且仅依靠黏着制动，则经计算可得，列车紧急制动距离约为 16 600 m，制动时间为 192 s，紧急平均减速度为 0.58 m/s²。若将单一黏着制动作用的紧急制动过程中的速度与制动距离曲线与风阻、黏着配合作用的曲线对比，如图 4-23 所示。

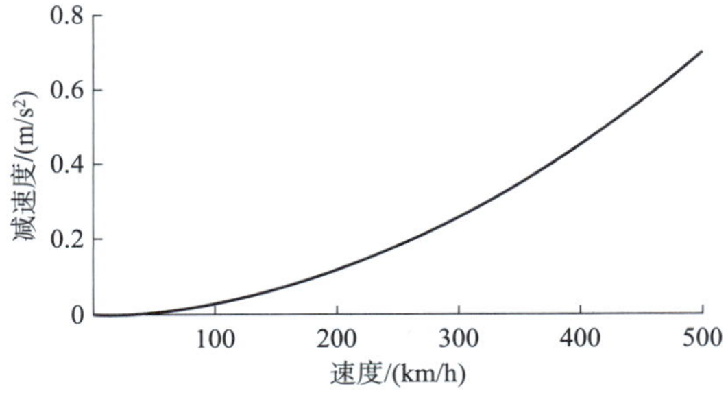

图 4-20　风阻制动减速度随列车速度变化趋势

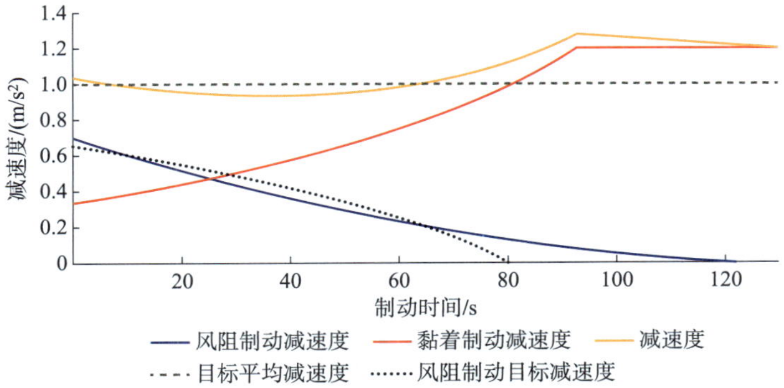

图 4-21　配合风阻制动的紧急制动减速度曲线与平均目标减速度曲线

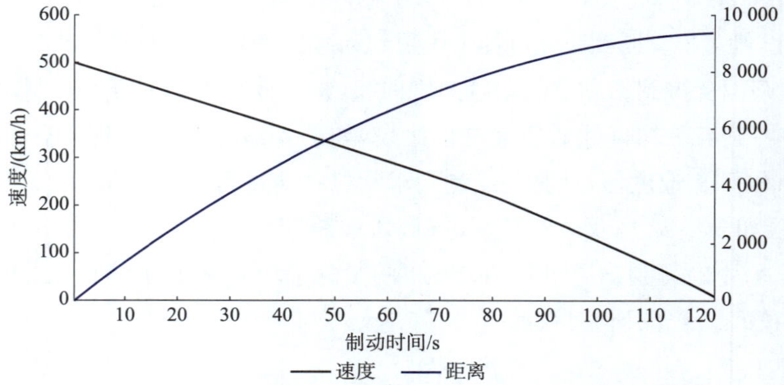

图 4-22 列车制动过程中速度与制动距离随时间变化趋势

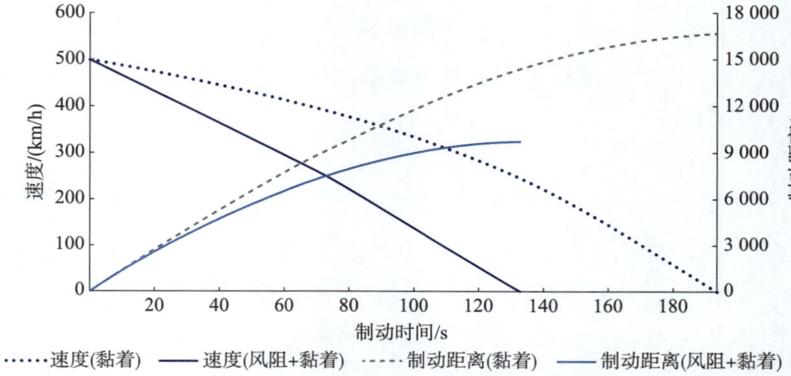

图 4-23 黏着制动单独作用与风阻、黏着配合作用的速度、制动距离曲线对比

由此可得到，加入风阻制动后，可使平均减速度提高 75%，制动距离缩短约 43%，制动时间缩短约 33%。对于未来更高速度的高速列车，风阻制动可提供较大的制动力，有助于更高速度的列车提升制动平均减速度，缩短制动距离。

4. 风阻制动方案推演应用至其他编组形式

前文所述是基于 3 节编组形式的高速列车进行的，为验证该研究结果是否可推广至其他编组形式的列车上进行运用，现以 5 节编组列车为例，进行计算说明。

根据表 4-16 所列车辆长度尺寸，则 5 节编组的列车长度为 126 m，其中，去除车头、车尾不适合安装风阻制动装置的区域，中间车长为 112 m。根据优化得到的风阻制动装置布置参数，可计算 5 节编组列车共可安装 28 排/56 副风阻装置。考虑除去车头、车尾区域，中间车区域的风阻装置所受风阻制动力大小基本相同，则可根据 3 节编组仿真数据进行计算，得到风阻制动力为 191 142 N。5 节编组列车质量为 280 t，则风阻制动可提供的减速度为 0.68 m/s^2，与 3 节编组形式的风阻制动减速度基本相同。该方案可推广运用至其他编组形式。

表 4-16　5 节编组形式列车各项参数

参数名称	参　数　值
列车编组	5 节
列车总长	126 m
列车质量	280 t
风阻制动装置数量	28 排/56 副
风阻制动力	191 142 N
风阻制动减速度	0.68 m/s^2

4.2　风阻制动过程列车运行安全性分析

本节采用空气动力学、车辆动力学两种分析方法，对安装有风阻制动装置的车辆进行列车运行安全性分析，形成风阻制动过程列车运行安全性分析方法。

4.2.1　列车运行安全性分析基本思路

在风阻制动安全性分析中需通过空气动力学与车辆动力学两个不同的角度进行研究，具体为先通过空气动力学计算得到风阻制动装置以及列车车辆所受到的载荷，随后再通过车辆动力学对列车运行时的运行安全性以及运行平稳性进行分析研究。风阻制动过程列车运行安全性分析流程方案如图 4-24 所示。

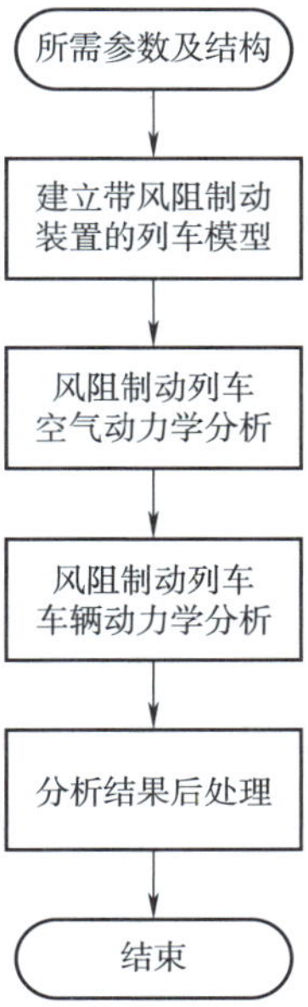

图 4-24　风阻制动过程列车运行安全性分析流程方案

4.2.2 风阻制动列车空气动力学分析

风阻制动列车空气动力学分析主要目的为获得在列车运行时列车车辆以及制动风翼所受到的气动六分力，其具体为六自由度上的空气阻力、升力、横向力、纵向摆动力矩、侧滚力矩、扭摆力矩，具体可参考 2.3 节中内容。

在使用流体力学计算气动载荷时，得到的是车辆表面每个节点上的分布载荷，为了便于对气动六分力结果进行分析并运用于下一步的车辆动力学计算，应在软件中设置每节车或制动装置的分布载荷分别等效为关于每节车体中心或制动装置中心的集中力与力矩，等效过程即为分布载荷在整个列车表面进行积分的过程，以此最终得到列车车辆以及制动风翼所受到的气动六分力。

4.2.3 风阻制动列车车辆动力学分析

车辆系统可以看作是一个包含多种柔性体和刚性体的系统，因此可以利用多体动力学软件 SIMPACK 对列车建模和仿真。在对多体系统进行动力学分析的过程中，主要包括建模和求解两个步骤(图 4-25)。建模分为物理建模和数学建模，物理建模是指由几何模型建立物理模型，数学建模是指从物理模型生成数学模型。

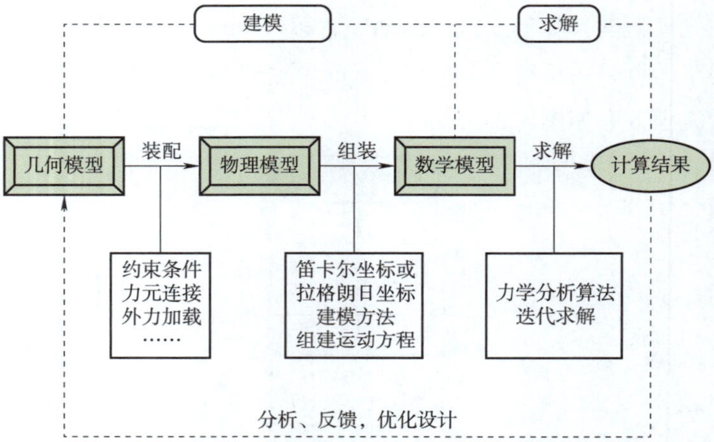

图 4-25 SIMPACK 软件建模和求解的流程

研究人员通过 SIMPACK 软件的默认方法对车体、转向架、轮对、一系悬挂装置、二系悬挂装置等刚柔体，以及约束、力元和轮轨接触等元素进行定义，从而确定机车车辆各部分组件特性及其连接关系，而软件可以通过自带的程序形成列车的数学模型，从而自行求出其微分方程的解，可以很好地避免研究者推导烦琐且重复的车辆模型运动方程，从而提升建立车辆系统动力学的准确性和效率。

4.2.3.1　车辆系统动力学模型

1. 高速列车的主要结构介绍

车辆是一个复杂的、多方位振动的系统，主要由车体、构架、轮对、枕梁、一系悬挂装置、二系悬挂装置、牵引电机、电机吊挂装置、牵引机构和传动机构组成。一系悬挂装置采用钢簧和轴箱拉杆定位。其中，钢簧主要承担垂向刚度，轴箱拉杆主要承担牵引刚度。在轴端轮对和构架间还安装有垂向减振器。二系支撑采用空气弹簧，空气弹簧坐落在枕梁上，在构架和车体间安装有二系垂向减振器。车辆系统中的一系悬挂装置和二系悬挂装置以及各种阻尼器的设计是为了减少车辆振动的振幅，其特性是高度非线性的。同时，为了提高高速列车的横向平稳性，在二系悬挂装置间还布置了横向减振器和抗蛇行减振器，并在构架和车体间设有弹性横向止挡和抗侧滚扭杆。

在多体动力学软件中，列车模型可以通过质量—弹簧—阻尼器系统来描述。相比于悬挂系统而言，列车的车体、转向架以及轮对的弹性变形显然要降低很多，因此在建立列车模型的过程中，通常把这些部件视为理想的刚性体，并且采用弹簧和阻尼器来连接它们。弹簧代表着车辆系统的灵活性，而阻尼器则用于模拟能量耗散装置，例如橡胶垫和减振器等。出于建模的目的，这些悬挂装置通常被视为无质量的弹簧阻尼系统，多体动力学软件 SIMPACK 可用于使用各种力元素来模拟这些系统。

在研究列车运行的动态行为时，不同车辆模型的选择会产生重大影响，而实际中的列车车辆是非常复杂的，因此在进行列车车辆动力学分析时，为了降低列车模型的构建难度，同时又使其尽可能贴近实际的高速列车，通常忽略车体、车轴和轮对的局部变形，并着重于车体的横向、纵向加速度及其刚度，空气弹簧、车轴弹簧和车身的刚度，不考虑车体、转向架、轮对的弹性变形。

在本文中，采用以下假设来构建简化的车辆模型：(1)忽略车体、转向架、轮对的弹性变形，将其视为刚性体。(2)车辆子系统的质量矩阵、阻尼矩阵均为常数矩阵。(3)忽略了悬架变形的非线性，总的悬架变形被认为是线性的。(4)所有质量和惯性力矩都应集中在车体、转向架、轮对上。(5)车辆各部分的运动被认为是独立的。

2. 高速列车的 SIMPACK 模型

基于 SIMPACK 多体动力学软件，建立包含头车、中间车、尾车的 3 节编组高速列车模型，将车辆各部分均视为刚体，不考虑其弹性变形。每节车由 1 个车体、2 个构架、4 个轴箱和 4 个轮对组成，3 节车之间以车钩连接，每个车体、构架及轮对为 6 个自由度，轴箱仅考虑绕轮对的旋转自由度，整列车共 33 个刚体，包含 150 个自由度。模型的拓扑结构如图 4-26～图 4-28 所示。模型中考虑了以下非线性因素：二系悬挂横向弹性止挡递增刚度特性，轮轨接触非线性几何特性，非线性蠕滑力和蠕滑力矩，液压减振器、车钩缓冲器的非线性特性。轨道不平顺输入为高速低干扰轨道谱，建立的动力学模型如图 4-29 所示。

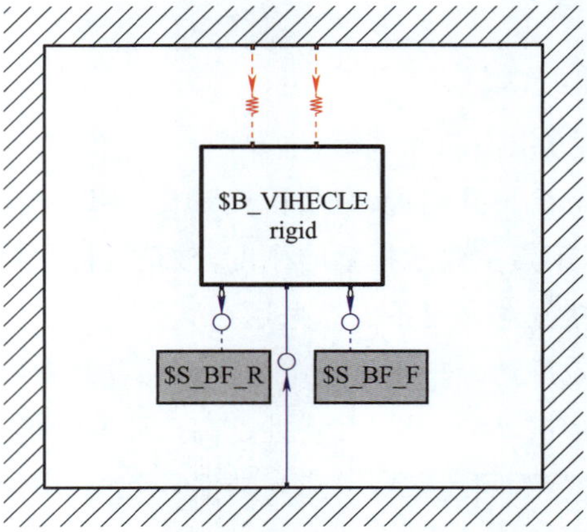

图 4-26 单节车拓扑结构

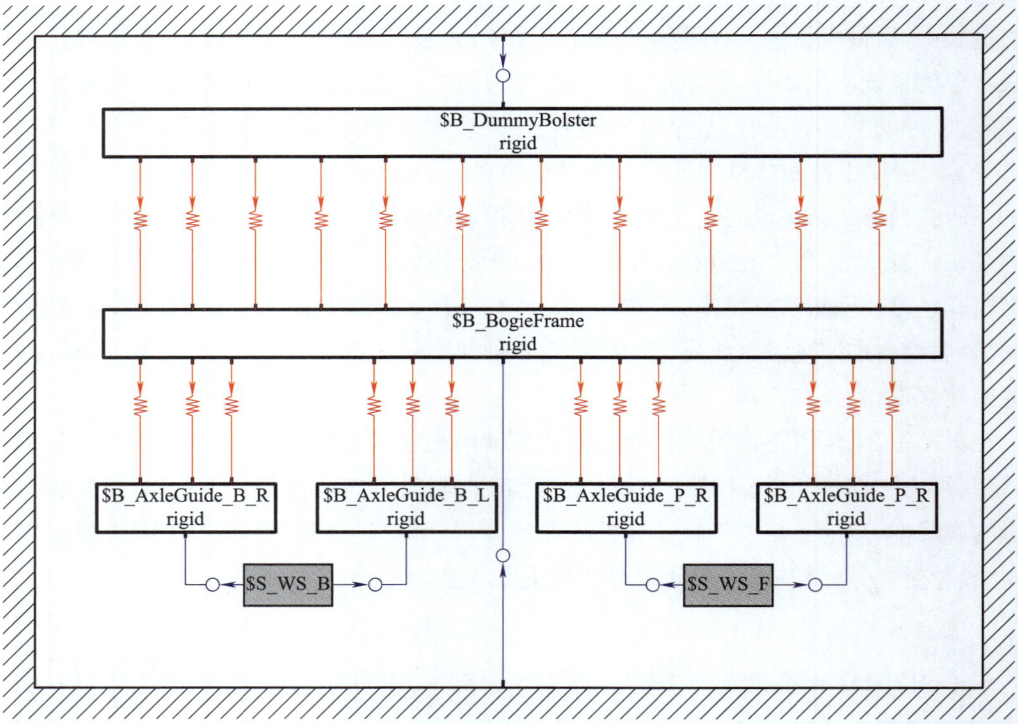

图 4-27 转向架拓扑结构

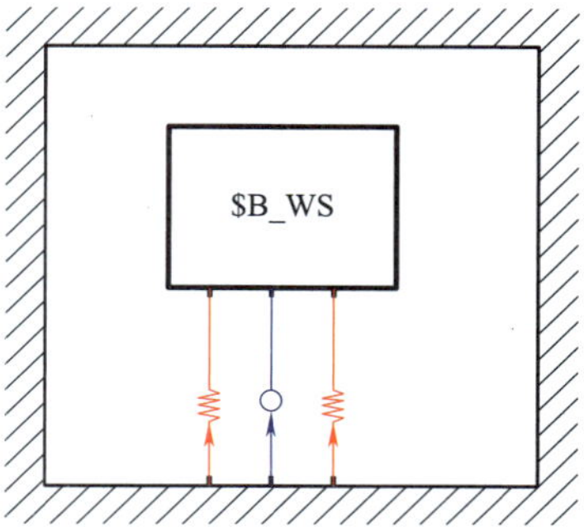

图 4-28　轮对拓扑结构

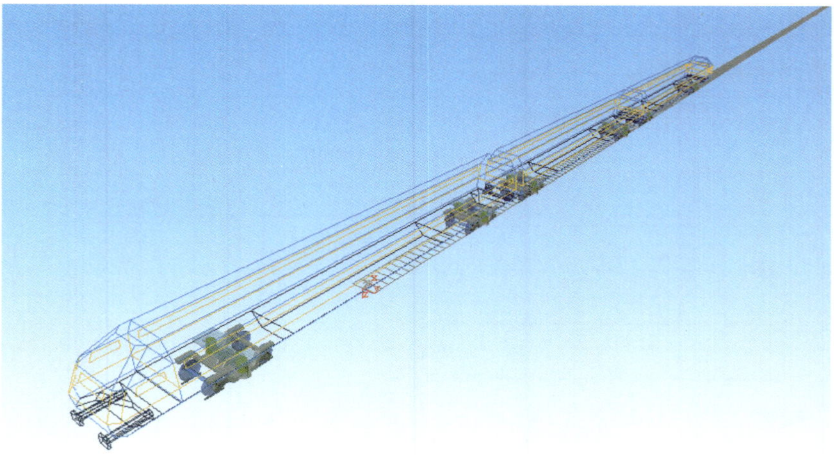

图 4-29　3 节编组高速列车动力学模型

3. 车辆动力学方程

该车辆系统的位移为

$$\boldsymbol{x}^{\mathrm{T}}=\{\boldsymbol{x}_{\mathrm{c}}^{\mathrm{T}},\boldsymbol{x}_{\mathrm{f1}}^{\mathrm{T}},\boldsymbol{x}_{\mathrm{f2}}^{\mathrm{T}},\boldsymbol{x}_{\mathrm{w}(1-4)}^{T},\boldsymbol{x}_{\mathrm{a}(1-8)}^{\mathrm{T}}\}\tag{4-7}$$

式中　$\boldsymbol{x}_{\mathrm{c}}^{\mathrm{T}}$——车体的位移向量，m；

$\boldsymbol{x}_{\mathrm{f1}}^{\mathrm{T}},\boldsymbol{x}_{\mathrm{f2}}^{\mathrm{T}}$——构架的位移向量，m；

$\boldsymbol{x}_{\mathrm{w}(1-4)}^{\mathrm{T}}$——轮对的位移向量，m；

$\boldsymbol{x}_{\mathrm{a}(1-8)}^{\mathrm{T}}$——轴箱的位移向量，m。

随后通过拉格朗日法可建立车辆动力学方程：

$$\boldsymbol{M}\ddot{\boldsymbol{x}}+\boldsymbol{C}\dot{\boldsymbol{x}}+\boldsymbol{K}\boldsymbol{x}=\boldsymbol{F}_{\mathrm{a}}+\boldsymbol{F}_{\mathrm{e}}\tag{4-8}$$

式中　$\boldsymbol{M}$——车辆质量矩阵，kg；

$\boldsymbol{C}$——车辆阻尼矩阵，N/(m/s)；

$\boldsymbol{K}$——车辆刚度矩阵，N/m；

$\boldsymbol{F}_a$——气动载荷向量，N；

$\boldsymbol{F}_e$——由轨道不平顺引起的激扰力向量，N。

4.2.3.2 气动力的加载

将列车在运行下所受空气阻力 F_x、侧向力 F_y、垂向力 F_z、侧滚力矩 M_x、俯仰力矩 M_y 及偏转力矩 M_z 等气动载荷以时间激励方式（图 4-30）引入，在车体上建立移动 Marker 点，加载至车体中心。

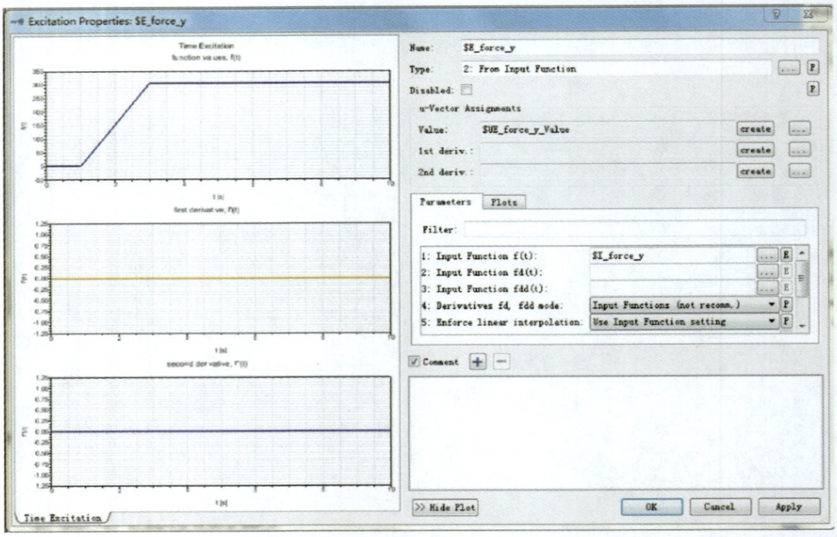

图 4-30　以时间激励的方式加载气动力——侧向力

4.2.3.3 列车安全性评价

本文采用脱轨系数作为评价指标来衡量列车的安全性。脱轨系数定义为作用在车轮上的横向力 Q 和垂向力 P 的比值 Q/P，其评定等级见表 4-17。

表 4-17　脱轨系数评定等级

脱轨系数	0.6	0.8	0.9
评定等级	优良	良好	合格

4.2.4 列车交会工况下的风阻制动过程列车运行安全性分析

4.2.4.1 空气动力学仿真分析

1. 仿真分析模型、网格划分及边界条件

两列 8 节编组列车以 400 km/h 速度运行交会，列车基本几何参数见表 4-18。列车会车计算域如图 4-31 所示，采用结构化网格划分，且在列车表面及制动风翼处采用尺寸函数加密网格单元，车体附近网格如图 4-32 所示。两个计算域重叠的两个面设置为一对滑移接触面，使相邻两区域的信息得以交换，其余边界条件的设置同 4.1.3.2 节。

表 4-18　列车基本几何参数　　单位：mm

头(尾)车长度	中间车长度	车　宽	车　高
25 530	24 175	3 255	3 680

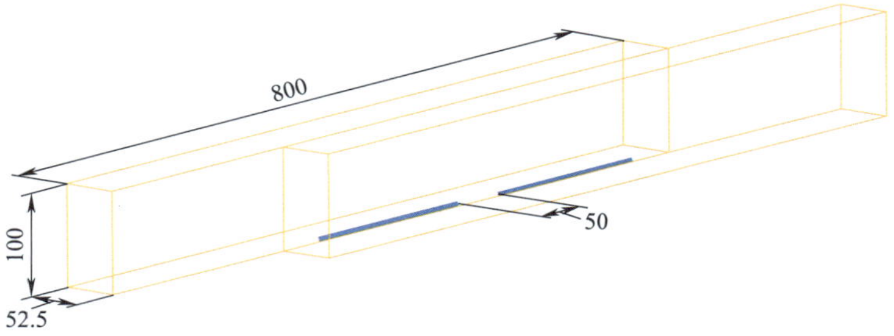

图 4-31　列车会车计算域模型(单位：m)

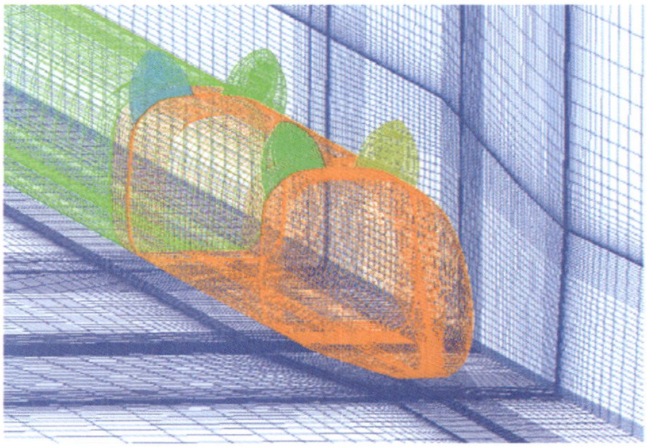

图 4-32　列车及制动风翼区域网格

2. 列车交会过程中的相对位置及压力测点分布设置

以两列车按 400 km/h 等速交会为例，交会过程中的两车相对位置关系如图 4-33 所示。两车相向而行，起始位置相距 30 m，在第 20 个时间步长时，列车头部开始交会；在第 60 个时间步长时，一列车车头经过另一列车的中心；在第 84 个时间步长时，列车基本并行；在第 109 个时间步长时，一列车车尾经过另一列车的中心；在第 148 个时间步长时，两车开始分离，交会过程结束；考虑到列车尾流的影响，两车继续行驶直至两车车尾相距 20 m 时停止计算，约为第 160 个时间步长。

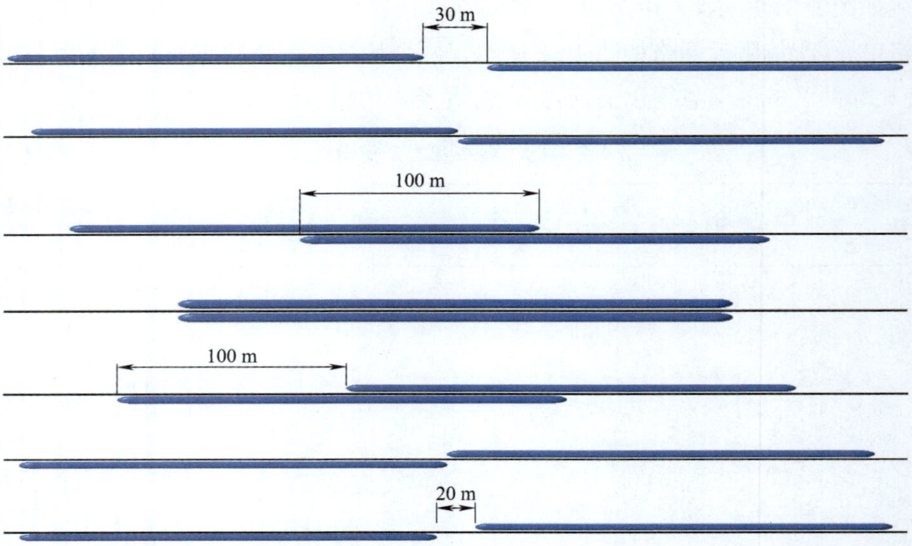

图 4-33 列车在交会过程中关键时刻点相对位置关系

重点研究两车会车时车身内侧的压力分布情况。由于列车编组较长，选定有代表性的头车、中间车和尾车上的 7 个位置作为测点，其中测点 1、7 位于车头、车尾鼻尖处，测点 2、6 位于车头、车尾侧面圆弧处，测点 3、4、5 纵向分布在会车车身侧，其分布位置如图 4-34 所示。

(a)不带风阻制动装置列车上的测点分布

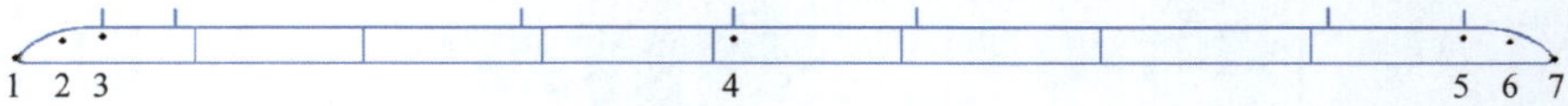

(b)带风阻制动装置列车上的测点分布

图 4-34 测点分布示意

4.2.4.2 空气动力学仿真结果分析

1. 不带风阻制动装置的两列车交会时

(1)列车压力场

两列车等速交会时，在两列车对应部位产生的交会空气压力波相等，仅以其中一列车作为研究对象。选取无侧风时不带风阻制动装置的两列车等速会车的模拟计算结果，定性分析无侧风影响时列车等速交会的外流场压力特性。

交会开始前，列车车头附近为正压区，列车头部至车身过渡处呈负压，车身表面压力在接近于零的某一较小区间内波动，如图 4-35(a)所示；列车开始交会，即两车头车鼻尖到达同一水平位置时，两车车头鼻尖处驻点压力开始骤升，与此同时，驻点周围压力也开始升高，如图 4-35(b)所示；在列车交会过程中，由于交会列车之间气流的流通区域变小，气流速度增大，已交会部分内侧压力主要为负压，随着交会区域增大，负压面积不断增大，在列车已交会部分的区域内，一列车的车头对另一列车车身侧面产生一个压力冲击，如图 4-35(c)所示；当列车头部抵达另一列车尾部时，两列车几乎并排，列车肩部负压再次下降，此时负压区域面积达到最大，如图 4-35(d)所示；之后，列车头部开始驶离交会区域，头部鼻尖压力回到交会前的状态，并随着列车逐渐驶离交会区域，车身其他位置的压力也逐渐回升到交会前的状态，如图 4-35(e)～图 4-35(g)所示。

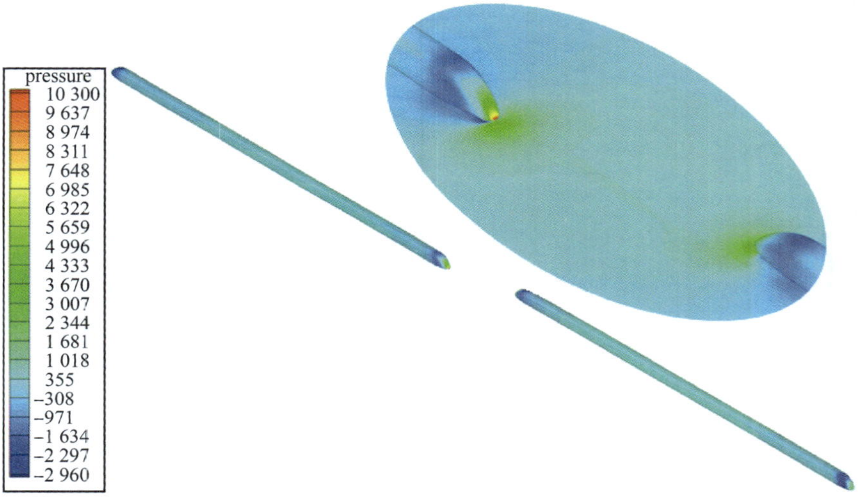

（a）两列车交会前(相距30 m)

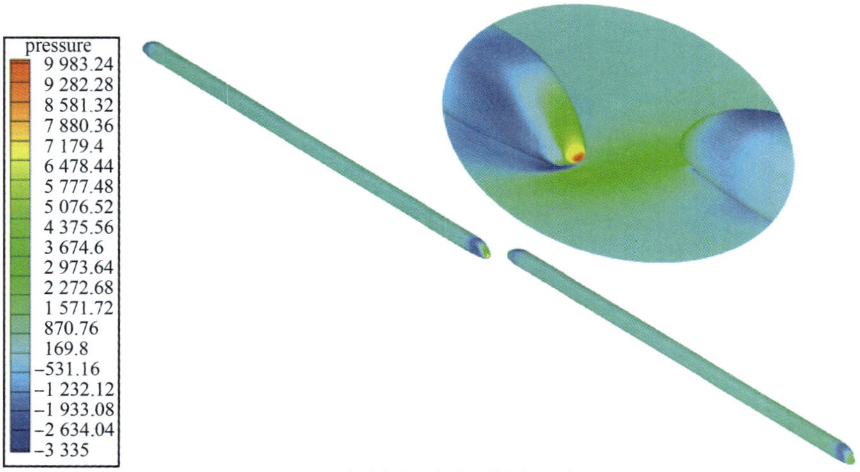

（b）两列车车头恰好开始交会时

图　4-35

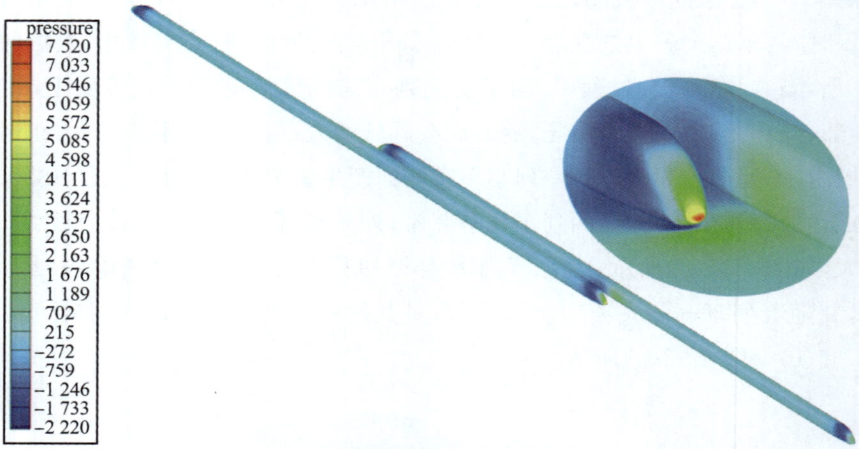

（c）两列车逐渐交会时

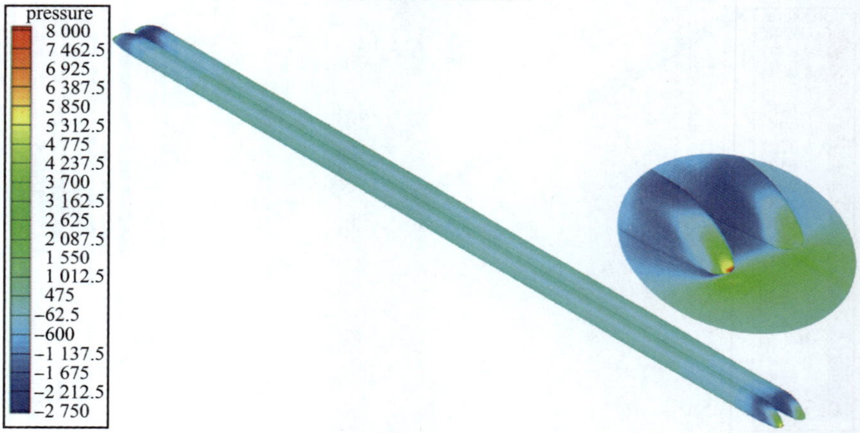

（d）两列车完全并行时

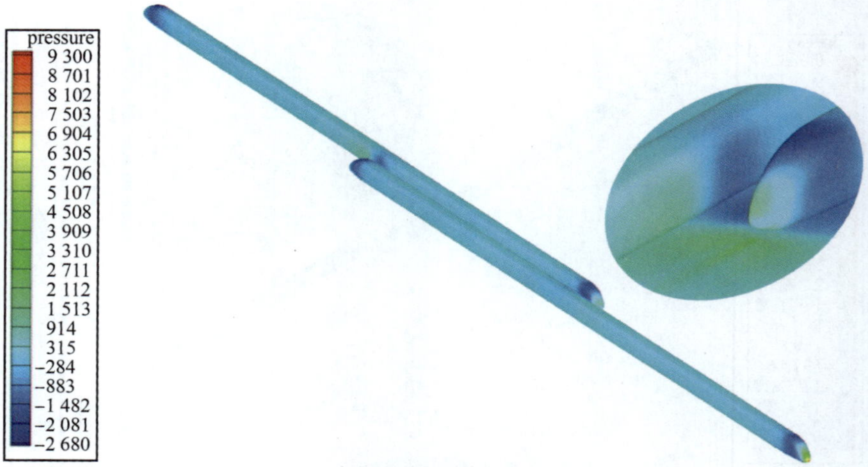

（e）两列车逐渐分离时

图 4-35

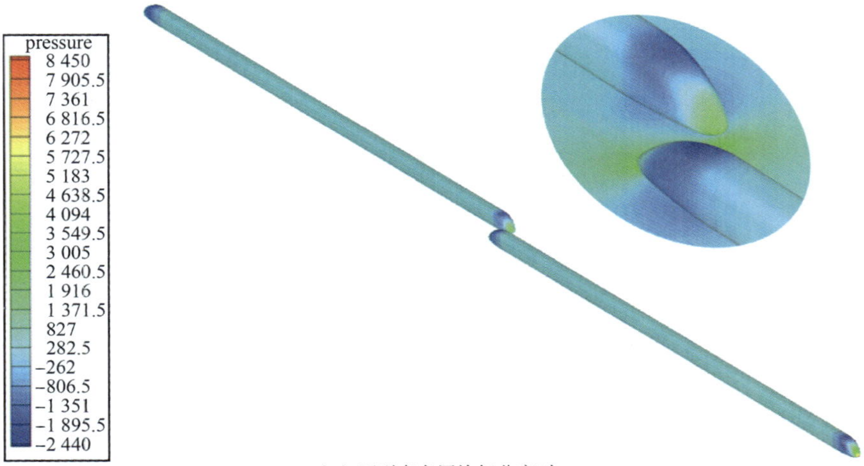

（f）两列车车尾恰好分离时

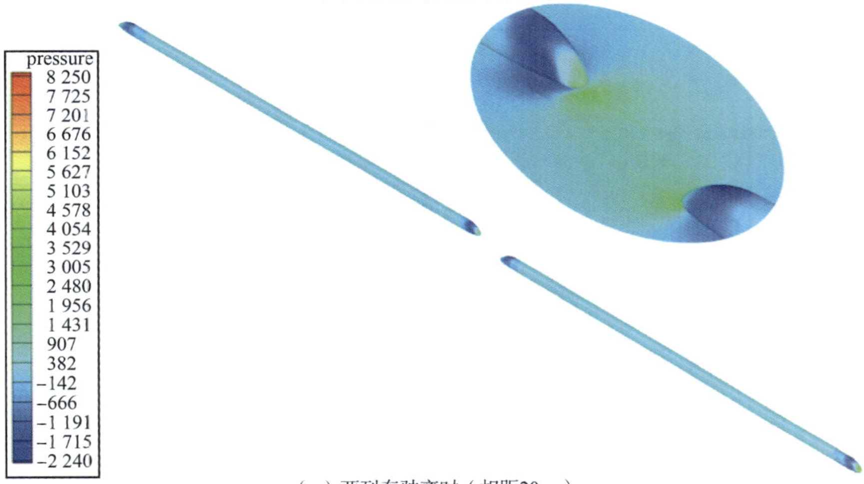

（g）两列车驶离时（相距20 m）

图 4-35　不带风阻制动装置的两列车等速交会外流场压力云图

(2)测点压力变化

不带风阻制动装置的两列车等速交会时,7 个测点在交会过程中的压力波动情况如图 4-36 所示。测点 1 的压力在两列车驶近时逐渐变大,两列车开始交会时达到最大值,继续行驶后开始急速下降,进一步交会时出现缓慢回升,直到两列车交会结束即两列车尾部相互离开时,其压力明显下降。两列车继续远离,测点 1 的压力逐渐恢复到交会前的状况。其他测点变化趋势基本相同。对比 7 个测点所受压力波动情况,测点 4 所受压力波动变化最为明显[图 4-36(b)],其主要原因为:两列车开始交会时(将测点所在列车称为列车一,与之交会的列车称为列车二),列车二头部排挤前方空气引起列车一车体的压力升高,当列车二头部完全通过后,在其周围流场中形成的列车风加快列车一车身空气的向后流动,产生巨大压降;随着列车二车尾的接近,压力先是降低,之后出现较大回升,而后当列车逐渐驶离时,压力逐渐恢复到交会前的状态。

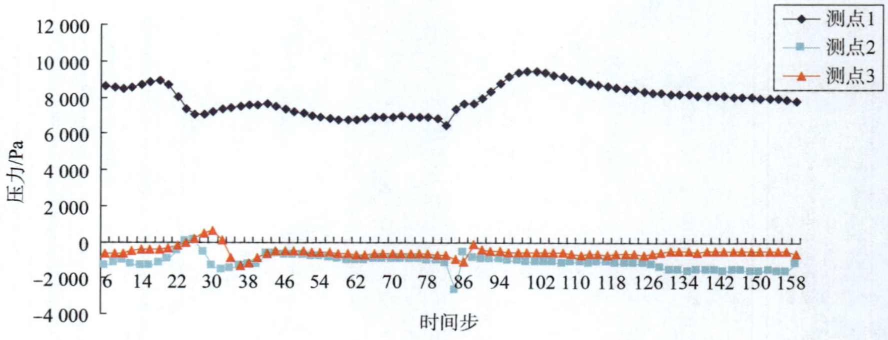

(a)头车上测点交会压力波动

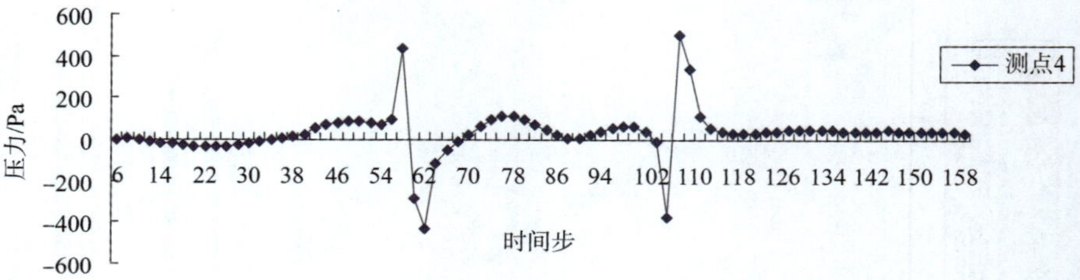

(b)中间车上测点交会压力波动

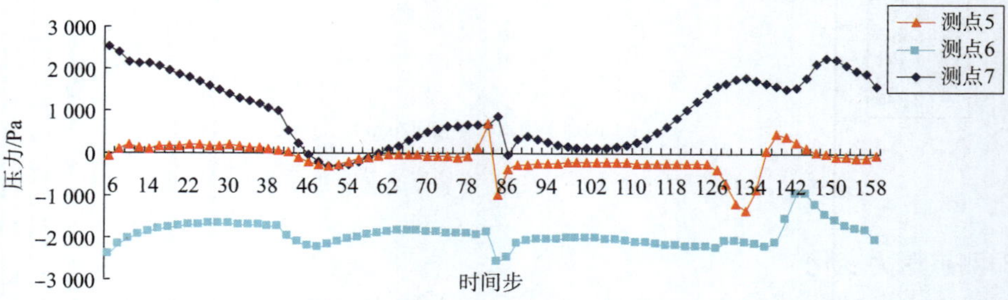

(c)尾车上测点交会压力波动

图 4-36　不带风阻制动装置的两列车等速交会工况下车上测点交会压力波动

2. 带风阻制动装置的两列车交会时

(1)列车压力场

选取无侧风时带风阻制动装置的两列车以 400 km/h 速度等速会车的模拟计算结果，定性分析无侧风影响时列车等速交会的外流场压力特性。

图 4-37 为带风阻制动装置的两列车等速交会时外流场压力云图。其中，由于在车顶展

开了 7 副制动风翼，流经制动风翼的气流受到阻挡，气流在制动风翼迎风面速度瞬间降为零，产生一块正压区，背风面则有一块负压区，如图 4-37(b)所示。车体表面流场的均匀流动受到干扰，在列车交会过程中，由于两车之间气流的流通区域变小，气流速度增大，已交会部分车身内侧压力主要为负压。同时，制动风翼自身所受的最大正压力大于车头正压力，交会过程中车头处产生的压力波在另一列车身交会侧产生一块正压区，制动风翼处产生的压力波在另一列车身交会侧产生一块正压区，但压力值较小，如图 4-37(c)所示。

(a) 两列车交会前（相距30 m）

(b) 两列车车头恰好开始交会时

图　4-37

（c）两列车逐渐交会时

（d）两列车完全并行时

（e）两列车逐渐分离时

图 4-37

（f）两列车车尾恰好分离时

（g）两列车驶离时（相距20 m）

图 4-37　带风阻制动装置的两列车等速交会外流场压力云图

（2）测点压力变化

带风阻制动装置的两列车等速交会时，7 个测点在交会过程中的压力波动情况如图 4-38 所示。因为两列车等速交会，同时均带有制动风翼，所以这里仅需设置其中一列车上的测点。此工况下列车表面压力波变化情况复杂（将测点所在列车称为列车一，与之交会的列车称为列车二），两列车驶近时其压力逐渐变大，当开始交会时达到最大值；随着两列车继续行驶，压力开始急速下降，进一步交会时有了缓慢回升；随着交会过程中制动风翼相继通过测点，压力产生小幅波动，直到两列车交会结束；两列车继续远离，测点的压力逐渐恢复到交会前的状况，如图 4-38(a)所示。列车二的车头、车尾以及每副制动风翼经过列车一上的测点时，均产生不同程度的压力波动，车头与车尾引起的压力波动幅值大于每副制动风翼引起的压力波动，如图 4-38(b)和图 4-38(c)所示，测点 4、5 在出现第一个大幅波动之前和第二个大幅波动之后，还出现一些小幅压力波动，其主要原因是列车二头部排挤前方空气，在其周围流场中形成的列车风加快列车一车身空气的向后流动，在流动过程中受到制动风翼的干扰。

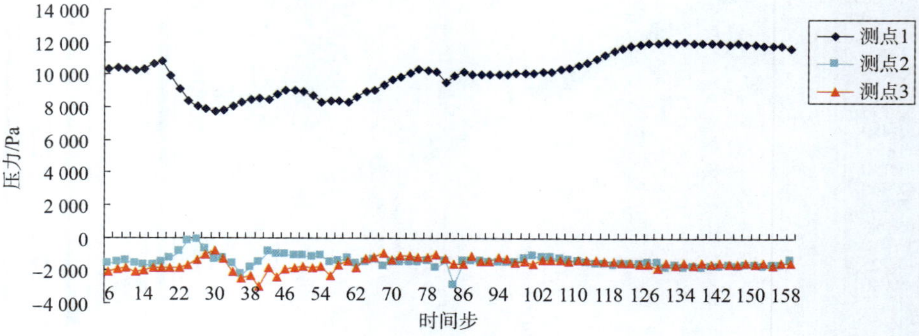

(a)头车上测点交会压力波动

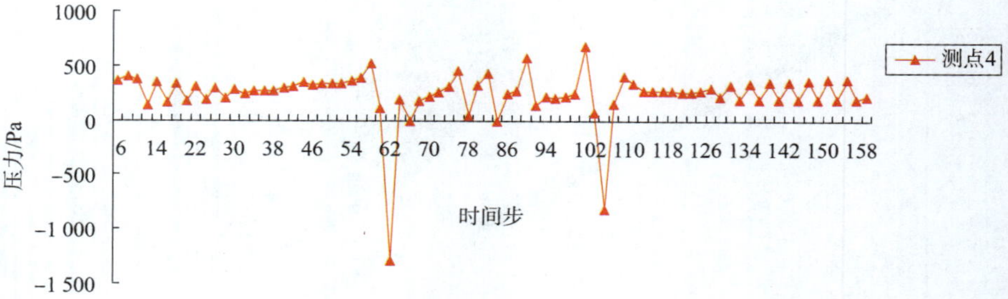

(b)中间车上测点交会压力波动

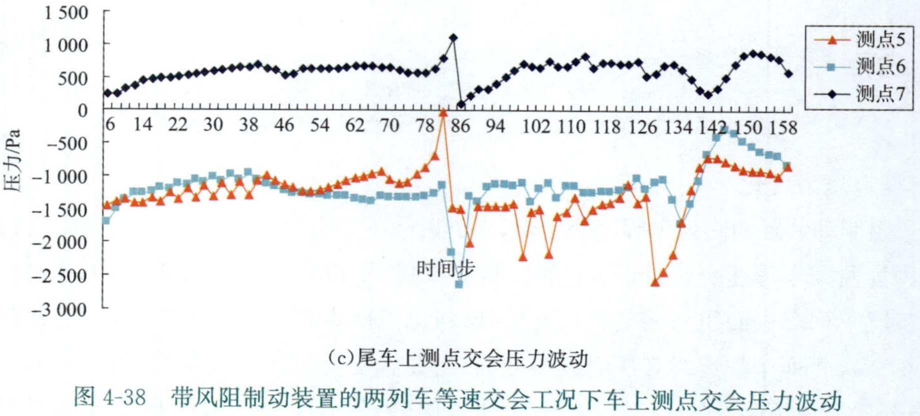

(c)尾车上测点交会压力波动

图 4-38　带风阻制动装置的两列车等速交会工况下车上测点交会压力波动

4.2.4.3　列车动力学仿真结果分析

将列车在交会工况下所受气动载荷以时间激励方式加载至各车体中心进行仿真计算，假设列车在轨道上以 400 km/h 的速度正常运行 4 s 稳定后交会，气动力加载时间共 2.05 s。

1. 车体中心位移

制动风翼开启前后，随时间变化的车体中心横向与垂向位移响应分别如图 4-39、图 4-40 所示。可以看出，列车在高速交会工况下，由于周围气体流场急剧变化，气动力加大，无论制动风翼开启与闭合，3 节车的车体中心处均产生较大位移。其中由于头车受到的气动力最大，其振动最为剧烈，横向位移最大处超过 50 mm。对于头车，其车体中心横向位移在制动风翼开启时保持较大横向位移的时间较长，而在制动风翼开启时车体垂向位移增加。在整个交会过程中中间车与尾车的振动均较小，该结果与各车体所受的气动载荷值大小不同有关，制动风翼的开启对于头车振动略有不利影响。

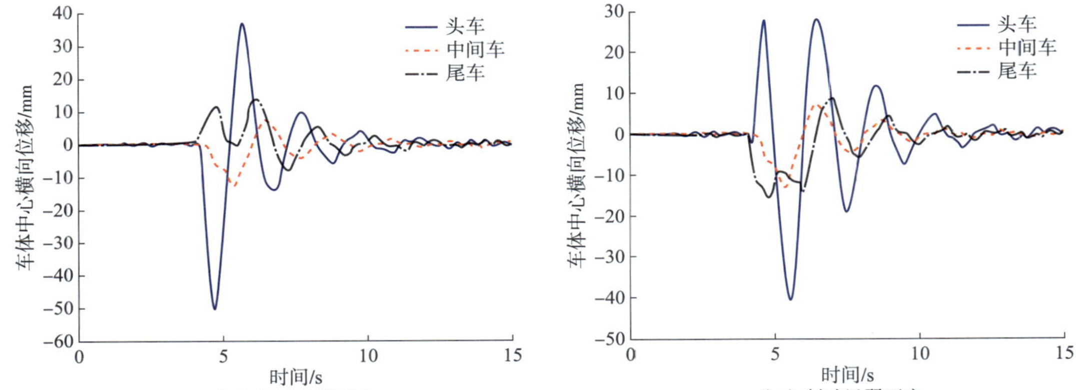

（a）制动风翼闭合　（b）制动风翼开启

图 4-39　车体中心横向位移

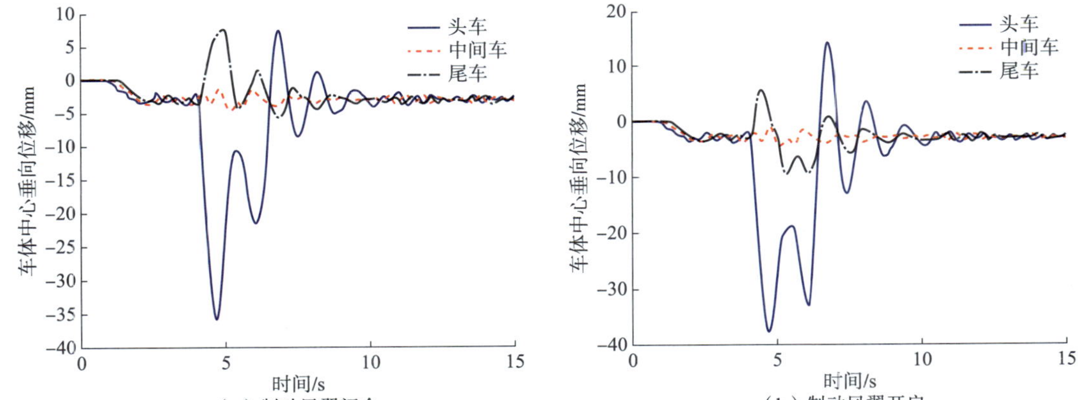

（a）制动风翼闭合　（b）制动风翼开启

图 4-40　车体中心垂向位移

2. 车体振动加速度

图 4-41～图 4-43 所示为制动风翼开启与闭合时，头车、中间车、尾车车体中心加速度结果。可以得到，在列车交会的 4～6.05 s 时间内，车体的横向及垂向加速度略有增加，其中中间车与尾车的横向、垂向加速度值与头车相比较小。对比开启制动风翼前后，头车车体中心的横向加速度方向相反，但数值大小无较大差别，其垂向加速度在制动风翼开启时的整个时间历程里普遍稍大；中间车车体中心的横向、垂向加速度值差别不大；尾车的横向加速度值在交会时方向相反，垂向加速度值在制动风翼闭合时稍大。由于交会时压力波的变化，振动加速度增加较大，但制动风翼的闭合作用相对开启来说，其对振动加速度幅值变化影响均很小，与高速交会这个因素相比，制动风翼的使用对动力学性能影响有限。该结果与 4.2.4.1 节中得到的气动侧向力特性有关，在制动风翼开启前后，气动侧向力仅是方向改变，而大小基本不变。

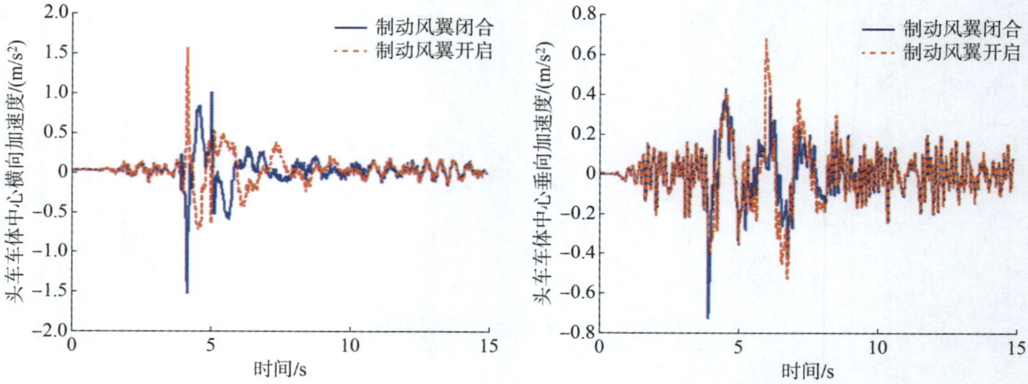

（a）横向　（b）垂向

图 4-41　头车车体中心加速度

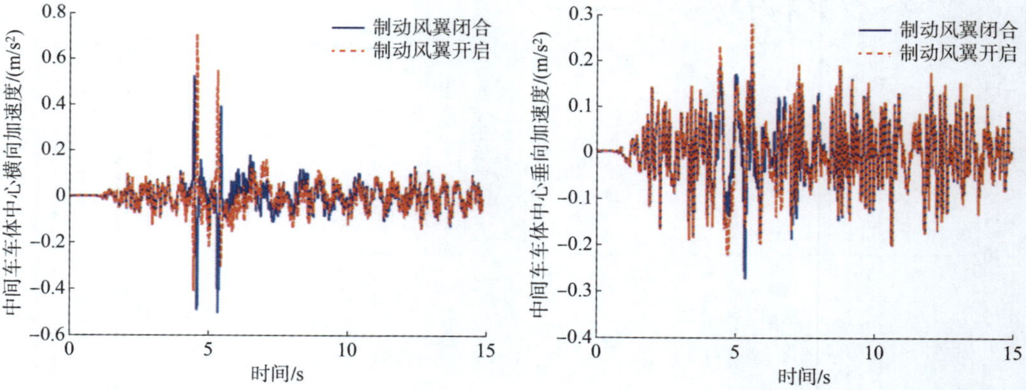

（a）横向　（b）垂向

图 4-42　中间车车体中心加速度

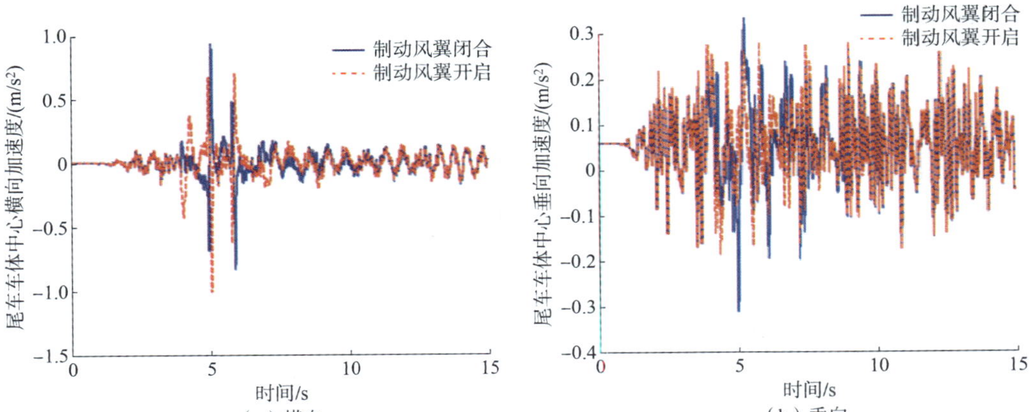

（a）横向　（b）垂向

图 4-43　尾车车体中心加速度

4.2.4.4　列车运行安全性分析

列车以 400 km/h 速度交会，其制动风翼开启与闭合时的最大脱轨系数见表 4-19。由表 4-19 可见，制动风翼开启与闭合相比，头车的最大脱轨系数增加了 0.097，而中间车与尾车分别降低了 0.046、0.047。列车所有脱轨系数均在 0.8 以内，符合《机车车辆动力学性能评定及试验鉴定规范》(GB/T 5599—2019)中关于车辆运行安全性指标的规定。

表 4-19　各车体最大脱轨系数

位　置	制动风翼闭合	制动风翼开启
头车	0.638	0.735
中间车	0.351	0.305
尾车	0.411	0.364

4.2.5　列车侧风工况下的风阻制动过程列车运行安全性分析

4.2.5.1　空气动力学仿真分析

装有风阻制动装置的高速列车在侧风工况下的流场结构和气动力变化，可采用某 CRH 型 3 节高速列车简化模型，如图 4-44 所示。一共采用 4 个空气动力学模型，分别对应该列车不装配制动风翼及制动风翼安装在头车、中间车或尾车上的情况，以下分别简称为无制动风翼列车、有制动风翼列车一、有制动风翼列车二和有制动风翼列车三。

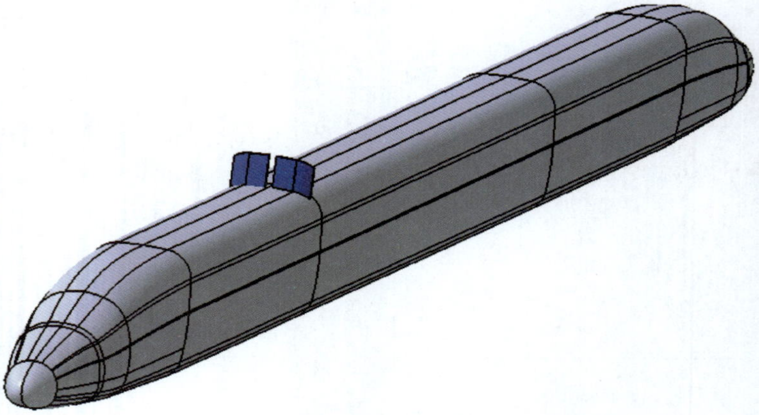

图 4-44 带风阻制动装置的高速列车简化模型

分析列车以 400 km/h 速度在 30 m/s 侧风中运行时所受气动力。计算域采用结构化网格,如图 4-45 所示。对不同列车速度、侧风速度、风向角等多种工况进行数值模拟,分析各工况列车外流场特性,以及装有风阻制动后侧风工况对列车气动特性影响,具体计算工况见表 4-20。

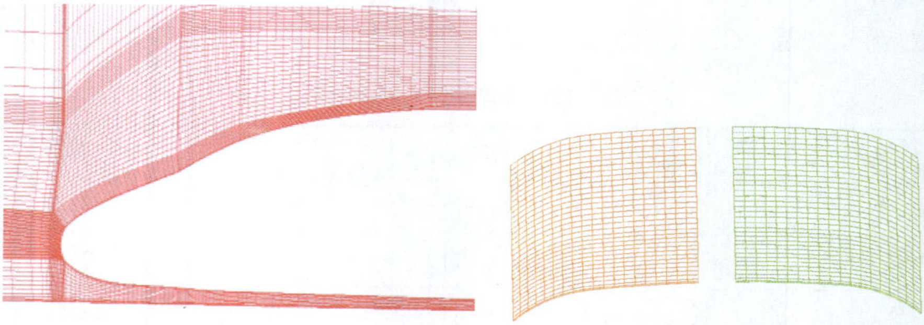

图 4-45 列车和制动风翼网格

表 4-20 不同计算工况

行驶工况	列车速度/(km/h)	侧风速度/(m/s)	风 向 角
工况 1	400	0	0°
工况 2	400	30	30°
工况 3	400	30	60°
工况 4	400	30	90°

1. 列车表面压力分布规律

带风阻制动装置列车(以有制动风翼列车一为例)和不带风阻制动装置列车表面压力云图分别如图 4-46 和图 4-47 所示,对比可知:流经制动风翼的气流受到阻挡,气流在制动风翼迎风面速度降低、产生 1 块大的正压区，背风面则有 1 块负压区。

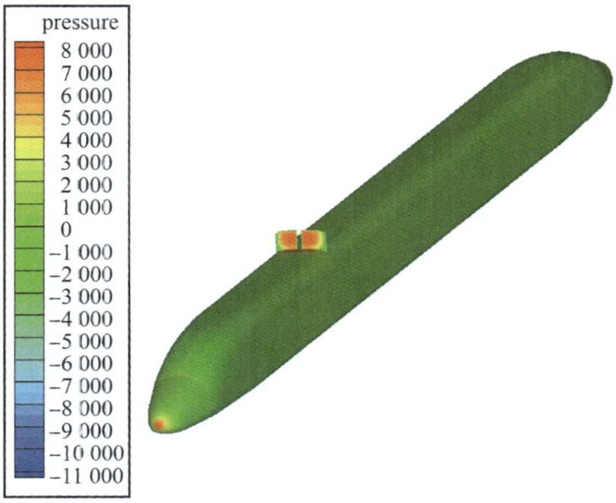

图 4-46　有制动风翼列车一的压力云图

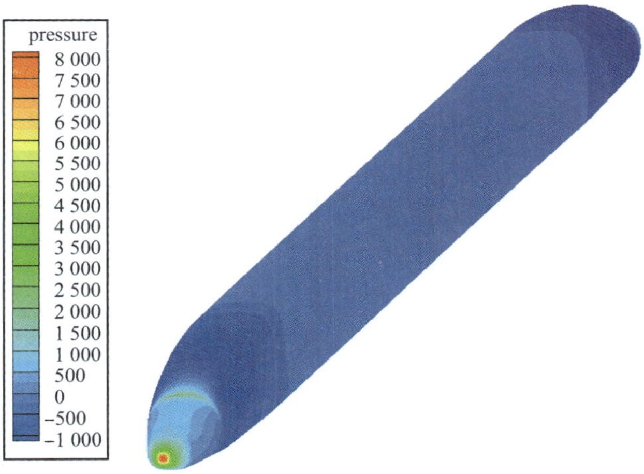

图 4-47　无制动风翼列车的压力云图

2. 侧风作用下带风阻制动装置列车流场分析

为了研究风阻制动对列车周围流场结构的影响，选取侧风风速为 30 m/s、风向角 90°的工况进行分析，同样以有制动风翼列车一和无制动风翼列车为例。图 4-48 和图 4-49 为制动风翼前一截面位置处有风阻制动装置和无风阻制动装置流场结构对比，对比可见：不带风阻制动装置列车背风侧产生了漩涡，而带风阻制动列车在背风侧没有漩涡产生，而在制动风翼处产生一个尺寸较大的漩涡。

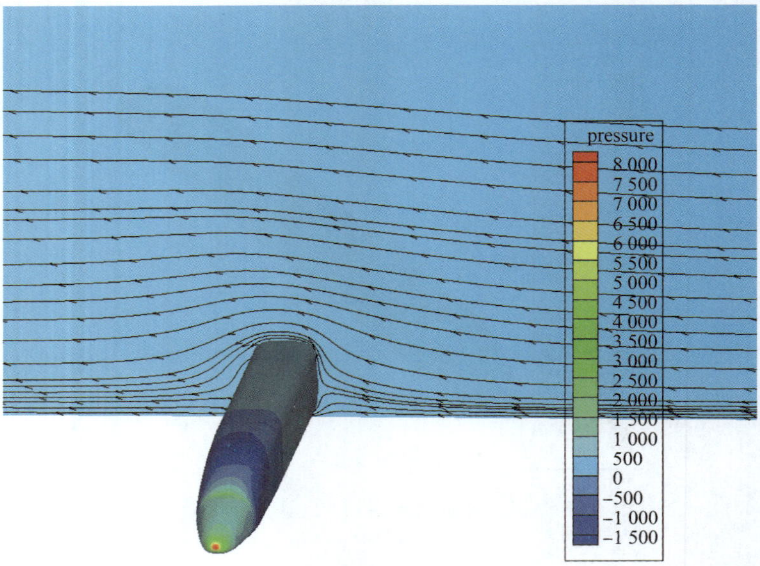

图 4-48　有制动风翼列车一的流场结构

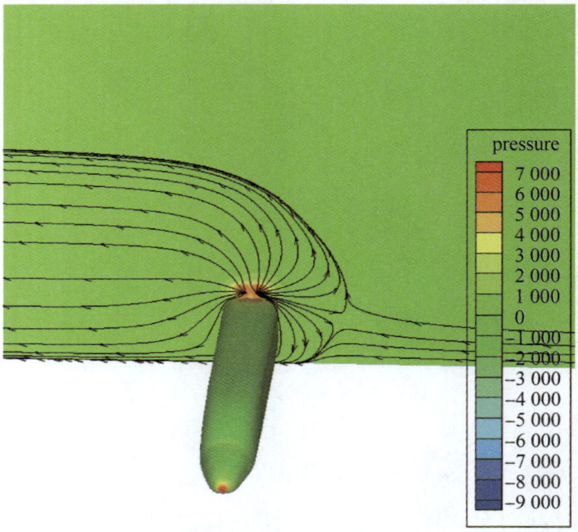

图 4-49　无制动风翼列车的流场结构

3. 不同安装位置与不同风向角的气动力比较

高速列车运行时产生的诱导滑流对列车附近空气的压力分布和速度分布有很大影响，特别是车头、车尾通过时会引起比较强烈的空气扰动。在列车受力中，侧向力和气动力产生的倾覆力矩是对列车的安全性最有影响的两个物理量。另外，升力对列车的黏着利用及稳定性也有较大影响。由于侧向力和倾覆力矩对列车的影响主要体现在绝对值上，无方向之分，比较时将主要关注绝对值的变化；而对升力的影响与方向有密切关系，正向升力容易引起车体“飘起”，负向升力能增大列车稳定性，还可以增强列车黏着，有利于黏着制动的施加，则通过矢量对比的方式进行比较。

(1)风阻制动装置装在头车上(有制动风翼列车一)

有制动风翼列车一和无制动风翼列车各节车所受侧向力对比如图 4-50 所示，由图可见：风向角 0°～90°，有制动风翼的头车侧向力均大于无制动风翼列车，最大增幅为 2 430 N；尾车存在类似情况，反向增幅最大为 1 465 N；中间车在小角度风向角时，有一反向侧向力作用，随着风向角增大，变为正向侧向力，其值小于不带风阻制动工况。

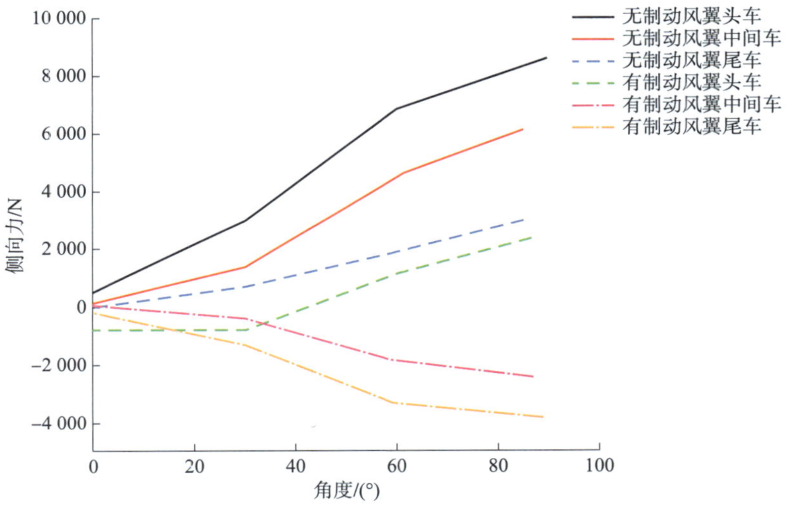

图 4-50　有制动风翼列车一和无制动风翼列车各节车所受侧向力对比

带风阻制动装置后，列车所受倾覆力矩变化如图 4-51 所示，由图可见：装上制动风翼后，对头车的影响较大，最大增幅为 3 864 N；对中间车和尾车的影响程度类似，但对中间车产生的主要为有利影响，对尾车产生的是不利影响，分别使得倾覆力矩下降和增大，降幅最大为 1 649 N，增幅最大为 2 122 N。

带风阻制动装置后，列车所受升力变化如图 4-52 所示，由图可见：装上制动风翼后，头车和尾车所受负升力增大了，但随着风向角不断增大，所受负升力逐渐减小；中间车受到了向上的正升力作用，但随着风向角不断增大，所受正升力逐渐减小；影响最大的工况为风向角 30°的工况，头车、中间车和尾车分别有－18 527 N、19 305 N 和－1 133 N。

综上所述，对于制动风翼安装在头车的情况，风阻制动装置对头车产生的影响从侧向力、倾覆力矩和升力这 3 个重要的气动力上，几乎都显著大于另外两节车。具体来说，在侧向力上，头车在 90°工况下的侧向力增幅最大，为 2 430 N；在倾覆力矩上，头车的倾覆力矩增幅最大的工况也为侧风 90°的工况，为 3 865 N·m；在升力上，头车也受到了很大的影响，负向升力得到极大的增强，反向增大了 18 527 N，且为有利影响，对中间车也产生了同等幅值的影响，只是表现为正向增大，为不利影响。从侧风角度上来说，头车的极值分别出现在 90°和 30°工况，中间车和尾车的极值则出现在 60°和 30°工况。

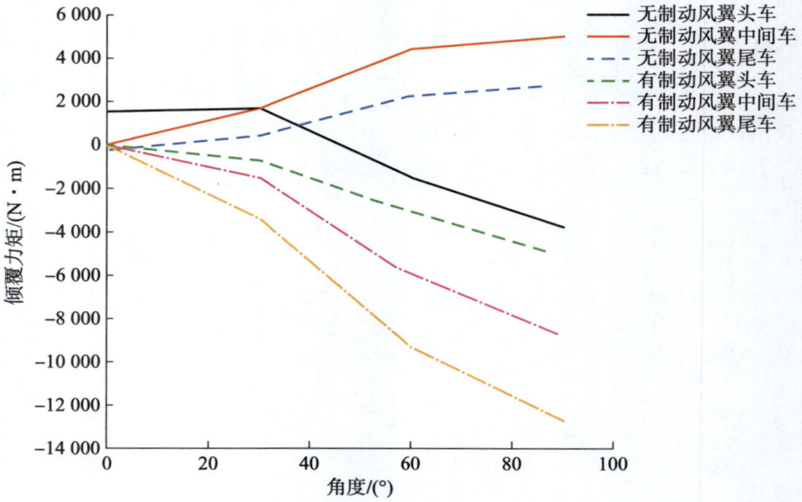

图 4-51　有制动风翼列车一和无制动风翼列车各节车所受倾覆力矩对比

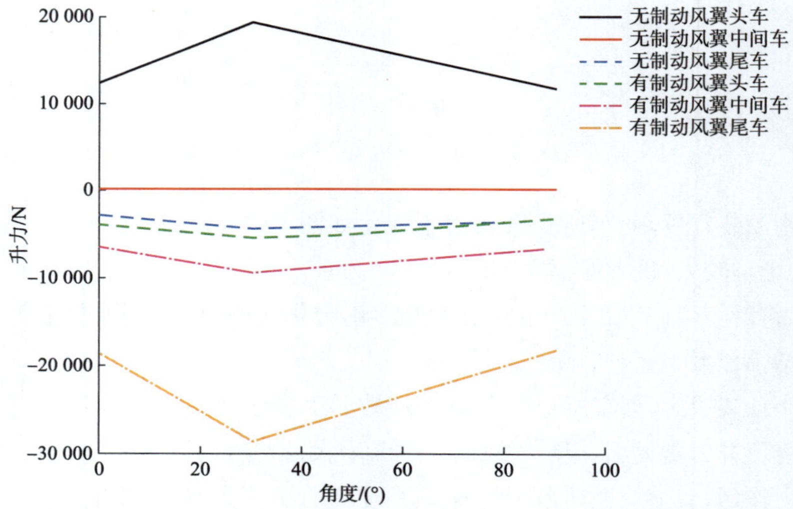

图 4-52　有制动风翼列车一和无制动风翼列车各节车所受升力对比

(2)风阻制动装置装在中间车上(有制动风翼列车二)

有制动风翼列车二和无制动风翼列车各节车所受侧向力对比如图 4-53 所示，由图可见：除中间车在 30°风向角的工况下，侧向力绝对值略有减小之外，所有车辆在不同的工况下侧向力绝对值均有一定幅度的增大；从增大的幅度来看，最大增幅仅为 1 052 N，出现在头车在 90°的工况。

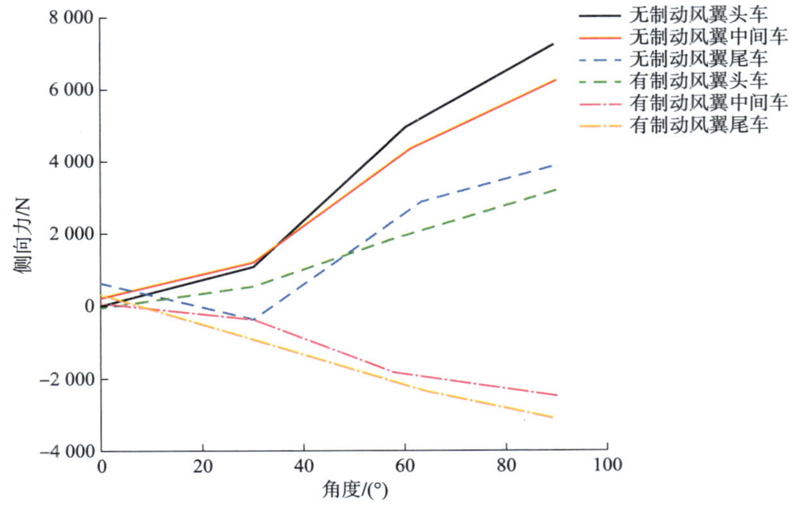

图 4-53　有制动风翼列车二和无制动风翼列车各节车所受侧向力对比

有制动风翼列车二和无制动风翼列车各节车所受倾覆力矩对比如图 4-54 所示，由图可见：无制动风翼对中间车的影响最大，装上风阻制动装置以后，中间车的倾覆力矩的绝对值在各工况下均有较大的增幅，且随风向角的增大而增大，90°时达到最大值 9 727 N・m；头车和尾车的倾覆力矩也有微小增加，随风向角的增大，影响加剧，但总体增加值较小。

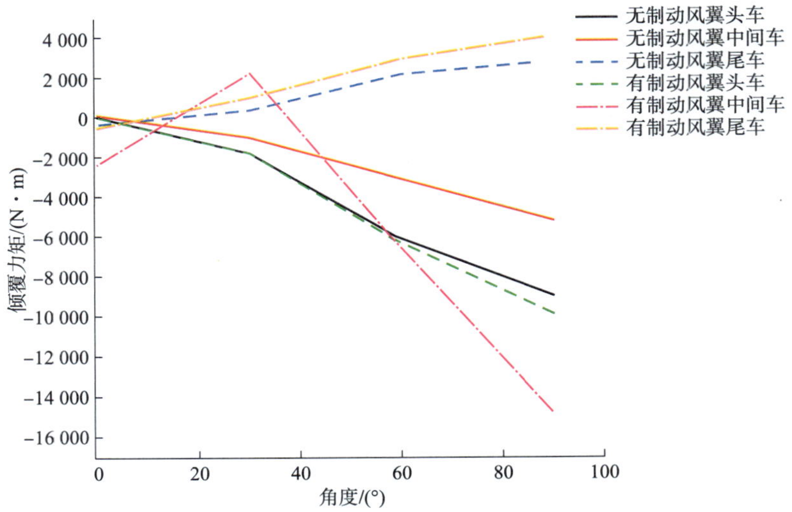

图 4-54　有制动风翼列车二和无制动风翼列车各节车所受倾覆力矩对比

有制动风翼列车二和无制动风翼列车各节车所受升力对比如图 4-55 所示，由图可见：尾车在各工况下均因制动风翼的影响受到了更大的升力，增大幅度基本持平，负向升力的绝对值最多增大了 2 316 N。对于头车和中间车来说，制动风翼的影响较小，升力变化最大的是 30°的工况，最大幅度仅为 968 N。

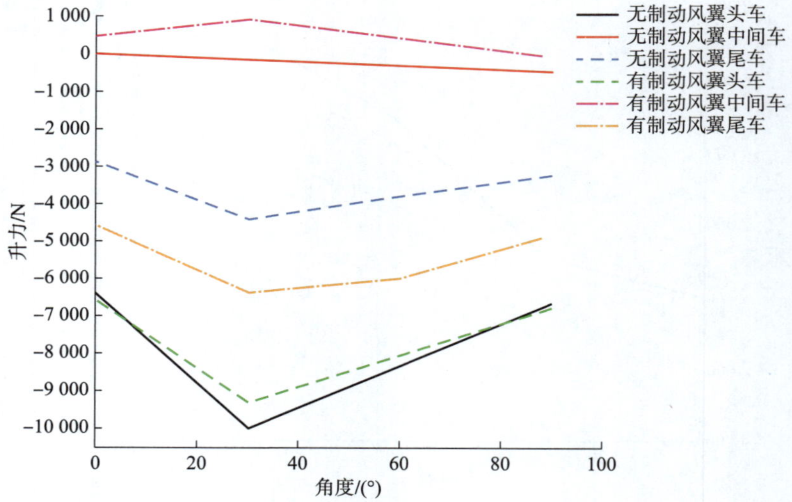

图 4-55　有制动风翼列车二和无制动风翼列车各节车所受升力对比

综上所述，制动风翼安装在中间车上的情况，对各空气动力的影响幅度普遍小于制动风翼安装在头车上的情况。侧向力变化最大值出现在头车上，增幅为 1 052 N；倾覆力矩增长最多为中间车，幅度为 9 727 N·m；对升力最大的影响出现在尾车上，反向升力增加 2 316 N；从侧风角度来看，头车和尾车的极值均出现在 90°工况，中间车出现在 60°、90°和 30°工况。

(3)风阻制动装置装在尾车上(有制动风翼列车三)

有制动风翼列车三和无制动风翼列车各节车所受侧向力对比如图 4-56 所示，由图可

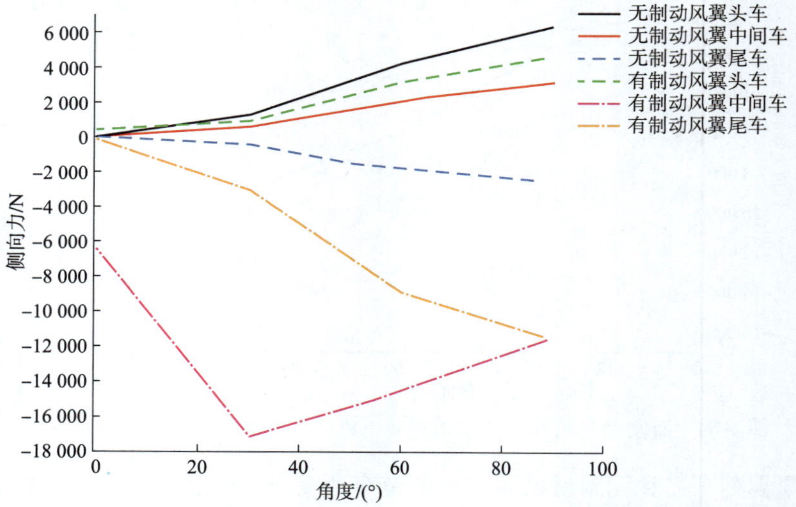

图 4-56　有制动风翼列车三和无制动风翼列车各节车所受侧向力对比

见：制动风翼安装在尾车上，对头车的侧向力影响较小；对中间车的侧向力影响力最大，最大幅度出现在 30°工况，绝对值的增幅为 16 588 N；对尾车的侧向力影响次之，最大幅度出现在 90°工况，增幅为 9 100 N。

有制动风翼列车三和无制动风翼列车各节车所受倾覆力矩对比如图 4-57 所示，由图可见：制动风翼安装在尾车的工况，制动风翼对头车的倾覆力矩的影响较小，小角度侧风时使之增大，大角度侧风时使之减小，最大增大幅度约为 1 300 kN・m，最大减小幅度约为 3 781 N・m；制动风翼对中间车的影响较大，除 0°工况以外，各工况倾覆力矩的绝对值均有较大的增长，在 30°时增幅最大，约为 11 345 N・m；对尾车也有较大影响，使倾覆力矩转向并减小，为有利影响，减小幅度最大为 9 834 N・m。

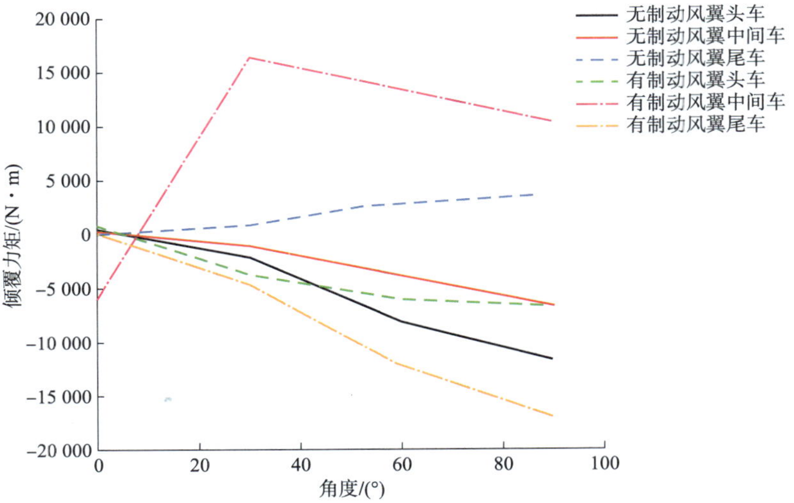

图 4-57　有制动风翼列车三和无制动风翼列车各节车所受倾覆力矩对比

有制动风翼列车三和无制动风翼列车各节车所受升力对比如图 4-58 所示，由图可见：对于制动风翼安装在尾车的情况，制动风翼对头车的影响很大，升力增幅达到 14 808 N，对列车的稳定性可能造成较大的不良影响；制动风翼对中间车的影响也很大，中间车从所受升力几乎为零变化到受到一个较大的负向升力，增大了列车黏着，为有利影响，在 30°工况时增到最大，接近 10 000 N；制动风翼在各风向角下对尾车的影响幅度都较小，最大为 4 200 N，在小角度时使得负向升力绝对值减小，在大角度时使负向升力绝对值增大。

综上所述，对于制动风翼安装在尾车的情况，从侧向力和倾覆力矩上来看，对头车的影响较小，对中间车影响最大，尾车次之，侧向力和倾覆力矩增长幅值最大均出现在 30°风向角下的中间车上，分别为 16 588 N 和 11 345 N・m；从升力上来看，对头车的不利影响最大，升力在 90°时增长了 14 808 N，对中间车和尾车的影响为有利影响，中间车的变化较大，为 30°风向角时出现的−9 862 N；从侧风角度上来看，头车和尾车的极值均出现在 90°工况，而中间车出现在 30°工况。

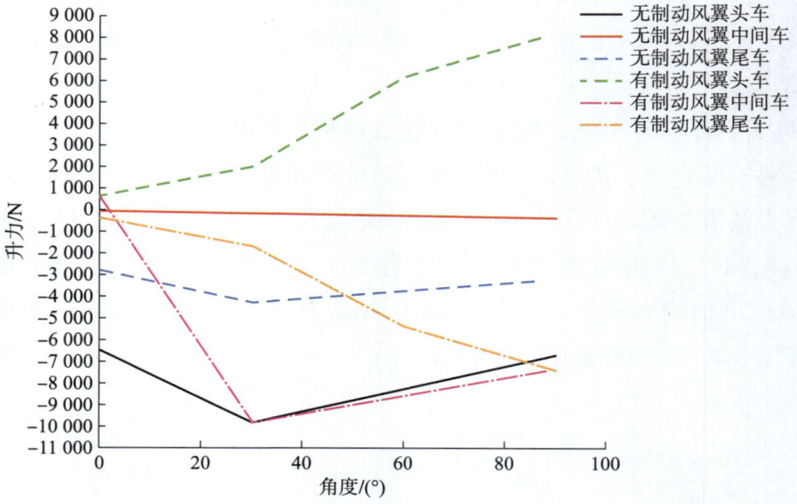

图 4-58　有制动风翼列车三和无制动风翼列车各节车所受升力对比

(4)从空气动力学的角度分析风阻制动装置与车体结构接口的耦合关系

综合以上研究发现,从气动力的角度来看,制动风翼安装在尾车的情况有较大不利影响,3 个气动分力的变化幅值都远远大于制动风翼安装在头车和中间车的工况;而制动风翼安装在头车和中间车的情况的影响有大有小,且数值相近,非常需要结合动力学结果进行分析比较。从侧风角度上来看,头车和尾车的极值大多出现在 90°工况,中间车则在 30°工况下受影响最多。

4.2.5.2　列车运行安全性分析

将气动六分力输入列车动力学模型,进行动力学仿真。以脱轨系数作为安全性运行指标,取每节车辆 4 个轮对在仿真过程中所出现的最大脱轨系数作为该节车辆的脱轨系数指标。

1. 风阻制动装置装在头车上(有制动风翼列车一)的脱轨系数

有制动风翼列车一和无制动风翼列车的各节车脱轨系数对比如图 4-59 和表 4-21 所示,由图表可见:头车在各角度侧风下脱轨系数均有减小,30°和 60°工况下减小较多,最大减小幅度为 0.050;对中间车来说,脱轨系数在各角度下也均有增加,0°和 30°工况增加幅度较大,最大幅度约为 0.040;尾车的脱轨系数有增有减,在 60°工况之后有制动风翼的列车的脱轨系数反而减小,最大增大幅度为 0.037,最大减小幅度为 0.026。全列车最大脱轨系数为 0.416,出现在 60°风向角下的中间车上。

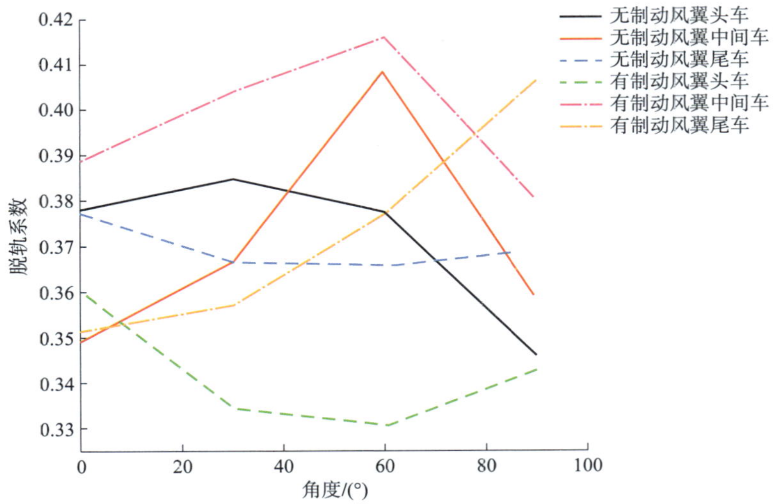

图 4-59　有制动风翼列车一和无制动风翼列车各节车脱轨系数对比

表 4-21　有制动风翼列车一和无制动风翼列车各节车脱轨系数变化值

风向角	头　车	中间车	尾　车
0°	−0.019	0.040	−0.026
30°	−0.050	0.035	−0.010
60°	−0.047	0.007	0.011
90°	−0.004	0.022	0.037

2. 风阻制动装置装在中间车上(有制动风翼列车二)的脱轨系数

有制动风翼列车二和无制动风翼列车的各节车脱轨系数对比如图 4-60 和表 4-22 所示。

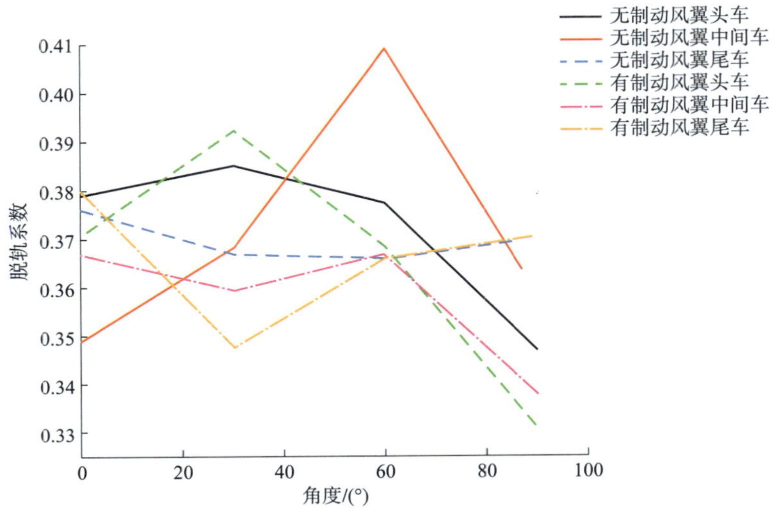

图 4-60　有制动风翼列车二和无制动风翼列车各节车脱轨系数对比

表 4-22　有制动风翼列车二和无制动风翼列车各节车脱轨系数变化值

风向角	头　车	中间车	尾　车
0°	−0.008	0.018	0.003
30°	0.008	−0.009	−0.019
60°	−0.009	−0.042	0
90°	−0.017	−0.020	0.001

由图表可见，各节车在不同风向角下的脱轨系数有增有减，各车辆最大减小幅度分别为 0.017、0.042 和 0.019，最大增大幅度分别为 0.008、0.018 和 0.003。全列车最大脱轨系数为 0.392，出现在 30°风向角下的头车上。

3. 风阻制动装置装在尾车上(有制动风翼列车三)的脱轨系数

有制动风翼列车三和无制动风翼列车的各节车脱轨系数对比如图 4-61 和表 4-23 所示。

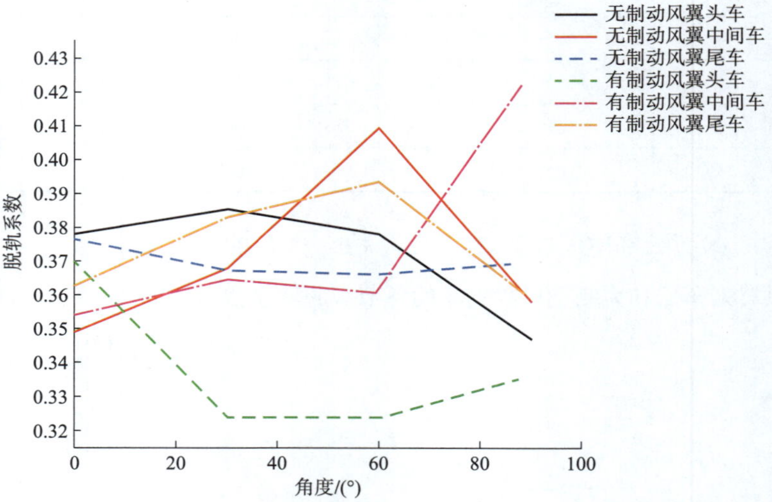

图 4-61　有制动风翼列车三和无制动风翼列车各节车脱轨系数对比

表 4-23　有制动风翼列车三和无制动风翼列车各节车脱轨系数变化值

风向角	头　车	中间车	尾　车
0°	−0.009	0.005	−0.014
30°	−0.061	−0.004	0.017
60°	−0.054	−0.049	0.027
90°	−0.011	0.067	−0.011

由图表可见，制动风翼安装在尾车，对头车的脱轨系数的影响均为有利的，最大减小幅度为 0.061；对中间车的影响有利有弊，最大增大幅度为 0.067，最大减小幅度为 0.049；对尾车的影响也有利有弊，最大增大幅度为 0.027，最大减小幅度为 0.014。全列车最大脱轨系数增大至 0.425，出现在 90°风向角下的中间车上。

4. 从列车运行安全性的角度分析风阻制动装置与车体结构接口的耦合

综合以上仿真结果和分析可知，制动风翼对列车安全性产生的影响有利有弊，有时甚至能在一定程度上增强列车的稳定性。无论制动风翼安装在头车、中间车还是尾车上，风阻制动装置使脱轨系数最大增加幅度仅为 0.067，最大脱轨系数为 0.425，远远小于规定的优良标准 0.6，完全符合车辆运行安全性标准规定。从制动风翼的不同安装位置来看，与空气动力学分析具有一致性，安装在尾车上的情况有较大不利影响，从其脱轨系数的增幅及最大脱轨系数中得到体现；安装在中间车上造成的影响，无论是有利还是有弊，都是最小的，其最大脱轨系数也最小。

4.3　风阻制动装置结构安全性分析

风阻制动装置结构安全性是风阻制动技术研究的重要组成部分，需要进行多项仿真试验，其中包括静强度分析、疲劳强度分析、冲击强度分析以及鸟撞试验。这些试验将通过采用仿真设计手段和试验研究相结合的方法，相辅相成地进行。数值仿真分析既能对风阻制动装置的外形、结构设计以及材料的选择等进行全面的分析，在设计初期的方案选择中提供参考，还能为风阻制动装置的风洞试验、风载荷试验、鸟撞试验以及相关功能试验方案可行性分析提供依据。通过这些研究，能够确保风阻制动装置在使用过程中的结构安全性，提高列车行驶的稳定性和安全性。

本节采用静强度分析、疲劳强度分析、冲击强度分析三种有限元分析方法来探究风阻制动装置的结构强度，形成风阻制动装置结构强度分析方法。

4.3.1　结构强度分析基本思路

风阻制动装置结构强度分析需要进行静强度、疲劳强度和冲击强度等仿真分析以及相关试验。风阻制动装置结构强度分析流程如图 4-62 所示。

首先通过流体仿真软件计算获得制动风翼所承载的风载荷，得到制动风翼压力云图。随后以制动风翼所受气动力作为外力载荷进行静强度仿真分析，得到装置结构各部件等效应力云图，校核装置各部件是否满足材料强度要求；进行疲劳强度仿真分析时，通过长时间的循环载荷测试，以模拟实际运行条件下装置的疲劳寿命，导入风阻制动装置模型，采用六自由度压力作为制动风翼载荷，将时间序列设置为白噪声，得到风阻制动装置疲劳寿命云图与疲劳损伤

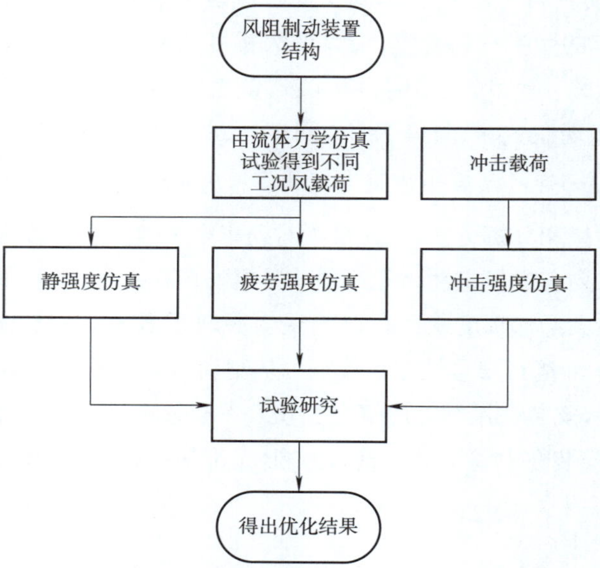

图 4-62　风阻制动装置结构强度分析流程

云图，以确定其使用寿命和安全性；进行冲击强度仿真分析时，需要对风阻制动装置在发生意外情况时的承载能力进行测试，模拟不同方向和强度的冲击载荷。其中，鸟体采用水材料，将列车行驶速度作为鸟体初速度，得到风阻制动装置在鸟体冲击下的等效应力分布与应变分布，与材料的许用应力进行对比分析，确定装置在外物撞击下的安全性。最后采用风载荷试验台对风阻制动装置进行静强度和疲劳强度试验验证。静强度试验是测试风阻制动装置在静载荷作用下的性能和强度，风载荷试验台出口风速为一固定值，可取列车最高运行速度。疲劳试验是测试风阻制动装置在交变载荷作用下的性能和强度，风载荷试验台出口风速为交变风速，可取正弦或阶跃函数。冲击强度试验在鸟撞试验设备上进行，用 1 kg 大小的家禽模拟鸟，模拟列车运行最高速度撞击到风阻制动装置，测试风阻制动装置受撞击时的强度和性能。

4.3.2　静强度仿真分析

4.3.2.1　三维模型建立

本节以某一风阻制动装置为例，阐述风阻制动装置静强度仿真分析。根据作用原理，在进行强度分析时主要对关键受力部件（制动风翼、摆臂、传动轴和固定销等）作研究，因此对风阻制动装置的仿真模型进行适当简化。如图 4-63 所示，一副风阻制动装置由两块制动风翼组成，每块制动风翼通过摆臂与传动轴连接；传动轴通过齿轮啮合连接；迎风侧制动风翼开启一定角度后在风压作用下开启至目标角度，并通过齿轮啮合作用带动另一侧制动风翼开启至目标角度。

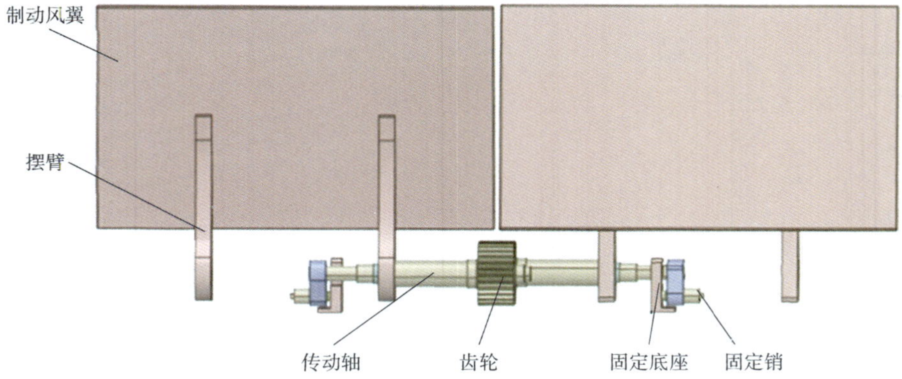

图 4-63　风阻制动装置仿真简化模型

4.3.2.2　材料、载荷及边界条件设置

静力学结构分析通常计算固定不变的惯性载荷对结构的影响，以及可以近似为等价静力作用的随时间变化的动载荷对结构的影响。对于波动范围较小的动载荷，可以根据需求假设成静载荷进行计算。

首先考虑风阻制动装置在列车运行过程中，由于空气流动施加在制动风翼上的载荷随时间发生变化，变化波动范围的绝对值远远小于载荷的绝对值，因此在计算风阻制动力对风阻制动装置产生的应力分布时可以将动载荷视为静载荷进行施加，此时动载荷取平均值。加载的固定载荷由列车空气流体仿真的受力结果进行简化添加，列车的制动风翼受力结果如图 4-64 所示。

添加载荷时需要保证添加方便以及与实际较为吻合，因此，根据制动风翼流场仿真结果云图将载荷分布进行简化，载荷简化分布形式以及大小如图 4-65 所示。

在静载荷强度分析中，主要对制动风翼、摆臂、传动轴、齿轮以及固定销在加载固定载荷的情况下受到的应力进行计算，根据最终计算结果对材料进行选择。材料的选择主要从密度和屈服应力两个方面进行评估。密度决定整个装置的质量，常用的材料选择有合金钢材料和铝合金材料。合金钢材料具有密度大且屈服应力大的特点；铝合金材料具有密度小且屈服应力较小的特点。从理论上分析，制动风翼只受到空气阻力，采用铝合金材料即可；摆臂端部既受到风阻制动力又受到转矩的作用，但是由于摆臂长度较短，受到的扭转力较小，也可采用铝合金材料；传动轴、齿轮在传递风阻制动力的同时还受到扭矩的作用，固定销在工作时受到剪切力的作用，但是传动轴、齿轮、固定销等结构的大小相较于摆臂更小，所产生的应力较摆臂更大，都采用 40Cr 类钢材，具有很高的屈服应力。

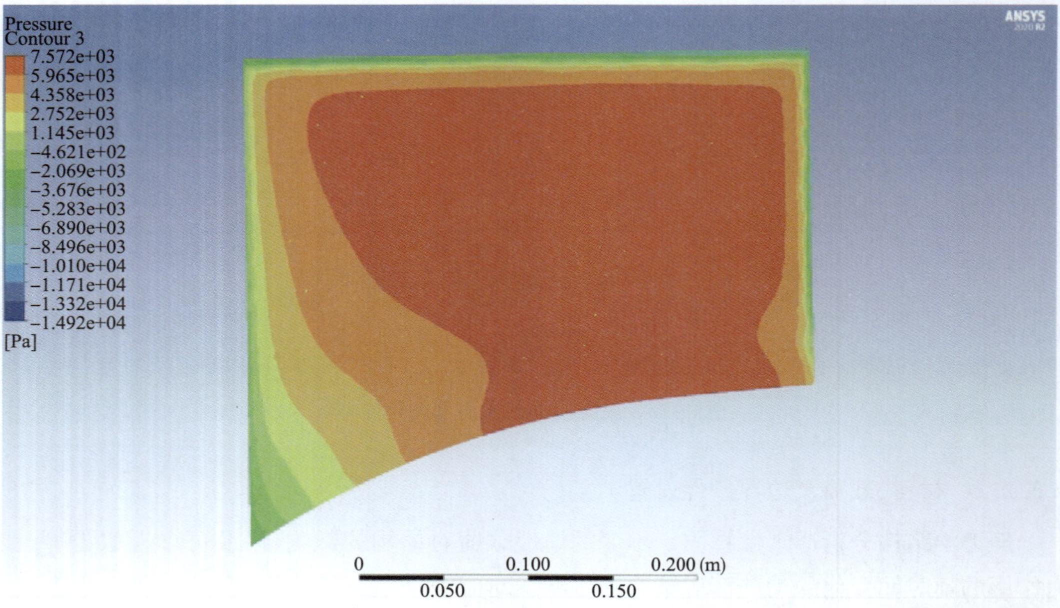

（a）制动风翼1

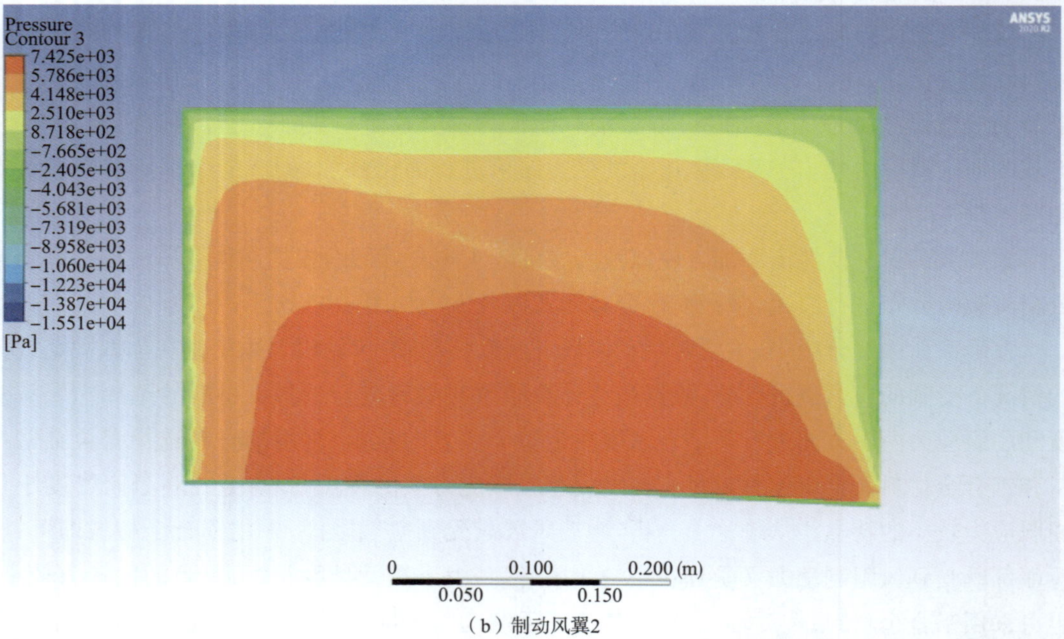

（b）制动风翼2

图 4-64　制动风翼受力情况

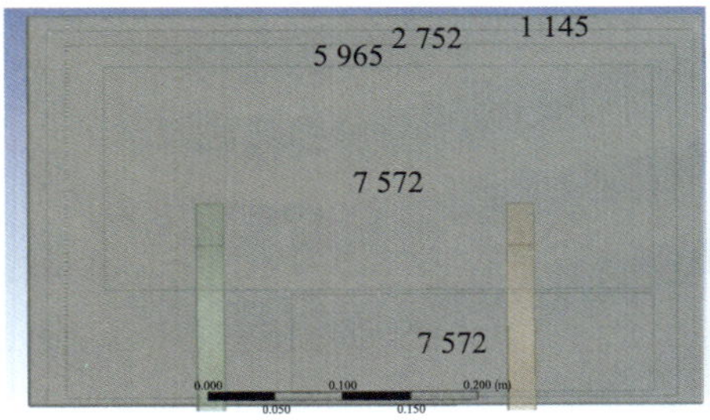

（a）制动风翼1

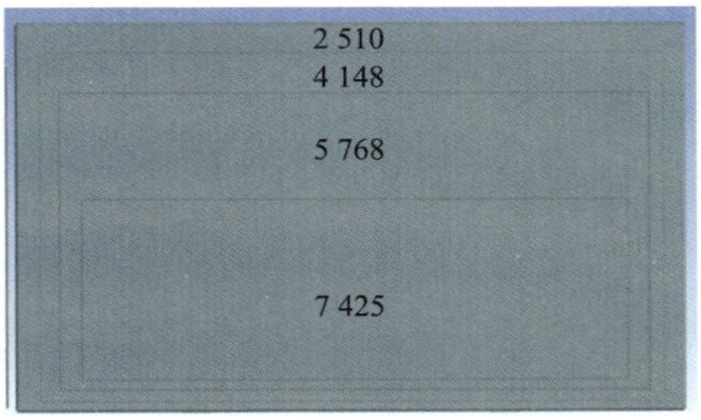

（b）制动风翼2

图 4-65　载荷简化分布形式及大小(单位:Pa)

风阻制动装置结构分析中提到,齿轮之间由于电机的约束效果,x、y、z 三个方向的自由度被约束,旋转自由度释放,因此齿轮之间采用“No Separation”接触;固定销与固定底座之间由于弹簧的约束效果,固定销的 x、y、z 三个方向的自由度被约束,旋转自由度释放,因此固定销与固定底座之间也采用“No Separation”接触;其余模型之间互相的六个自由度都被约束,因此都采用“Bonded”接触。

在静载荷仿真中,基于上述对受力情况以及部件大小的分析,决定对固定销、传动轴、齿轮进行细致划分;对于制动风翼和摆臂采用较大的网格进行划分。对于某些比较规整的模型,可以采用“Multizone”模式进行划分,计算结果更为精确。

根据实际情况对模型添加三个约束,如图 4-66 所示。首先,对靠近外侧的两个摆臂约束自由度,添加“Remote Displacement”约束,即假设制动风翼承受载荷的方向为 x 方向,约束摆臂 x 方向的位移自由度,释放其他自由度。然后,考虑到去除了与传动轴连接的固定底座,所以在原来与轴承连接处添加约束,约束类型与上述“Remote Displacement”约束相同。最后,在与固定销进行约束的固定底座添加“Fixed Support”约束。

图 4-66　约束添加

为模型添加载荷时,需要根据车体流场仿真后的制动风翼载荷分布来添加。为简化载荷的添加,在制动风翼上进行区域划分,并按照区域最大载荷数据进行载荷添加。设置的最后输出结果为应力分布云图和应变云图。

4.3.2.3 静强度仿真结果分析

(1)制动风翼应力分析

制动风翼应力分布如图 4-67 所示,制动风翼应力分布在 20 MPa 以内,最大形变为 7 mm。铝合金材料的屈服应力远远大于该数值,因此在静载荷的仿真中,铝合金材料满足应力要求。

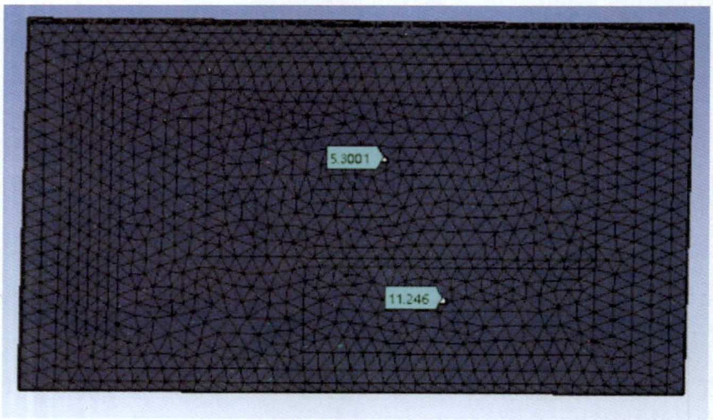

图 4-67 制动风翼应力分布

(2)摆臂应力分析

摆臂应力分布如图 4-68 所示。对于摆臂的不同位置,应力的大小不同。由于传动轴和齿轮的存在,外侧摆臂承受的最大载荷和内侧摆臂相比,载荷相对较小。内侧摆臂承受应力主要集中在与制动风翼连接处,应力不超过 50 MPa。摆臂与传动轴的连接处,在扭转力与风阻制动力的作用下,受到的应力较大(12 MPa 左右)。

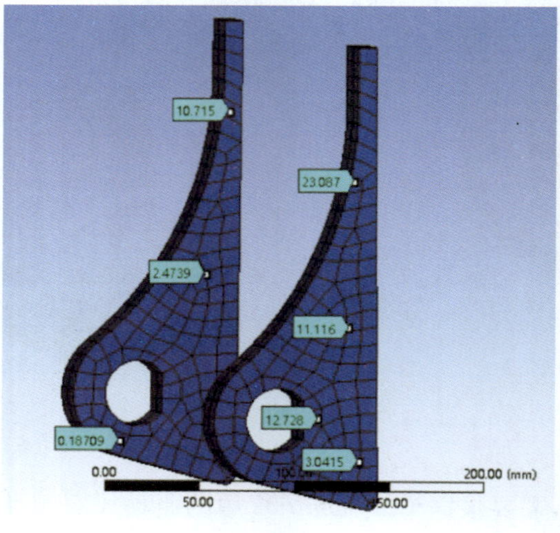

图 4-68 摆臂应力分布

(3)传动装置应力分析

传动装置应力分布如图 4-69 所示。应力集中主要分布在传动轴端部、传动轴与摆臂连接处、齿轮与齿轮啮合处。传动轴端部直径小,在扭转力的作用下,受到的应力最大(250 MPa 左右),从端部到中间处应力逐渐减小。传动轴与齿轮连接处,受到的应力不均匀,靠近齿轮啮合处的连接部位受到的应力比较集中。齿轮啮合处,齿轮顶部受到的应力分布相较于根部更大。当列车双向行驶时,列车受到的载荷相同,齿轮啮合处靠近下方受到的应力更为集中,更容易受到损坏。由图 4-69 可知,齿轮啮合处的应力小于传动轴的端部,由于传动轴与齿轮是一体的,因此满足传动轴端部的应力条件即可。

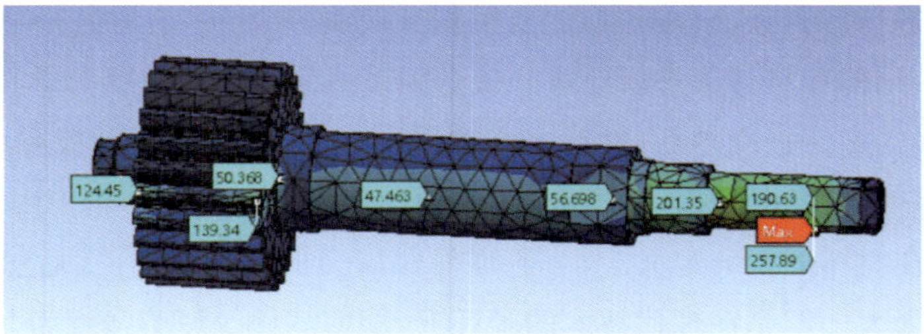

图 4-69　传动装置应力分布

(4)固定销剪切应力分析

固定销的应力分布如图 4-70 所示。固定销相较于传动轴的直径更小,因此应力值较大。固定销受到的应力处于较高水平,在 200 MPa 以上。在固定销与固定底座的接触面上,由于直径从外到内逐渐减小,因此受到的应力逐渐增大;最大应力位于固定销的端部,最大值为 294.3 MPa。考虑到固定销主要作用部位在圆柱部分,因此应力主要为 200 MPa。固定销与传动轴的连接结构作为力的传递机构,受到的应力较小,整体在 100 MPa 左右。但是连接结构与传动轴的接触面、与固定销的接触面受到的应力较大。

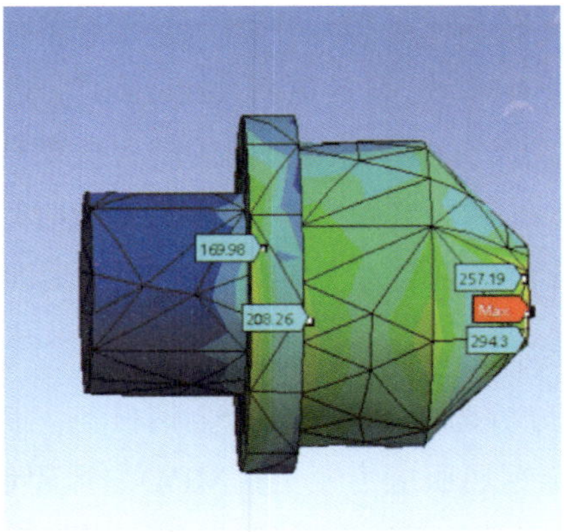

图 4-70　固定销的应力分布

4.3.3 疲劳强度仿真分析

4.3.3.1 材料及边界条件设置

疲劳是一种隐藏的机械损伤过程，时时刻刻在进行，任何材料都无法避免。在这一过程中即使名义应力低于材料的屈服强度，载荷的反复变化也将引起材料的失效。疲劳损伤的产生，会使零件的使用时间有限，即材料的使用寿命。零件的实际使用时间，超过了零件的使用寿命时，零件会发生损坏。工程零件的疲劳强度不仅关系到自身的疲劳寿命，同时也关系到装置整体的寿命。因此，分析零件的疲劳损伤并进行寿命计算，在工程设计中有着重要的影响。对零件进行疲劳强度分析时，需要根据载荷类型、零件结构进行分析，然后采用相应的方法对材料、结构和尺寸等进行改进。疲劳强度的影响因素包括力学、结构和材料。平均应力越大，材料的疲劳强度越低；材料的抗拉强度越大，零件的疲劳极限上限越大。材料的应力越集中，零件产生疲劳破坏的概率越大，因此降低材料的应力集中因素是降低零件疲劳的重要手段。在材料的疲劳定义上，一般零件在应力循环 1×10^7 次后保持完好，即材料的疲劳强度为无限大。但是在现代技术的验证下，即使零件的疲劳强度为“无限”，零件依然有可能发生断裂。

对于工程上来讲，当零件的疲劳寿命大于 1×10^7 次后，零件寿命在工程上完全够用。疲劳寿命的仿真需要先在 Static Structural 模块对整体进行单位静载荷仿真，得到模型的变形趋势，然后在 Ncode SN Timeserise 模块中设置白噪声激励，使其成为准静态随机振动。疲劳寿命仿真的材料根据静载荷仿真与碰撞仿真后确定的材料进行设置。疲劳寿命仿真属于动载荷仿真的范畴，接触类型与静载荷仿真相同。疲劳寿命仿真是对模型整体的网格划分后的节点进行疲劳损伤分析和寿命预估，因此划分网格时应当在电脑条件和时间资源允许的情况下尽可能划分细致，能够提高结果精准性。

动载荷仿真与静载荷仿真的约束条件添加相同。动载荷仿真添加的载荷为每块板 1 N，载荷激励在 Ncode SN Timeserise 模块中添加。当静载荷仿真结果计算完成后，将结果添加进 Ncode SN Timeserise 模块，并且更新“Solution”。进入 Ncode SN Timeserise 模块后，导入模型，为了模拟制动风翼在开启后受到的随机振动载荷，将时间序列设置为白噪声模式，设置载荷大小为 1 200 N，设置频率为 100Hz，持续时间 1 s。Ncode SN Timeserise 模块不会默认设置材料，因此需要再次为模型添加材料，然后即可开始计算。

4.3.3.2 疲劳强度仿真结果分析

对风阻制动装置的寿命分析选用铝合金和合金钢材料。制动风翼采用铝合金材料，其他结构采用合金钢材料（合金钢屈服应力 1 400 MPa）。风阻制动装置的疲劳寿命分布如图 4-71 所示，由图可知：制动风翼和摆臂在随机振动中疲劳寿命远远超过 1×10^7 次；传动轴的平均应力较大，其寿命从端部向齿轮处先减小后增大；固定销的平均应力大，应力较为集中，疲劳寿命小。风阻制动装置疲劳损伤分布如图 4-72 所示。

图 4-71　风阻制动装置疲劳寿命分布

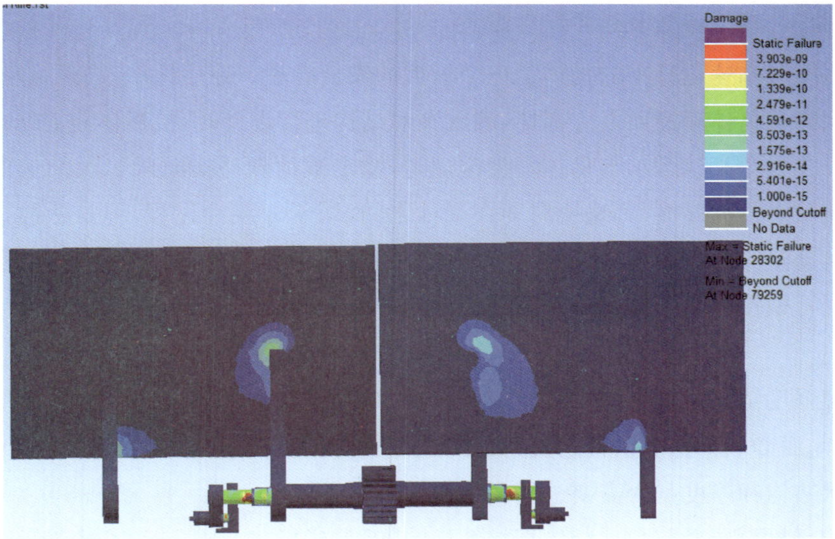

图 4-72　风阻制动装置疲劳损伤分布

4.3.4　碰撞强度仿真分析

4.3.4.1　三维模型建立

在仿真分析中，为了便于建立模型和计算，将鸟体模型等效为两端为半球的圆柱形模型。鸟体的质量根据需求进行不同的选择，常见鸟体模型的密度为 0.95～1.00 g/cm^3，质量在 1～3 kg 之间。此处设计的鸟体模型长 200 mm，直径 100 mm，总质量为 1.1 kg，如图 4-73 所示。

图 4-73　鸟体简化模型

风阻制动装置仿真模型仍然采用静载荷强度分析中的模型。碰撞强度分析主要对制动风翼的损坏程度以及其他机械构件的应力分布进行分析。

4.3.4.2　材料、碰撞参数及边界条件设置

鸟体碰撞对高速运行中的物体是一个极大的安全隐患。在生活中，高速运动的车辆、飞机等常常因为与鸟体碰撞而发生损坏，因此在对结构进行设计时，抗鸟体碰撞结构强度设计极其重要。在列车高速运动与鸟体发生碰撞时，撞击载荷随碰撞时间以及结构的变形发生变化。高速状态下的碰撞，其碰撞时间在毫秒之间，属于非线性过程，但是碰撞过程中遵循质量、能量、动量守恒。制动风翼在列车高速运行过程中可能与鸟体发生碰撞而损坏，因此利用软件进行模拟仿真，分析应力分布、模型的应变以及损坏程度，进行结构设计或者材料替换。

在碰撞强度仿真分析中，主要查看制动风翼是否受到损坏以及每个部件的应力分布云图，并结合前面静载荷强度仿真的应力云图进行分析，判断所选材料是否满足要求以及制动风翼的形状结构和厚度是否需要进行优化设计。

碰撞仿真材料选择与静载荷仿真材料相同，但是碰撞仿真对制动风翼的影响比静载荷仿真对板的影响更大，应先采用铝合金进行仿真，如果最终结果不满足要求，则将铝合金替换成合金钢材料，或者对板的结构进行重新设计。鸟体碰撞过程是一个非常复杂的过程，在碰撞过程中，鸟体会发生剧烈的变形，最终像一团水一样向周围溅射。当速度足够大时，鸟体承受的压力远远高于材料的剪切强度，此时材料的抗变形能力可以忽略不计。碰撞体的材料采用 Water2 材料，该材料与人体密度相似，并且模型碰撞后破坏情况与真实情况接近。碰撞仿真的计算需要有材料的模量等一些数据，在给模型赋予材料后需要为材料添加

Johnson Cook 模型并设置参数。碰撞仿真的碰撞时间极短，因此可以近似将模型之间的接触看作"Bonded"接触。

在碰撞仿真中，主要对制动风翼、固定销和传动装置进行分析，判断制动风翼的变形程度以及制动风翼、传动装置是否被损坏，观察传动装置的应力分布云图以及固定销的应力分布云图。因此对网格进行划分时，对制动风翼、传动轴、齿轮和固定销的划分都要精细，对摆臂划分可以相对粗略。碰撞体的碰撞变形对制动风翼碰撞的最终结果影响很大，所以在考虑电脑的配置和时间资源的情况下适当对碰撞体进行更精细的划分，并适当加长碰撞持续时间，保证碰撞结果更准确。碰撞仿真的约束条件与静载荷仿真的约束条件相同。载荷约束完成后需要对碰撞体进行设置，赋予碰撞体速度以及碰撞体运动持续时间。本次仿真将鸟体碰撞速度设置为 400 km/h，设置碰撞时间为 0.006 s，最终输出应变分布云图和应力分布云图。

4.3.4.3　碰撞仿真结果分析

1. 制动风翼应力分析

碰撞体与制动风翼碰撞结果如图 4-74 所示。碰撞体如液体一般向周围溅射，被碰撞的制动风翼发生位移(最大位移 20 mm)。制动风翼受到碰撞，碰撞力向下传递，传动装置、固定销等产生的应力远远大于静载荷产生的应力，而未被碰撞的制动风翼由于碰撞力的传递以及鸟体破坏后向四周的溅射产生的冲击，也发生变形，但是未被破坏。

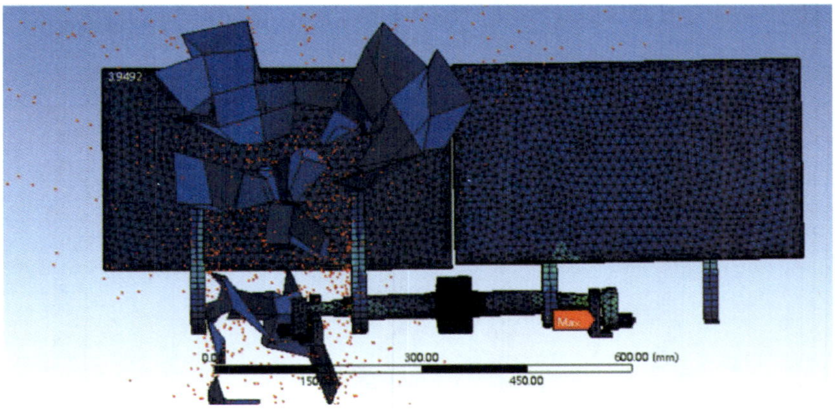

图 4-74　碰撞体与制动风翼碰撞结果

制动风翼应力分布如图 4-75 所示，被碰撞处的应力较大，在 50 MPa 左右；制动风翼与摆臂连接处应力最大，可以达到 190 MPa。综合静载荷分析与碰撞载荷分析，制动风翼在静载荷情况下即使受到碰撞，受到的总应力小于 300 MPa，远小于铝合金的屈服应力，因此制动风翼采用铝合金材料进行制作，满足应力要求的同时，还能减轻风阻制动装置的整体质量。

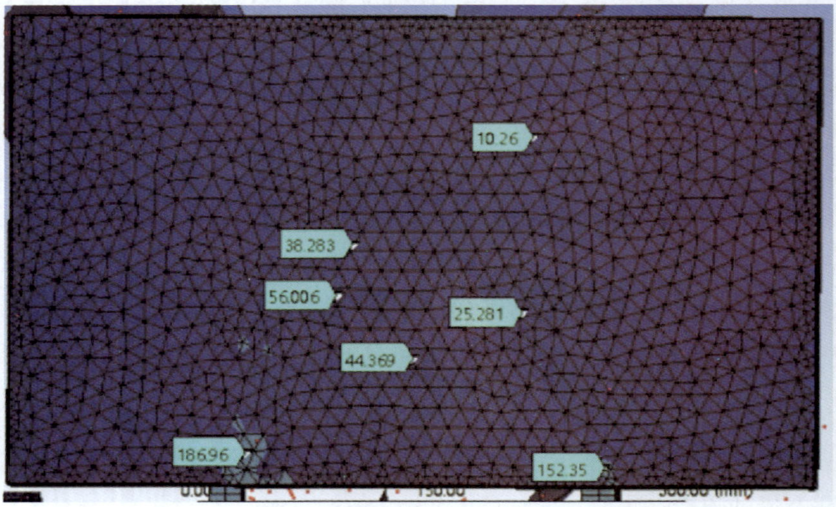

图 4-75　被碰撞制动风翼应力分布

2. 摆臂应力分析

摆臂应力分布如图 4-76 所示。在碰撞情况下，摆臂从上向下应力分布依次递增，在中间部分达到最大值 484 MPa，然后向下依次递减。摆臂在“D”字形直边应力较大。根据静载荷的分析结果与碰撞分析结果，摆臂无法使用铝合金材料，因此对摆臂采用合金钢材料，该合金钢材料的屈服应力应当大于 750 MPa。

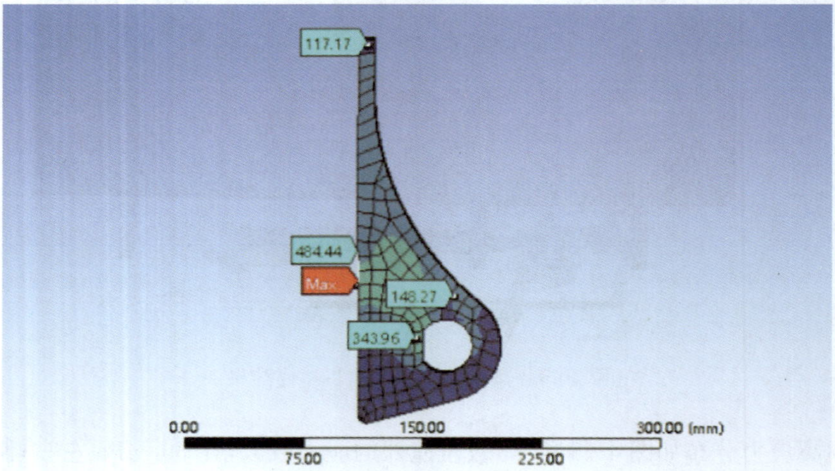

图 4-76　摆臂应力分布

3. 传动装置应力分析

传动轴应力分布如图 4-77 所示。其应力分布从端部向中间逐渐增大,最大应力位于摆臂与传动轴连接处,最大应力值为 825 MPa;应力从摆臂到传动轴与齿轮连接处逐渐减小。根据静载荷分析与碰撞应力分析,传动轴若在碰撞下保证安全,则传动轴材料需要采用合金钢,并且材料的应力屈服强度大于 1 200 MPa。

齿轮应力分布如图 4-78 所示。其应力在齿轮啮合处存在最大值,约为 90 MPa。在非啮合区域,齿轮应力远远小于 90 MPa。结合静载荷强度应力分析,齿轮应力远远小于传动齿轮。因此传动装置采用合金钢材料,屈服应力大于 1 200 MPa 即可。

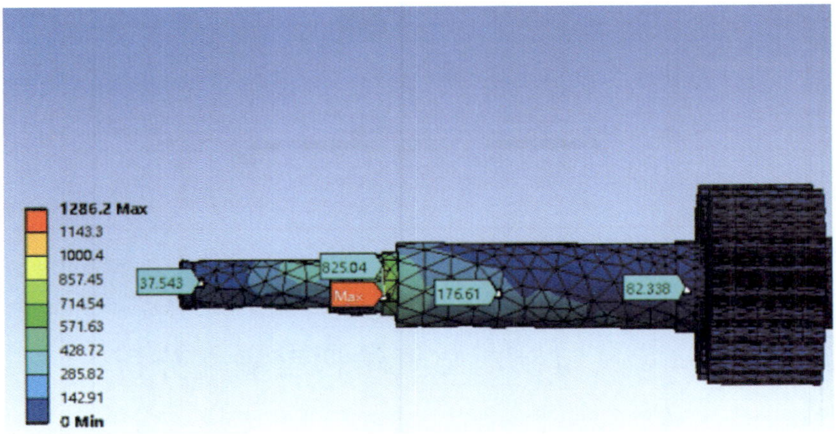

图 4-77 传动轴应力分布

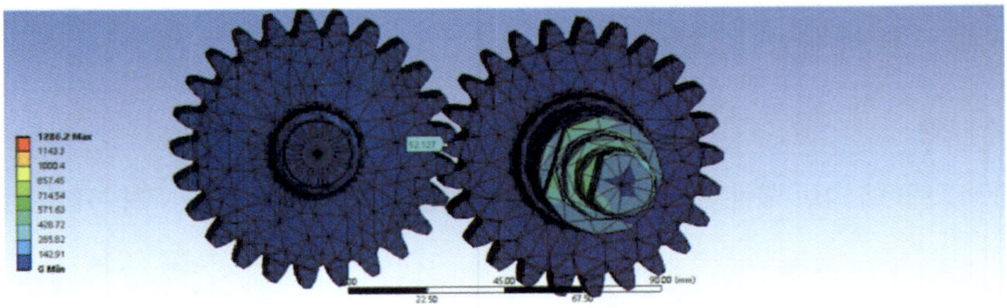

图 4-78 齿轮应力分布

4. 固定销应力分析

固定销应力分布如图 4-79 所示。固定销具有直径小、受力大的特点,是风阻制动装置中应力较大的部件,其强度要求很高。从图中可以看到,由于端部直径更小,因此应力更大,最大出现在端部,达到 1 117.9 MPa。从端部向中间随着直径的增大,应力逐渐变小。固定销作为固定制动风翼展开角度的部件,主要受到剪切力,并且主要承受力的部位为图中的圆柱部分，应力在 800 MPa 左右。因此根据静载荷分析和碰撞分析的应力分布可以得到，固定销材料采用与传动轴一样的材料，屈服应力大于 1 200 MPa 即可。

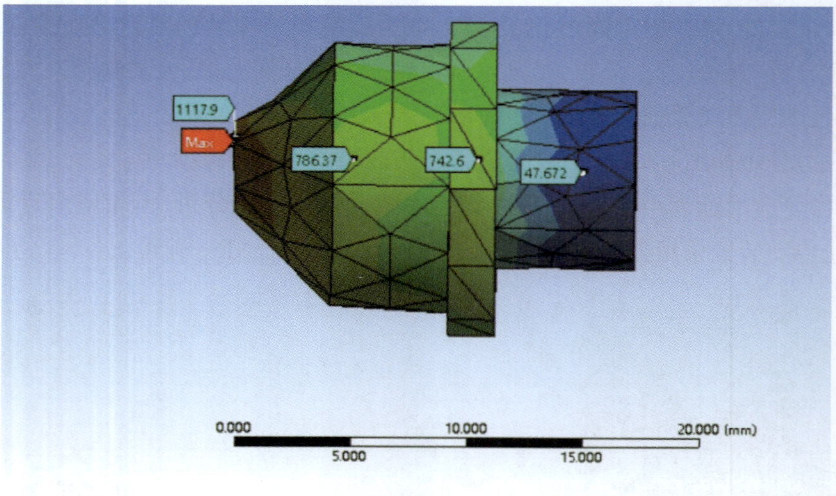

图 4-79 固定销应力分布

4.4 风阻制动装置结构可靠性分析

本节采用故障树分析方法从定性与定量两方面分析风阻制动装置的可靠性，并通过小型化风阻制动装置案例，探究其工作可靠性，形成风阻制动装置的可靠性分析方法。

4.4.1 结构可靠性分析基本思路

1. 建模步骤

风阻制动装置结构可靠性分析主要基于故障树分析方法，进行故障树建模时，需要进行以下步骤：

(1)了解系统的组成和工作原理，找到系统的故障状态和导致故障发生的原因以及故障发生的机理，确定故障树的顶事件(顶事件一般被设定为整个系统处于故障时的状态事件)。

(2)构建故障树。

(3)对故障树进行分析梳理，整理合并相关逻辑门。

(4)对故障树进行定性分析，找出最小割集。

(5)对故障树进行定量计算，求解相关目标参数，如顶事件故障率等。

2. 建模方法

常用的建立故障树模型的方法主要有两类：

(1)人工构建故障树模型。这种方法适用于比较简单、基础事件较少的系统，首先确定顶事件，从上到下根据逻辑关系连接各个中间事件直到底事件即基本事件为止，即可构建一个比较简单的故障树。

(2)利用计算机进行建模。通过计算机相关程序，将顶事件、中间事件和基本事件按照逻辑整合在一起。计算机建模可以解决复杂系统的可靠性分析问题。

故障树的建造过程，一般分为如图 4-80 所示步骤。

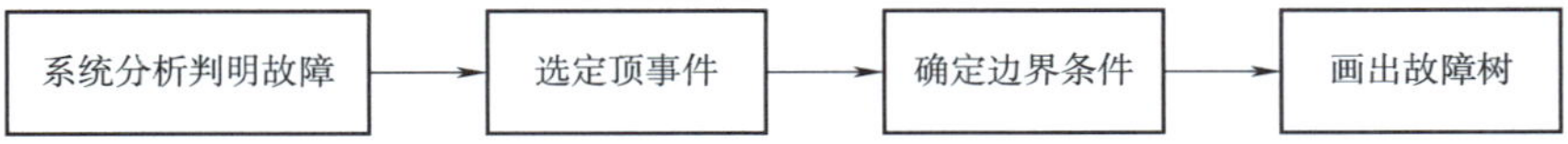

图 4-80　故障树建造过程示意

4.4.2　故障树分析理论

故障树分析法可以对故障树模型展开定性与定量的分析，通过分析找到导致事故发生的主要原因，并识别系统的薄弱环节。一般故障树由事件和逻辑门两部分组成。

1. 事件

一般把事件分为顶事件、中间事件和底事件(基本事件)。

顶事件和中间事件是由其他事件导致的事件，其中顶事件是系统已经发生或是可能发生的事件，它只能是故障树的输出事件；中间事件可以是输出事件也可以是输入事件。

底事件是导致其他事件即中间事件或顶事件发生的原因，底事件主要是导致顶事件发生的最基本的事件。

2. 逻辑门

在故障树分析中使用逻辑门来连接各个事件，常用的逻辑门主要有与门、或门与非门。常用的故障树逻辑门及事件符号与含义见表 4-24。

表 4-24　常用的故障树逻辑门及事件符号与含义

逻　辑　门	图形符号	含　　义
与门	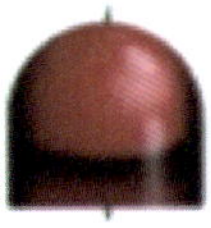	表示所有输入事件发生时，输出事件才发生
或门		表示至少有一个输入事件发生时，输出事件才发生

续上表

逻 辑 门	图形符号	含　义
非门		表示输出事件与输入事件是对立事件
顶事件	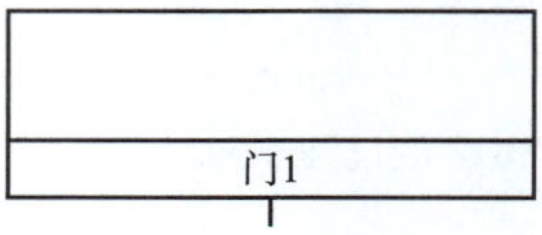	位于故障树顶端，其余事件计算得到的最终结果事件
中间事件	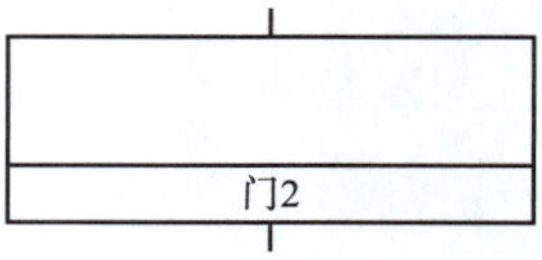	在顶事件和底事件之间，起连接作用，是上层逻辑门的输入事件，同时又是下层逻辑门的输出事件
底事件（基本事件）		在故障树的最下端，代表部件的故障状态

4.4.3　利用故障树进行定性分析

故障树的定性分析主要采用最小割集法。

割集是指导致顶事件发生的若干底事件的集合。最小割集是指导致顶事件发生的数目不可再少的底事件的集合，它表示引起故障树顶事件发生的一种故障模式。通常可采用下行法或上行法求出故障树的最小割集，同时通过最小割集可以判断出系统的薄弱环节。

4.4.3.1　下行法

下行法的基本原则：对每一个输出事件，若下面是或门，则将该或门下的每一个输入事件各自排成一行；若下面是与门，则将该与门下的所有输入事件排在同一行。

下行法的步骤：从顶事件开始，由上向下逐级进行，对每个结果事件重复上述原则，直到所有结果事件均被处理，所得每一行的底事件的集合均为故障树的一个割集。最后按最小割集的定义，对各行的割集通过两两比较，划去那些非最小割集的行，剩下的即为故障树的所有最小割集。

4.4.3.2 上行法

上行法的基本原则：对每一个结果事件，若下面是或门，则将此结果事件表示为该或门下的各输入事件的布尔和（事件并）；若下面是与门，则将此结果事件表示为该与门下的输入事件的布尔积（事件交）。

上行法的步骤：从底事件开始，由下向上逐级进行。对每个结果事件重复上述原则，直到所有结果事件均被处理。将所得的表达式逐次代入，按布尔运算的规则，将顶事件表示成底事件积之和的最简式，其中每一项对应于故障树的一个最小割集，从而得到故障树的所有最小割集。

4.4.4 利用故障树进行定量分析

如有足够的数据，就能够估计出故障树中各底事件发生的概率，则在所有底事件相互独立的条件下，可对故障树进行定量分析。

4.4.4.1 顶事件发生的概率

将故障树模型中的顶事件用 Y 来表示，$X_1,X_2,X_3,\cdots,X_n$ 表示 n 个相互独立的底事件。令

$$X_i=\begin{cases}1, & \text{底事件}X_i\text{发生}\\0, & \text{底事件}X_i\text{不发生}\end{cases} \tag{4-9}$$

顶事件发生的概率是由各底事件按照对应的逻辑关系求解得出，Y 是 X 的函数。因此，故障树的结构函数可以表现为式（4-10）。

$$Y(X)=Y(X_1,X_2,X_3,\cdots,X_n)=\begin{cases}1, & \text{顶事件发生}\\0, & \text{顶事件不发生}\end{cases} \tag{4-10}$$

$Y(X)$代表该故障树的结构函数。

与门的结构函数为

$$Y(X)=\prod_{i=1}^{n}X_i \tag{4-11}$$

或门的结构函数为

$$Y(X)=1-\prod_{i=1}^{n}X_i(1-X_i) \tag{4-12}$$

在通过下行法或上行法求得故障树的最小割集后，可通过其中所包含的底事件发生概率的乘积得到最小割集的发生概率，其具体可表示为

$$P_{\text{最小割集}}=\prod_{i=1}^{n}q_i \tag{4-13}$$

式中 $P_{\text{最小割集}}$——最小割集发生的概率；

q_i——最小割集中所包含的第 i 个底事件的发生概率。

顶事件发生概率的求解通常采用不交型布尔代数法，其概率为各个最小割集发生概率的累加，其计算方法见式(4-14)。

$$Q(q_1,q_2,\cdots,q_n)=\sum_{i=1}^{n}P_{i\text{最小割集}} \tag{4-14}$$

式中 $Q(q_1,q_2,\cdots,q_n)$——顶事件的发生概率；

$P_{i\text{最小割集}}$——第 i 个最小割集发生的概率。

4.4.4.2 底事件概率重要度

第 i 个底事件的概率重要度为

$$I_p(i)=\frac{\partial}{\partial q_i}Q(q_1,q_2,\cdots,q_n) \tag{4-15}$$

第 i 个底事件的概率重要度表示当第 i 个底事件发生概率的微小变化而导致顶事件。

4.4.4.3 底事件关键重要度

第 i 个底事件的关键重要度为

$$I_c(i)=\frac{q_i}{Q(q_1,q_2,\cdots,q_n)}\times\frac{\partial}{\partial q_i}Q(q_1,q_2,\cdots,q_n) \tag{4-16}$$

第 i 个底事件的关键重要度表示底事件发生概率的相对变化率和顶事件发生概率的相对变化率的比值。该指标从敏感度和自身发生概率的双重角度体现底事件的重要度。

4.4.5 结构可靠性分析

4.4.5.1 风阻制动装置工作原理解析

风阻制动装置由驱动单元(电机和传动齿轮组)、锁闭单元(电磁锁)、控制单元、制动风翼组件(制动风翼、摇臂和板上的锁扣)和安装支架等部分组成，如图 4-81 所示。该装置可以实现多级位(多角度)的常用制动和紧急制动功能。其中驱动单元包括电机和传动齿轮组，能够实现制动风翼的小角度打开，制动风翼打开速度和角度的控制，以及制动风翼的回收；锁闭单

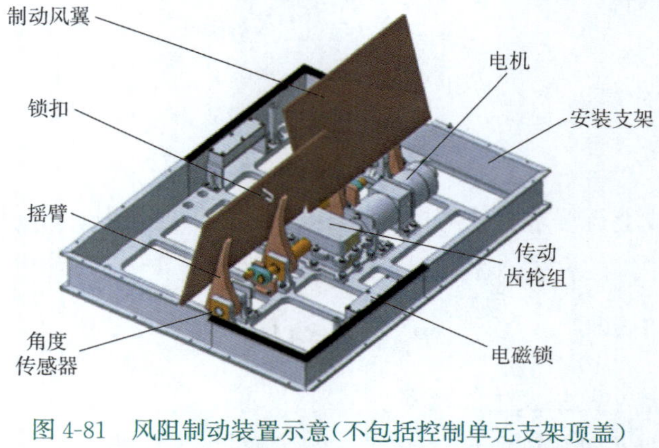

图 4-81 风阻制动装置示意(不包括控制单元支架顶盖)

元的电磁锁能够实现制动风翼的锁闭功能；控制单元主要用来实现制动风翼的动作控制，监控风阻制动装置的工作状态和车辆间装置的信息传输与控制，具有自检、故障诊断和记录功能。制动时通过打开制动风翼增加运行阻力面积，施加风阻制动力，还安装有传感器对相应的动作进行检测。每块板的电磁锁配有位置传感器，检测电磁锁是否动作，为控制器提供反馈信号。图中所示的角度传感器用于测量制动风翼打开角度。由于两块制动风翼反向安装，中间有传动齿轮，因此工作时两块制动风翼打开角度相同，只需要测量一块板的打开角度即可。

根据不同的常用制动指令，制动风翼展开角度有 30°、45°、60°和 75°四挡，并且每挡角度可以持续保持，以实施风阻制动。当车辆失电时，紧急制动回路被触发，制动风翼开启到 75°并保持，实现紧急制动。常用制动、紧急制动和制动风翼回收的工作流程分别如图 4-82～图 4-84 所示。

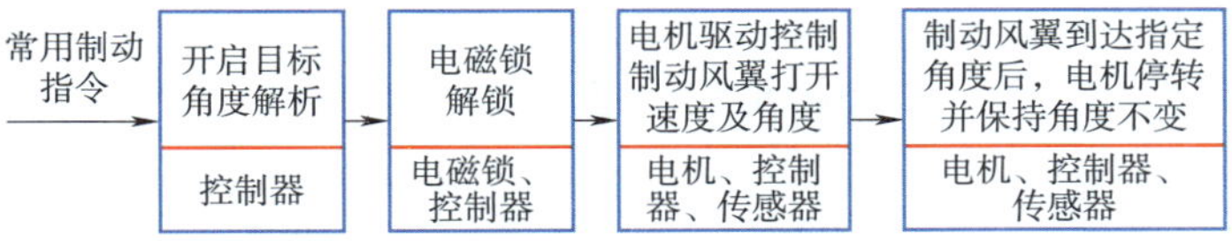

图 4-82　常用制动工作流程

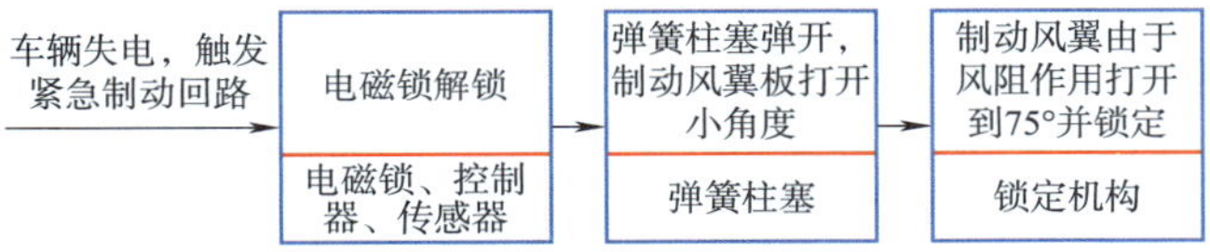

图 4-83　紧急制动工作流程

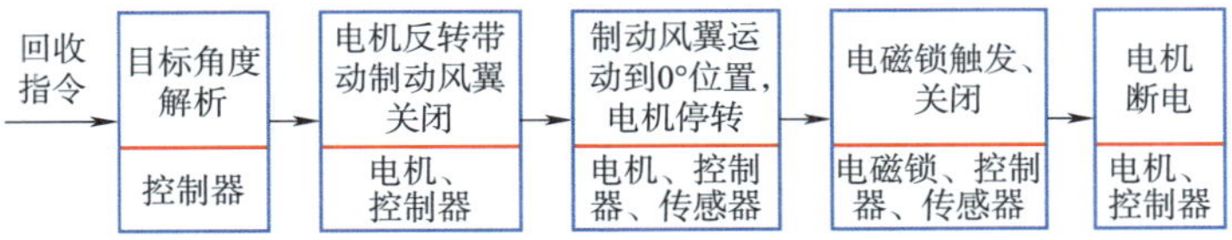

图 4-84　制动风翼回收工作流程

4.4.5.2　可靠性分析

1. 故障树建模

本节采用故障树分析方法对风阻制动装置进行可靠性建模分析，采用 Relex 可靠性平台软件。

风阻制动装置可实现常用制动、紧急制动和制动风翼回收功能，当其中任意一种功能失效时，都会造成装置功能不完整。选择“风阻制动装置功能失效”作为顶事件，建立故障树可靠性模型，如图 4-85 所示。其中的“常用制动功能失效”“紧急制动功能失效”“制动风翼无法回收”均会引起顶事件的发生。

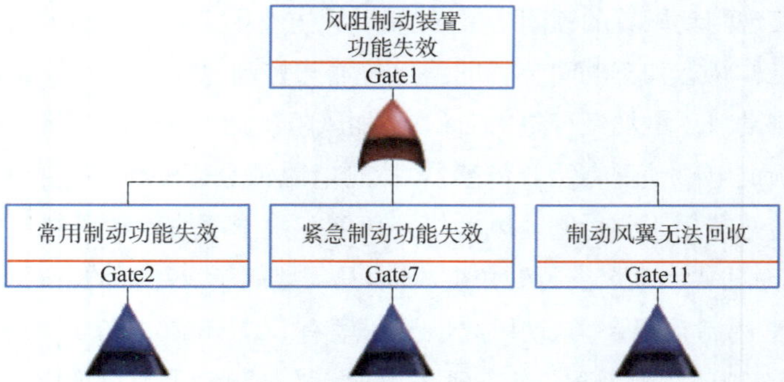

图 4-85　故障树可靠性模型(风阻制动装置功能失效)

分别对“常用制动功能失效”“紧急制动功能失效”“制动风翼无法回收”的情形进行分析,并建立子故障树可靠性模型。

“常用制动功能失效”的子故障树可靠性模型如图 4-86 所示。常用制动指令通过驾驶员发出,控制器解析制动指令,控制电磁锁失电解锁,解锁后由电机带动制动风翼打开,到达指定角度(30°、45°或 60°)后电机停转并保持角度不变,或是到达 75°后电机停转,机械锁定机构将锁止制动风翼。常用制动过程中还需要位置传感器检测电磁锁动作的相关信息,角度传感器检测制动风翼打开角度。

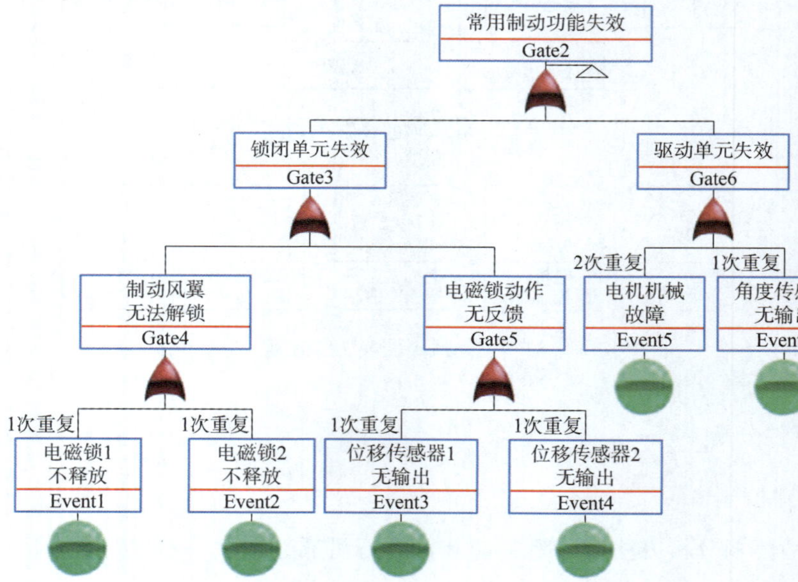

图 4-86　子故障树可靠性模型(常用制动功能失效)

“紧急制动功能失效”的子故障树可靠性模型如图 4-87 所示。紧急制动通过列车失电时触发紧急制动回路来实施,电磁锁失电解锁,弹簧柱塞弹起,使制动风翼打开小角度,同时备用电源接入,电机带动制动风翼打开到 75°后由机械锁定机构锁止。

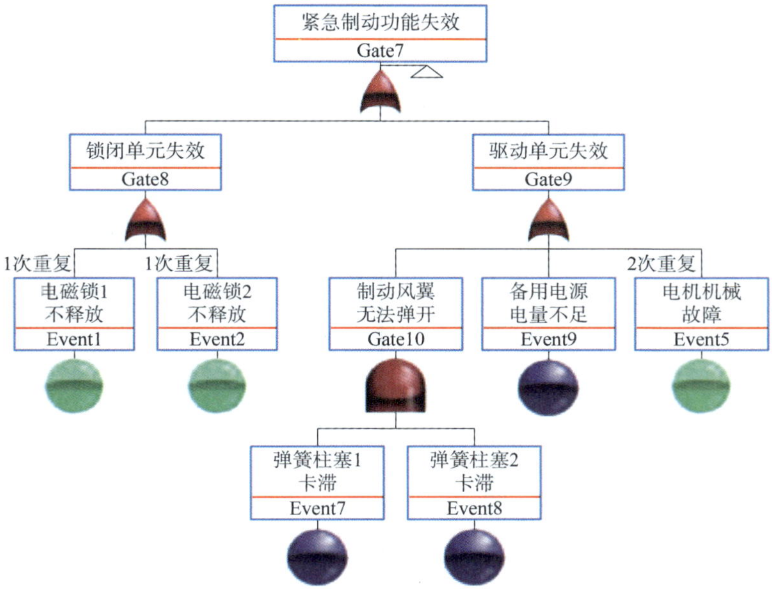

图 4-87　子故障树可靠性模型(紧急制动功能失效)

“制动风翼无法回收”的子故障树可靠性模型如图 4-88 所示。当风阻制动完成后，司控器发出回收指令进行制动风翼回收。控制器接收到回收指令并解析后，驱动电机反转带动制动风翼关闭，当制动风翼运动到 0°位置时，触发电磁锁，锁闭制动风翼，然后电机断电。制动风翼回收也需要位置传感器检测电磁锁的动作，角度传感器检测制动风翼打开角度。

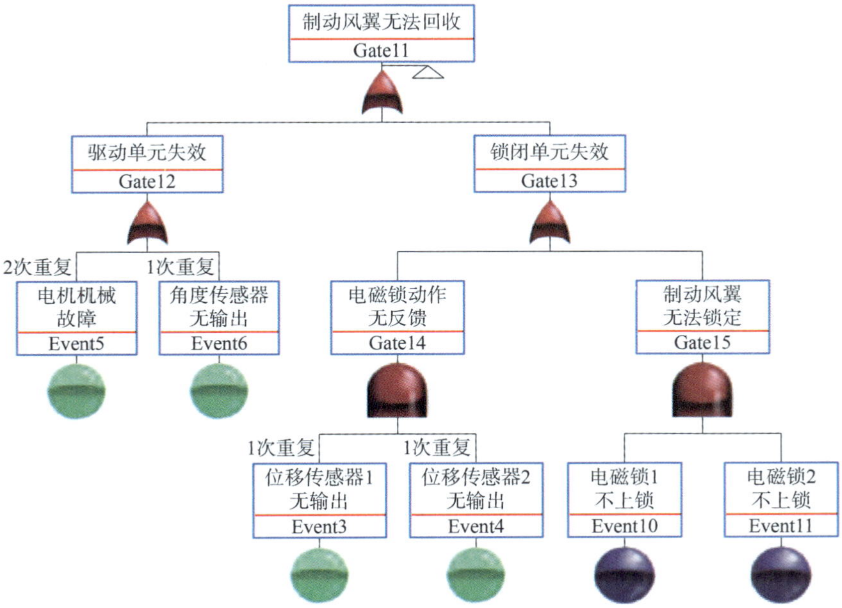

图 4-88　子故障树可靠性模型(制动风翼无法回收)

2. 故障树可靠性定性分析

根据故障树的结构可以得到组成顶事件的最小割集。如图 4-86～图 4-88 所示，故障树的 18 个底事件中有部分重复事件，如“电机机械故障”对常用制动、紧急制动和制动风翼回收均会产生影响，“角度传感器无输出”会造成常用制动和制动风翼回收无法控制。删去重复事件组成的最小割集，最后可以得到顶事件的最小割集见表 4-25。

表 4-25 顶事件的最小割集

序　号	最小割集组成	序　号	最小割集组成
1	Event1	6	Event6
2	Event2	7	Event7，Event8
3	Event3	8	Event9
4	Event4	9	Event10，Event11
5	Event5	—	—

对故障树和最小割集进行分析，可以得到以下结论：

(1)“常用制动功能失效”故障树中，任意一个底事件的发生都会导致顶事件的发生。

(2)紧急制动时，除了弹簧柱塞有冗余，其余部件的单点失效均会引起紧急制动功能失效。

(3)制动风翼回收时，电磁锁和位移传感器均有冗余，但位移传感器失效是重复事件，单个位移传感器的失效就会引起“常用制动功能失效”事件发生。

(4)顶事件的 9 个最小割集中，有 7 个最小割集是一阶的，说明装置的单点故障多，不符合可靠性设计的原则，应该设法减少单点故障或对其提出监测预防措施。

3. 故障树可靠性定量分析

本节使用相关软件中提供的数据设置底事件元器件发生的故障率。假定设备每天工作 10 h，每年工作 300 d，设置工作时间为 3 000 h。

使用软件计算可以得到在 3 000 h 时，顶事件的不可靠度为 0.071，可靠度为 0.929，还能得到底事件的可靠性重要度，见表 4-26。

表 4-26 底事件的可靠性重要度

事　件	描　述	概率重要度	关键重要度
1	电磁锁 1 不释放	1.000	0.004 4
2	电磁锁 2 不释放	1.000	0.004 4
3	位移传感器 1 无输出	1.000	0.076 0
4	位移传感器 2 无输出	1.000	0.076 0

续上表

事　件	描　述	概率重要度	关键重要度
5	电机机械故障	1.000	0.314 7
6	角度传感器无输出	1.000	0.512 4
7	弹簧柱塞 1 卡滞	4.80×10^{-6}	3.17×10^{-10}
8	弹簧柱塞 2 卡滞	4.80×10^{-6}	3.17×10^{-10}
9	备用电源电量不足	1.000	0.011 9
10	电磁锁 1 不上锁	3.2×10^{-4}	1.41×10^{-6}
11	电磁锁 2 不上锁	3.2×10^{-4}	1.41×10^{-6}

对故障树可靠性的计算结果进行分析：

(1)当工作 3 000 h 时，风阻制动装置发生功能失效的概率为 0.071，可靠性较高。

(2)对底事件按照概率重要度进行排序，电磁锁、位移传感器、电机、角度传感器和备用电源均属于关键部件，这与对最小割集分析的结果一致。

(3)按照关键重要度进行进一步分析，角度传感器和电机关键程度更高，一方面因为这 2 个部件的失效均为单点故障；另一方面因为其故障率高，影响程度更大。

4.5　风阻制动装置噪声分析

本节采用计算流体软件分析风阻制动时的气动噪声影响，并通过风阻制动装置案例，分析其所产生的气动噪声声压级，形成风阻制动噪声分析方法。

4.5.1　噪声分析基本思路

噪声的危害是多方面的，会损伤人的听力、引起多种疾病，会影响人们的休息和工作、降低劳动生产率，会干扰语言交流和通信联络；特强的噪声还会影响设备的正常运转，会损坏建筑结构。由于风阻制动是以风阻制动力作为列车的制动力，所以在制动过程中可能会产生一定的噪声，从而产生危害，因此需要对风阻制动装置进行噪声分析。

在进行风阻制动装置噪声分析时，需进行 5 个步骤，其具体为：(1)建立风阻制动装置模型；(2)模型网格划分；(3)设置仿真参数；(4)噪声采集点位置设置；(5)数据后处理。其分析流程如图 4-89 所示。

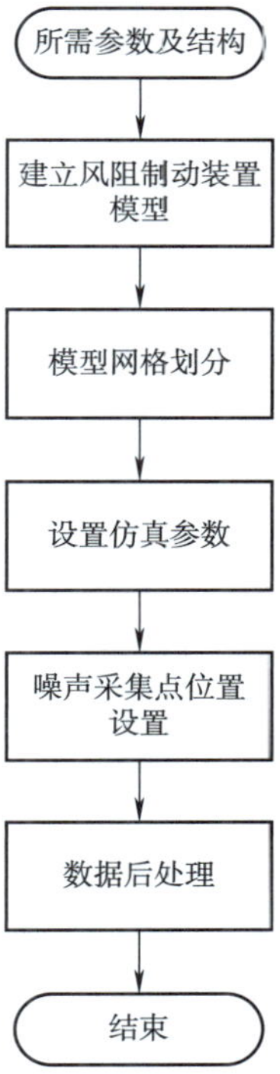

图 4-89　风阻制动装置噪声分析流程

4.5.2 噪声分析

4.5.2.1 数值模型

本节基于两块制动风翼，考察一副制动风翼对流场噪声的影响，从而分析小型化风阻制动装置对环境噪声的影响。单块制动风翼宽 500 mm、高 300 mm、厚 10 mm，两块制动风翼间间距为 10 mm。外流场具体参数如图 4-90 所示，其中空气流场域尺寸通过模型特征尺寸 D（即制动风翼高度 300 mm）确定，来流方向流场域长度为 $5D$，尾流方向流场域长度为 $20D$，制动风翼底部距下边界高度为 10 mm，其他方向长度各为 $5D$。使用 CATIA 软件建立风阻制动装置三维模型，模型如图 4-91 所示。

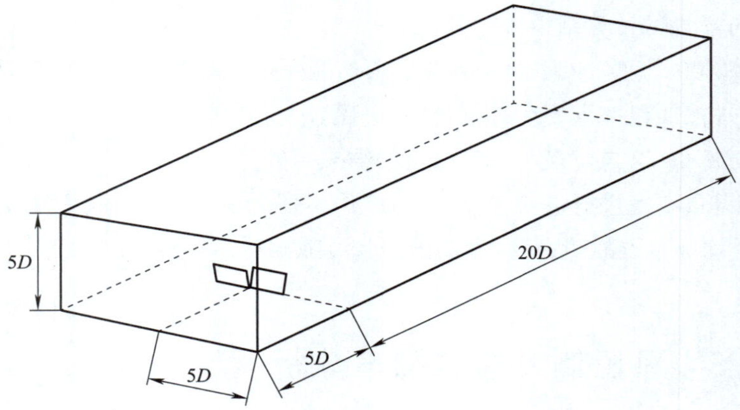

图 4-90 外流场示意

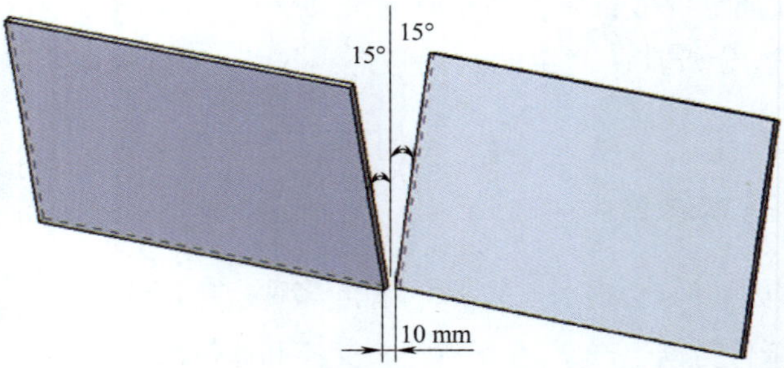

图 4-91 制动风翼三维模型

4.5.2.2 网格模型

使用 ICEM 划分空气流场网格，网格模型如图 4-92 所示。流场网格为四面体网格，流场边界处网格最大尺寸为 200 mm，靠近制动风翼附近由于制动风翼厚度较小，流场底部网格相对应的区域应予以细分，制动风翼侧壁初始网格尺寸均设为 2 mm；由于噪声计算有网格尺度要求，故在固体（制动风翼）表面增加 6 层 prism 边界层，以便更好地捕捉涡分离的趋势和更精确地计算噪声。网格参数见表4-27。

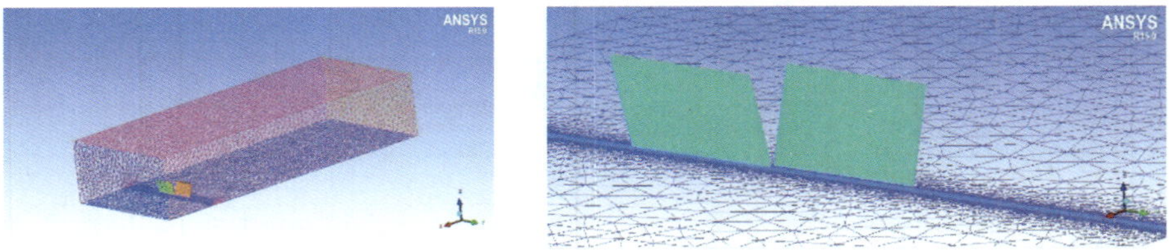

图4-92 ICEM网格模型

表4-27 网格参数表

参数名称	参数值/个
网格数	361万
四面体网格数	260万
六棱柱网格数	77万

4.5.2.3 仿真参数

本仿真工况下噪声计算分为以下步骤：(1)k-epsilon模型稳态计算，600 km/h，4 000步；(2)LES模型瞬态计算，600 km/h，0～1 s；(3)LES模型瞬态计算，600 km/h，1～1.4 s；(4)LES模型瞬态计算，600 km/h，1.4～1.55 s；(5)噪声模型瞬态计算，添加噪声采集点，1.55～1.8 s。

1. 稳态流场仿真参数

在FLUENT软件中进行稳态仿真计算时，选择k-epsilon湍流模型，求解稳态流场，其中流体域入口边界条件为速度入口，出口边界条件为压力出口，具体参数设置见表4-28。

表4-28 稳态流场求解参数设置

参数名称	取 值
湍流模型	k-epsilon
求解	稳态流场
速度入口条件	速度167 m/s
压力出口条件	表压0
湍流强度	1.8%
湍流尺度	0.021 m
迭代步数	4 000

2. 瞬态流场仿真参数

进一步进行瞬态计算时，选择LES模型，求解瞬态流场，其中流体域入口边界条件为速度入口，出口边界条件为压力出口，时间步长为0.005 s，时间步数为200步，每步最大迭代次数25次，仿真时间共1 s，计算机计算时间为24 h。第二次、第三次瞬态计算设置基本同第一次，参数见表 4-29。

表 4-29 瞬态流场求解参数设置

参数名称	取 值
湍流模型	LES
求解	瞬态流场
速度入口条件	速度 167 m/s
压力出口条件	表压 0
湍流强度	1.8%
湍流尺度	0.021 m
时间步长	0.005 s
时间步数	200
每步最大迭代次数	25

设置监视器观察升力系数 C_L 与阻力系数 C_D 系数，观察到 C_L 与 C_D 逐渐收敛，柯朗数(courant number)大部分小于 1，判断可以开始噪声计算。其中，柯朗数是时间步长和空间步长的相对关系，来调节计算的稳定性与收敛性。

4.5.2.4 噪声采集点位置布置及噪声计算

取以下噪声采集点：(1)采集点 R1～R8：两块制动风翼(前板 1、前板 2)前后 50 mm/100 mm；(2)采集点 R9～R11：两块制动风翼中轴线 100 mm/0/100 mm；(3)采集点 R12～R14：距离 4 m 远的下一副制动风翼(后板 1、后板 2)；(4)采集点 R15～R17：模拟站台位置。采集点位置如图 4-93、表 4-30 所示。噪声计算的参数设置见表 4-31。

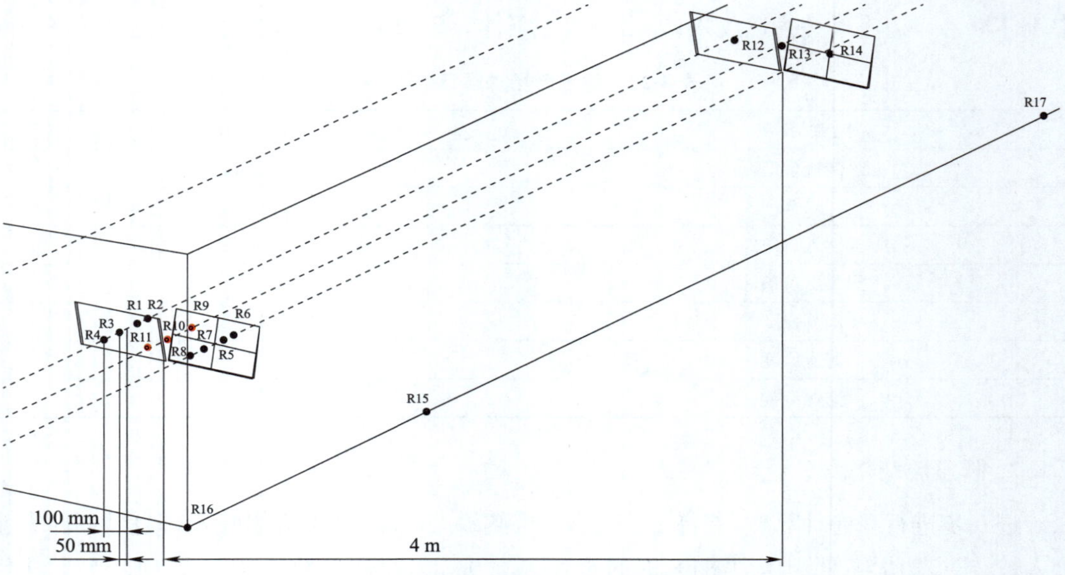

图 4-93 噪声采集点位置示意

表 4-30　噪声采集点位置坐标

采集点序号	坐标(m,m,m)	位　置
R1	−0.01,−0.255,0.16	前板 1 后 50 mm
R2	−0.06,−0.255,0.16	前板 1 后 100 mm
R3	0.099,−0.255,0.16	前板 1 前 50 mm
R4	0.149,−0.255,0.16	前板 1 前 100 mm
R5	−0.099,0.255,0.16	前板 2 后 50 mm
R6	−0.149,0.255,0.16	前板 2 后 100 mm
R7	0.01,0.255,0.16	前板 2 前 50 mm
R8	0.06,0.255,0.16	前板 2 前 100 mm
R9	−0.1,0,0.16	距离前板 1 和前板 2 中间后 0.1 m 的中轴线上
R10	0,0,0.16	中轴线
R11	0.1,0,0.16	距离前板 1 和前板 2 中间前 0.1 m 的中轴线上
R12	−4,−0.255,0.16	后板 3 中心
R13	−4,0,0.16	距离前板 1 和前板 2 中间后 4 m 的中轴线上
R14	−4,0.255,0.16	后板 4 中心
R15	0,1.5,0	站台处
R16	1.5,1.5,0	站台前
R17	−4,1.5,0	站台后后板位置

表 4-31　噪声计算参数设置

参数名称	取　值
湍流模型	Ffowcs-Williams&Hawkings
求解	瞬态流场
压力-速度耦合方式	PISO
压力离散方式	PRESTO!
噪声源	制动风翼表面
参考声压	2×10^{-5} Pa
时间步长	0.005 s
时间步数	200
每步最大迭代次数	25

4.5.2.5　结果分析

选取代表点输出其平均声压级，见表 4-32。

表 4-32　各采集点声压级

采集点	位　　置	声压级/dB
R1	前板 1 后 50 mm	143.021
R2	前板 1 后 100 mm	139.874
R3	前板 1 前 50 mm	144.111
R4	前板 1 前 100 mm	140.476
R10	中轴线	144.857
R12	后板 3 中心	100.215
R13	距离前板 1 和前板 2 中间后 4 m 的中轴线上	100.117
R15	站台处	86.558
R16	站台前	102.880
R17	站台后后板位置	98.567

由图 4-94 可见，噪声声压级随着频率的提高在不断下降。其中，采集点 R1 处声压级最高达到了 130 dB，采集点 R13 处声压级最高达到了 82.5 dB，采集点 R15 处声压级最高达到了 72.5 dB。

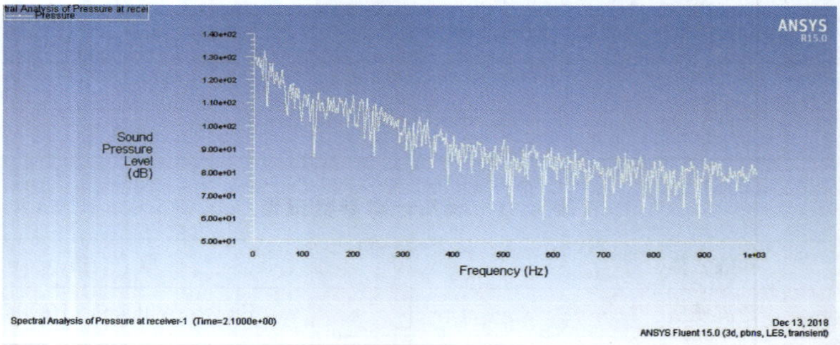

（a）采集点R1处

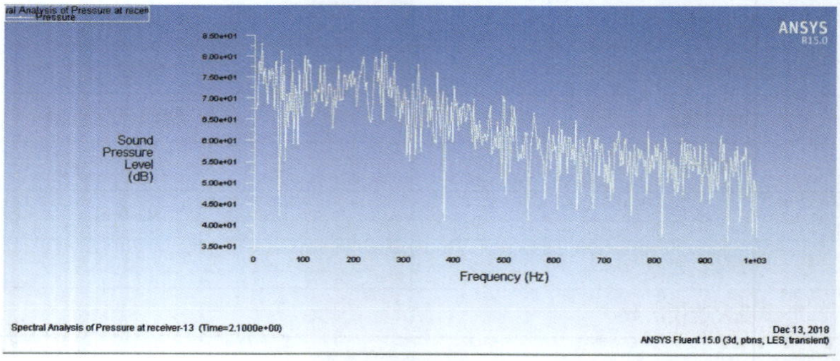

（b）采集点R13处

图　4-94

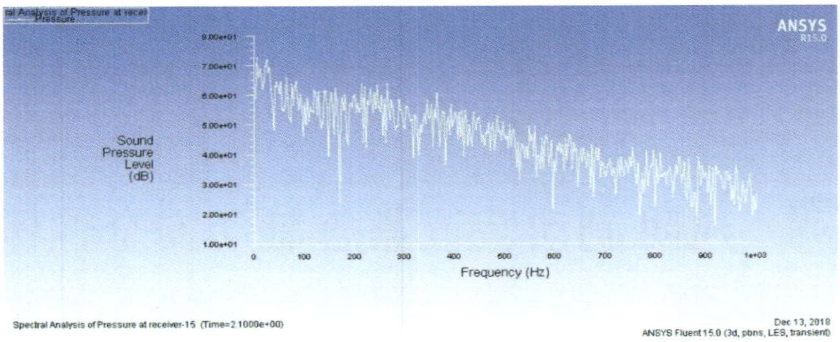

（c）采集点R15处

图 4-94　制动风翼噪声声压级与频率结果

通过仿真试验,可得如下结果:

(1)前一副制动风翼在 600 km/h 工况下产生的平均声压级低于 150 dB,噪声最高点为两块制动风翼中间位置,约 144 dB。

(2)下一副制动风翼处的噪声为 100 dB,相距 4 m,噪声衰减 40 dB。

(3)站台处人耳所感受到的噪声约为 86 dB,不会影响乘客舒适性。

第5章 风阻制动装置紧急制动安全性保障技术

相较于涡流制动和磁轨制动，风阻制动装置质量更轻、结构简单且改造周期短，随着列车速度的增大，制动力也会增加。应用此种非接触式制动方式不仅高效、清洁，而且可以有效地补充高速列车制动系统的紧急制动力，避免了轨面局部发热和钢轨磨损等问题，是一种非常合适的选择。

将风阻制动装置应用于高速列车上需要进一步研究并分析其安全性和可靠性，特别是紧急制动功能的安全性。紧急制动安全保障能够提高列车整体的安全性。因此本章针对现有的风阻制动装置方案进行可靠性分析，并提出风阻制动装置紧急制动功能安全性保障方案，以确保列车运行安全性。

5.1 风阻制动装置结构与原理

本文所涉及的风阻制动装置总体方案是一种不需要动力源开启的风阻制动装置，故称为无源开启型风阻制动装置。无源开启型风阻制动装置由驱动单元、锁闭单元、控制单元和安装支架四个部分组成。制动风翼与摇臂粘接后通过螺栓紧固，两块制动风翼反向安装，通过齿轮轴(齿轮轴为D形轴，是主要传递力矩的部件)互相连接。传动轴与锁定机构的公铰链通过D形接口固定安装，实现制动风翼最大角度的锁定功能，防止车辆停止后回落以及低速状态下的波动。弹簧柱塞通过紧固螺母安装在底板上，主要用于紧急制动下开启制动风翼；当风阻制动装置在关闭状态时，弹簧柱塞处于压缩状态，锁闭单元触发开启后，弹簧释放，通过弹簧柱塞移动将制动风翼打开一定角度。无源开启型风阻制动装置部件及功能见表5-1。

表5-1 无源开启型风阻制动装置部件及功能

组件名称	零件名称	部件功能
驱动单元	制动风翼	反向安装，用于形成风阻制动力
	摇臂	用于支撑制动风翼及传递风阻制动力
	锁扣	用于锁闭制动风翼

续上表

组件名称	零件名称	部件功能
驱动单元	弹簧柱塞	用于小角度开启制动风翼
	齿轮传动机构	由齿轮轴、轴承及箱体组成，用于传递力矩
	锁定机构	由公铰链、母铰链、弹簧及弹簧调整块组成，用于进行 75°锁定
	电机	带堵转功能，用于减缓打开速度、中间角度位置锁定及回收制动风翼
	角度传感器	用于采集制动风翼的打开角度
	轴承座组件	用于支撑齿轮轴及最大角度位置止挡
锁闭单元	电磁锁	用于锁闭制动风翼
	位置传感器	用于采集并反馈电磁锁状态
	防护罩	用于防护锁闭单元
控制单元	电子控制器	用于风阻装置的控制
	电机控制器	用于电机的控制
安装支架	安装底板	用于安装各机构，并与车体安装
	箱体侧板、盖板	用于风阻制动装置的防护

如图 5-1 所示，无源开启型风阻制动装置采用常时带电方式的独立紧急制动安全回路。一旦紧急制动安全回路失电，电磁锁 1 失电，锁舌退回，释放制动风翼，弹簧柱塞弹开将制动风翼顶开 5°左右的夹角，由高速行驶下的风阻制动力将制动风翼吹开至 75°并锁定，列车实施风阻制动紧急制动。

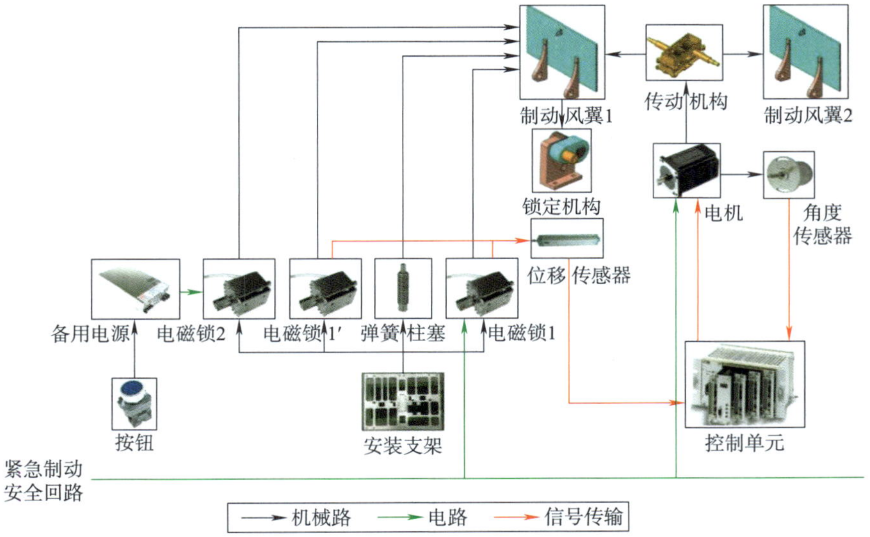

图 5-1　无源开启型风阻制动装置工作原理

列车紧急制动缓解时，安全回路得电，通过电机驱动，带动制动风翼回收。缓解回收制动风翼控制策略如图 5-2 所示，回收按钮触发，电磁离合器释放电机轴，将传感器检测到的制动风翼角度作为控制量，启动电机，通过 CAN 控制电机将制动风翼回收至 0°。当检测到制动风翼角度小于 1°时，电磁铁前进。若距离 0°还有较大角度的距离，通过角度闭环控制制动风翼回收。若 3 s 后还未通过位置传感器检测到一个电磁铁前进，则代表制动风翼无法实现锁闭，向上位机报错，通过电磁制动器抱轴，将制动风翼固定在现有角度位置。

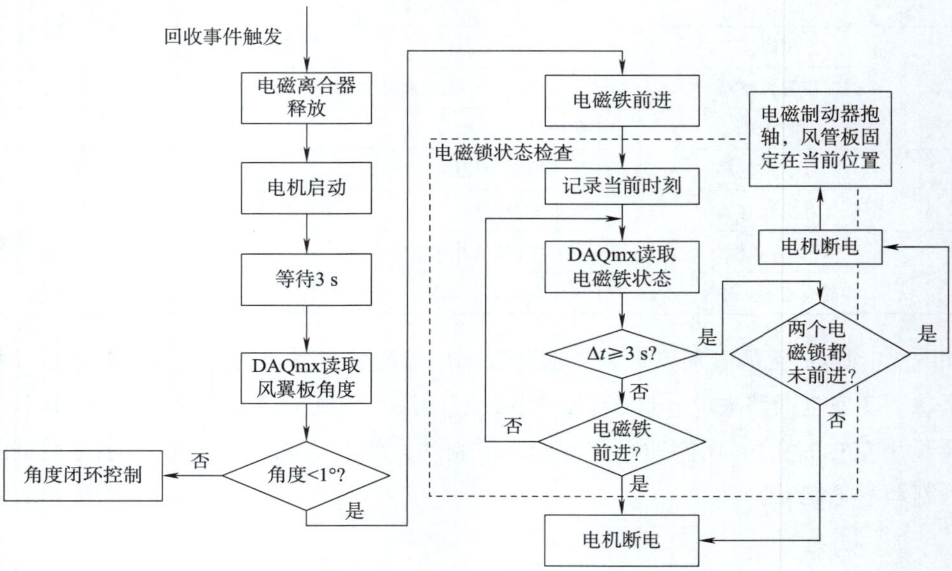

图 5-2　缓解回收制动风翼控制策略

在列车入库断电后，紧急制动安全回路断开，电磁锁断电，锁舌退回，制动风翼处于未锁闭状态，此时弹簧柱塞将会顶开制动风翼。制动风翼存在无法关闭的问题，为装置的安全性留下隐患，因此设置电磁锁 2。电磁锁 2 收到脉冲信号产生动作，由备用电源单独供电，入库后手动按下锁闭按钮使其动作，完成制动风翼的锁闭任务。

5.2　风阻制动装置故障模式及影响分析

故障模式及影响分析（failure mode and effect analysis，FMEA）是一种归纳分析方法，详细分析系统每个功能或组成部件可能产生的所有故障模式，列举这些故障模式对系统不同层次造成的潜在影响，并按故障模式造成后果的严重程度划分严酷度等级。FMEA 的核心任务有三个：

(1)寻求功能或部件潜在故障模式。

(2)参照相应的评价标准对潜在故障模式进行评估分级。

(3)分析故障起因/机理,制定预防或改进措施。

FMEA 具体的实施步骤如图 5-3 所示。

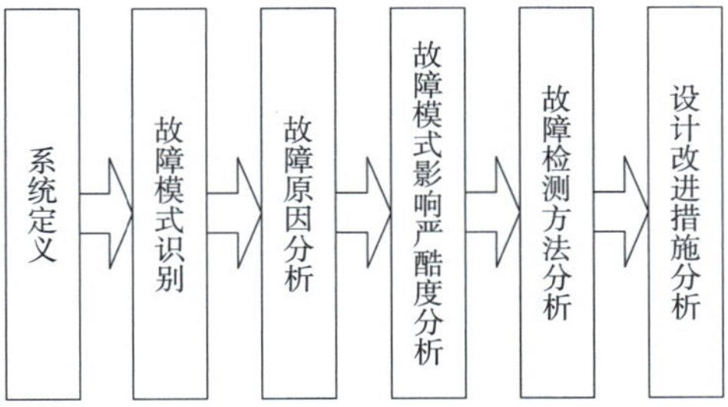

图 5-3　FMEA 实施步骤

1. 系统定义

在进行 FMEA 之前,必须确定研究对象,深入了解系统的组成部分和功能,确定分析范围。系统定义包括结构与功能分析、约定层次划分等工作内容。

(1)结构与功能分析

为进行 FMEA 并保证分析结果准确性,需要明确产品的功能和结构组成。功能框图或任务可靠性框图是表述系统各组成部分与其互相间可靠性关系的常用方法,其中功能框图用于表示产品各组成部分的功能间的相互关系,以及系统各个结构的工作流程、功能逻辑等信息,有时可用功能和结构层次图代替功能框图。

(2)约定层次划分

一个产品通常分为许多个系统,每个系统包括多个子系统,子系统又包括多个单元,单元又由诸多零件组成。面对复杂的产品进行可靠性分析需要明确分析范围,即划分约定层次。约定层次一般可分为初始约定层次、其他约定层次和最低约定层次。初始约定层次即总的产品所在的约定层次,也是 FMEA 最终的影响对象;其他约定层次即中间划分的层次;最低约定层次即最底层产品所在的层次。FMEA 结果的细致和深入程度是由最低约定层次所包含的零部件的细致程度决定的。

2. 故障识别

FMEA 需要进行准确的故障识别,首先要明确故障判据。一般可按照以下原则进行:

(1)在规定条件下,产品不能完成其功能。

(2)在规定条件下,产品的一个或几个性能参数不能保持在规定范围内。

(3)在规定应力范围内工作时,产品不能满足规定要求的破裂、卡死等损坏状态。

(4)技术合同中订购方规定的其他故障判据等。

定义故障判据后，就进入了具体的故障识别阶段。进行故障识别时，需要找出产品可能发生的所有故障模式，一般可通过统计、试验、分析和预测等方法获取故障模式。对于现有产品，需要综合考量使用中发生的故障模式，结合使用环境来分析；对于新产品，则可以根据其结构和功能特点分析、预测故障模式，借鉴相似产品或常用元器件、零部件的国内外标准手册来分析故障模式，必要时可以进行针对性试验。

3. 故障原因分析

在识别故障模式的基础上，需要对每个故障模式进行故障原因分析。可从部件的成因机理和成因阶段两个维度来追溯故障产生原因：

（1）故障的成因机理包括直接原因和间接原因两个方面。直接原因是指导致故障发生的物理或化学、生物变化过程；间接原因是指由其他故障或环境等外部因素导致的故障。

（2）故障的成因阶段包括设计、制作、使用和维修等阶段，从具体的工艺过程分析故障发生原因。

4. 故障影响分析

故障模式影响可分为局部影响、高一层次影响和最终影响。局部影响是指某一故障模式对其所涉及的部件或子系统自身的功能、状态的影响；高一层次影响是指某一故障模式对其所涉及部件或子系统所在的约定层次的上一层次的功能、状态的影响；最终影响是指某一故障模式对初始约定层次产品的功能、状态的影响。

为了更细致地评价故障模式影响，可通过严酷度类别评判。《故障模式、影响及危害性分析程序》GJB 1391—2006 定义了四类严酷度，在 FMEA 的实际应用中可根据具体产品系统的特征对严酷度定义进行适应性调整，见表 5-2。

表 5-2　严酷度定义

严酷度	严重程度定义
Ⅰ类	造成人员死亡或列车毁坏（铁路交通事故第一、二、三等级）
Ⅱ类	造成人员伤害或列车部分损坏（A、B、C 类一般事故）
Ⅲ类	影响装置工作任务完成（D 类一般事故）
Ⅳ类	对人员或装置无影响或影响较小，但需要增加非计划性维修或护理

严酷度指装置故障模式造成的最坏后果的严重程度。对风阻制动装置进行故障模式的严酷度分类，主要根据装置功能失效可能导致的人员伤亡、任务失败、装置损坏、经济损失等方面的影响（即最终影响）来确定。在进行最终影响分析时，若产品在设计中采用冗余设计，则先不考虑这些措施，只分析目标装置的某一故障模式可能造成最坏的影响和后果。

由于目前在高速列车领域，关于风阻制动的研究和风阻制动装置的实际应用都是基于风阻制动作为一种补充制动方式这一前提进行的，所以本章对风阻制动装置故障模式的严酷度分类不会达到Ⅰ类，即由风阻制动装置的故障导致的风阻制动失败不会达到造成人员死亡或列车损坏的严重程度，至多只会影响装置工作任务的完成，即Ⅲ类严酷度。但是，风阻制动装置部件遭到暴力损坏有可能导致损坏件的飞溅，如受到冲击折断的制动风翼残部飞出列车，有可能击中其他设备或附近人员，这在高速行驶的列车上是一个重大的危险源，因此对于这一类型的故障模式需要格外注意。

对无源开启型风阻制动装置进行系统定义，其驱动单元、锁闭单元、控制单元和安装支架 4 个部分，分别对应了改变制动风翼位置、产生制动力、锁闭制动风翼、接收和执行控制指令等功能。具体划分的结构层次和功能层次见表 5-3。

表 5-3　无源开启型风阻制动装置结构层次和功能层次

结构层次		功能层次
驱动单元	弹簧柱塞	改变制动风翼位置
	齿轮传动机构	
	锁定机构	
	电机	
	角度传感器	
	轴承座组件	
	制动风翼	产生制动力
	摇臂	
	锁扣	
锁闭单元	电磁锁	锁闭制动风翼
	位置传感器	
	防护罩	
控制单元	电子控制器	接收、执行控制指令
	电机控制器	
安装支架	安装底板	固定防护
	箱体	

根据其结构特点和工作原理，进行了故障原因及影响分析，得到该装置的 FMEA 分析表，见表 5-4。

表 5-4　无源开启型风阻制动装置 FMEA 分析

子单元	故障模式	故障原因	故障影响		严酷度
			局部影响	最终影响	
驱动单元	弹簧柱塞失效	弹簧柱塞卡滞	风阻制动失败	列车紧急制动力损失	Ⅲ
	齿轮传动机构失效	齿轮损坏	风阻制动失败	列车紧急制动力损失	Ⅲ
		轴承损坏	风阻制动失败	列车紧急制动力损失	
	制动风翼锁定异常	锁定销弹簧卡滞	制动风翼来回摆动造成部件疲劳损伤	影响制动力稳定性	Ⅳ
	制动风翼组件折断	板面折断、连接处折断	制动力无法满足要求	危害列车制动和邻近人员、设备安全	Ⅱ
	制动缓解后制动风翼无法回收	电机电压不足	制动风翼保持张开最大角	列车运行速度降低	Ⅲ
		电机绕组短路、断路	制动风翼保持张开最大角	列车运行速度降低	
		电机轴承损坏	制动风翼保持张开最大角	列车运行速度降低	
		角传感器无输出	制动风翼保持张开最大角	列车运行速度降低	
		位移传感器无输出	制动风翼保持张开最大角	列车运行速度降低	
锁闭单元	解锁失败	电磁锁 1 不动作	风阻制动失败	列车紧急制动力损失	Ⅲ
	制动缓解后制动风翼无法锁闭	电磁锁 1 不动作	制动风翼处于解锁状态	制动风翼被风吹开，列车运行速度降低	Ⅲ
	列车入库制动风翼无法回收	入库锁闭按钮失效	制动风翼无法锁闭，保持小角度开启	无危害性影响	Ⅳ
		电磁锁 2 不动作	制动风翼无法完全锁闭	无危害性影响	
		备用电源失效	制动风翼无法完全锁闭	无危害性影响	
控制单元	控制指令传输失败	紧急制动按钮损坏、司机控制器损坏	控制指令无法发出	列车紧急制动力损失	Ⅲ
		列车保护装置发生故障			
		故障检测系统发生故障			
		乘客拉杆损坏			

其中，由板面或连接处损坏导致的制动风翼损坏这一故障模式严重程度最高，可能造成人员伤害或列车部分损坏，严酷度为Ⅱ类；制动风翼打开失败、制动风翼解锁失败和指令发出失败都会造成风阻制动装置无法打开，最终导致风阻制动紧急制动的失败，而制动风翼无法回收会造成风阻制动装置在紧急制动缓解后仍然保持打开状态，影响列车正常行驶，以上 4 种故障模式都会使风阻制动装置紧急制动的工作任务无法完成，严酷度为Ⅲ类。

5.3　基于故障树(FTA)的风阻制动装置可靠性分析

5.2 节得出了风阻制动装置故障模式预测，对比每个故障模式对列车风阻制动紧急制动施加和缓解工作的影响程度，未能反映零部件故障之间的关系。借助故障树(FTA)可以找出最终导致系统故障的零部件故障的组合，并能够定量地得到每一个顶事件的故障率，辅助评估故障危害的严重程度。

5.3.1　故障树建模

对无源开启型风阻制动装置分别建立故障树。对于风阻制动紧急制动功能而言，一个完整的工作流程可以分为两个阶段：一是紧急制动施加、制动风翼打开，二是紧急制动缓解、制动风翼回收。因此，本节对风阻制动装置进行故障树建模将选取两类事件作为顶事件：紧急制动无法施加、列车运行时制动风翼无法回收。

基于 FMEA 分析，对故障模式进行归类和定义。对于无源开启型风阻制动装置的故障树，因列车入库后断电引起紧急制动安全回路断开，导致风阻制动装置的一系列动作也视为本节研究内容的一部分，所以列车运行时制动风翼无法回收这一事件既包括紧急制动缓解后制动风翼未能正常回收，也涵盖了列车入库断电后列车运行时制动风翼无法回收。

根据无源开启型风阻制动装置工作原理和部件间逻辑关系，以紧急制动无法施加为顶事件，建立故障树，具体步骤如下：

(1)确定顶事件为紧急制动无法施加。

(2)由装置的结构组成可知，驱动单元、锁闭单元和控制单元任一单元的失效均能导致顶事件发生，用或门连接。

(3)进一步分析每个单元的失效模式。

对于驱动单元，制动风翼组件折损或者弹簧柱塞卡滞都会引起驱动单元失效；弹簧柱塞 1 和弹簧柱塞 2 之中，只有迎风侧的弹簧柱塞弹开才可使制动风翼开启 5°，从而借助风力无源推开，因此用或门连接。

对于锁闭单元，电磁锁 1 与电磁锁 1′分别用于锁定两个制动风翼，在紧急制动施加过程中，二者是任意一个没有退回制动风翼就无法解锁的关系，因此用或门连接。

对于控制单元，故障检测系统产生的紧急制动指令、司机室发出的指令和乘客拉下拉杆发出的指令都会触发紧急制动，只有当这三种方式都失效时才会导致控制单元失效，因此用与门连接。司机室发出指令又分为紧急制动按钮和司机控制器两种方式触发，当这两个装置都失效时才会导致司机室无法发出指令，因此这两个事件用与门连接。故障检测系统产生紧急制动指令的流程为：由列车保护装置或故障监测系统检测到列车系统发生故障，产生指令发送到制动控制单元处理后发出紧急制动指令，触发紧急制动。因此将列车保护装置和故障监测系统用与门连接，再和制动控制单元用或门连接。

以列车运行时制动风翼无法回收为顶事件，建立故障树，具体步骤如下：

(1)确定顶事件为列车运行时制动风翼无法回收。

(2)对于驱动单元，电机给制动风翼回收提供力矩，齿轮传动机构传递力矩，其中任一部件损坏都会导致制动风翼无法回收，因此用或门连接。

(3)对于锁闭单元，此时只有电磁锁 1 和电磁锁 1′都失效，且电机的电磁制动器失效时才会导致制动风翼无法闭合，所以用与门连接。

(4)对于控制单元，角度传感器和位移传感器参与电机的闭环控制，它们互为冗余，只有当二者都失效才会导致程序中止，因此用与门连接。

基于以上描述，建立的无源开启型风阻制动装置故障树如图 5-4、图 5-5 所示。

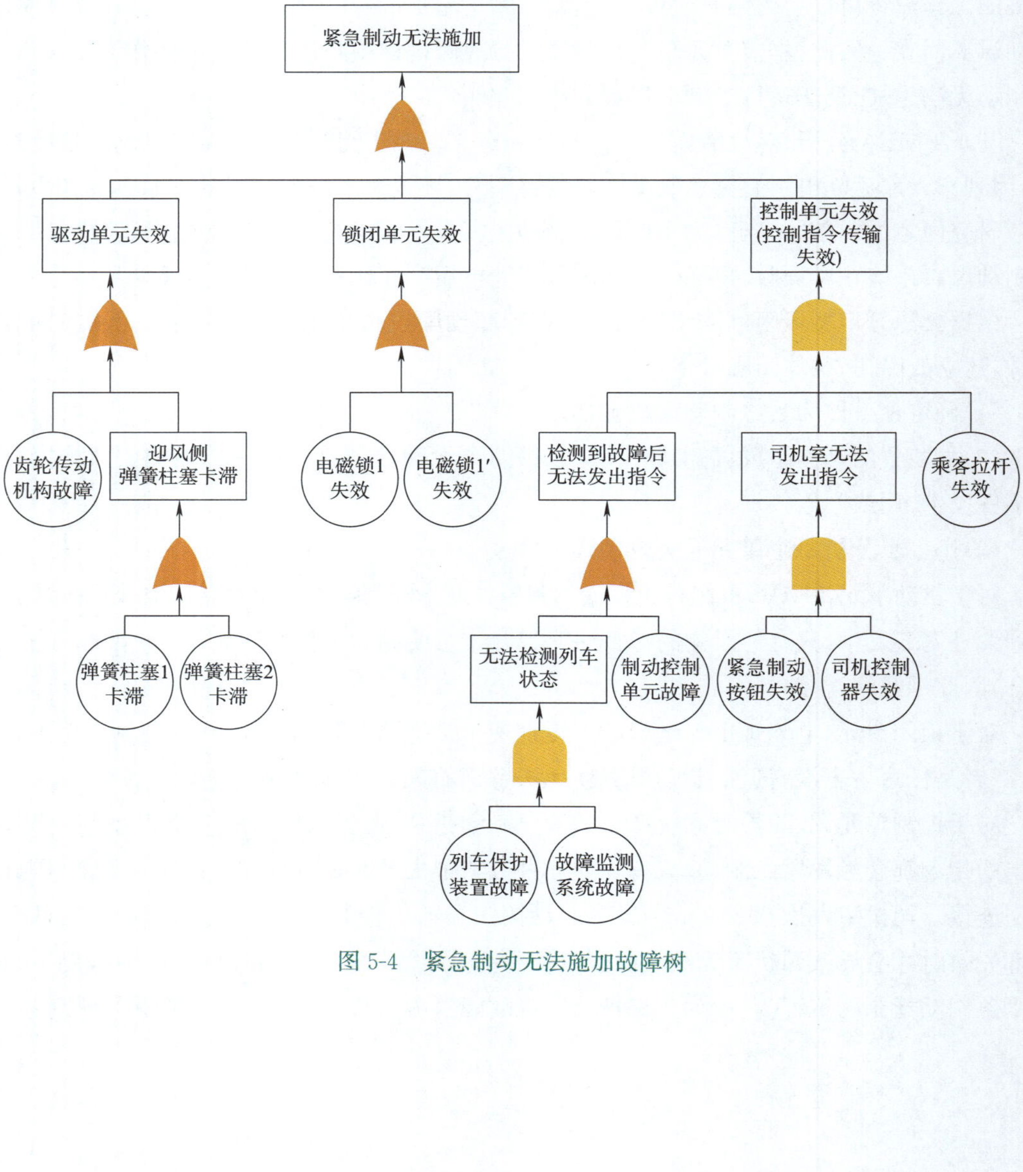

图 5-4　紧急制动无法施加故障树

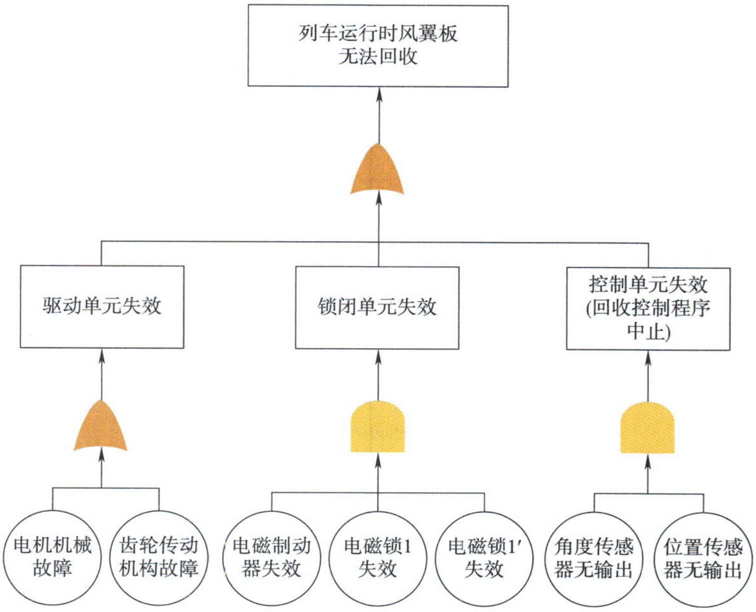

图 5-5　列车运行时制动风翼无法回收故障树

整理以上两个故障树模型中所涉及的底事件及其故障率，见表 5-5。

表 5-5　无源开启型风阻制动装置的底事件及其故障率

序号	底 事 件	故 障 率	序号	底 事 件	故 障 率
X1	齿轮传动机构故障	6.3×10^{-9}	X9	位移传感器无输出	9.0×10^{-5}
X2	弹簧柱塞 1 卡滞	3.2×10^{-7}	X10	制动控制单元故障	4.87×10^{-4}
X3	弹簧柱塞 2 卡滞	3.2×10^{-7}	X11	列车保护装置故障	2.61×10^{-5}
X4	电磁锁 1 失效	2.0×10^{-6}	X12	故障检测系统故障	8.65×10^{-6}
X5	电磁锁 1′失效	2.0×10^{-6}	X13	紧急制动按钮失效	1.67×10^{-7}
X6	电机机械故障	3.0×10^{-7}	X14	司机控制器失效	3.65×10^{-6}
X7	电磁制动器失效	1.05×10^{-5}	X15	乘客拉杆失效	6.5×10^{-5}
X8	角度传感器无输出	9.0×10^{-5}	—	—	—

需要说明的是，制动风翼组件折损的故障原因包括疲劳损伤和偶发事故损伤(如鸟撞等)，其形成原因较为复杂，难以通过一个固定的指标来描述。而通过第 3 章的分析可知，制动风翼组件折损这一故障模式的严酷度为Ⅱ级，是安全保障的重点对象。这一故障模式具有低频性、偶发性和高危害性的特点，一般不会发生，一旦发生就可能产生严重后果，且难以预测。同时，综合现有轨道车辆和装备的安全性原则而言，此类部件在制造和试验阶段应当保证其有足够的强度应对各种风险，注重其强度校核和日常检修。故在本节的故障树分析中暂不考虑，在 5.4 节的安全性保障方案设计中再对其详细叙述。

5.3.2 故障树可靠性定性分析

采用故障树进行定性分析，得到其发生故障的最小割集，见表 5-6 和表 5-7。

表 5-6 紧急制动无法施加最小割集

序 号	最小割集组成	序 号	最小割集组成
1	X1	5	X5
2	X2	6	X10,X13,X14,X15
3	X3	7	X11,X12,X13,X14,X15
4	X4	—	—

表 5-7 列车运行时制动风翼无法回收最小割集

序 号	最小割集组成	序 号	最小割集组成
1	X1	3	X9,X10
2	X7	4	X4,X5,X7

由故障树和最小割集可以得到以下结论：

(1)X1 在两个顶事件的故障树中都是最小割集，即齿轮传动机构故障既能导致紧急制动无法施加，也会导致列车运行时制动风翼无法回收，而且都是单点故障，因此需要格外注意。

(2)X4 电磁锁 1 失效、X5 电磁锁 1′失效和 X7 电磁制动器失效在不同的故障模式下对系统故障的影响程度不同。对于施加紧急制动而言，X4、X5 分别作为一阶最小割集，对系统影响程度更大；对于回收制动风翼而言，X4、X5、X7 共同组成三阶最小割集，影响程度较小。

(3)在紧急制动无法施加的 7 个最小割集中，有 5 个一阶最小割集，即除了控制单元的功能有冗余，其余故障都是单点故障，任一部件失效都会引起该故障发生。

(4)在列车运行时制动风翼无法回收的 4 个最小割集中，有 2 个一阶最小割集，单点故障数较少。

5.3.3 故障树可靠性定量计算

根据故障树定量计算方法和公式，在计算中不计 X1，使用软件计算可以得到无源开启型风阻制动装置紧急制动无法施加故障模式的发生概率为 4.618×10^{-6}，列车运行时制动风翼无法回收的发生概率为 3.144×10^{-7}。底事件重要度见表 5-8 和表 5-9。

表 5-8 紧急制动无法施加底事件重要度

名 称	底 事 件	结构重要度	概率重要度	关键重要度
X1	齿轮传动机构故障	0.057 6	1.000 0	0.001 6
X2	弹簧柱塞 1 卡滞	0.057 6	1.000 0	0.079 9
X3	弹簧柱塞 2 卡滞	0.050 8	1.000 0	0.079 9

续上表

名　称	底 事 件	结构重要度	概率重要度	关键重要度
X4	电磁锁 1 失效	0.057 6	1.000 0	0.499 2
X5	电磁锁 1′失效	0.057 6	1.000 0	0.499 2
X10	制动控制单元故障	0.002 9	$3.962\ 1\times10^{-17}$	$4.164\ 0\times10^{-20}$
X11	列车保护装置故障	0.001 0	$3.425\ 5\times10^{-22}$	$6.733\ 6\times10^{-21}$
X12	故障检测系统故障	0.001 0	$1.033\ 6\times10^{-21}$	$2.494\ 6\times10^{-13}$
X13	紧急制动按钮失效	0.004 9	$1.155\ 4\times10^{-13}$	$2.203\ 6\times10^{-16}$
X14	司机控制器失效	0.004 9	$5.286\ 4\times10^{-15}$	$2.704\ 5\times10^{-16}$
X15	乘客拉杆失效	0.004 9	$2.968\ 5\times10^{-16}$	$9.627\ 6\times10^{-15}$

表 5-9　列车运行时制动风翼无法回收底事件重要度

名　称	底 事 件	结构重要度	概率重要度	关键重要度
X1	齿轮传动机构故障	0.250 0	1.000 0	0.020 0
X4	电磁锁 1 失效	0.062 5	$4.199\ 6\times10^{-11}$	$2.671\ 5\times10^{-10}$
X5	电磁锁 1′失效	0.062 5	$4.199\ 6\times10^{-11}$	$2.671\ 5\times10^{-10}$
X6	电机机械故障	0.250 0	1.000 0	0.954 2
X7	电磁制动器失效	0.062 5	$7.999\ 3\times10^{-12}$	$2.671\ 5\times10^{-10}$
X8	角度传感器无输出	0.093 8	$9.000\ 0\times10^{-5}$	0.025 8
X9	位移传感器无输出	0.093 8	$9.000\ 0\times10^{-5}$	0.025 8

由无源开启型风阻制动装置底事件重要度计算结果可知：

(1)装置的两种故障模式发生概率分别为 $4.006\ 3\times10^{-6}$ 和 $3.144\ 0\times10^{-7}$，其中紧急制动施加的安全性未达制动系统紧急制动安全完整性标准所规定的 3 级。

(2)在紧急制动无法施加的故障模式中，概率重要度排名前五的事件为：X1 齿轮传动机构故障、X2 弹簧柱塞 1 卡滞、X3 弹簧柱塞 2 卡滞、X4 电磁锁 1 失效、X5 电磁锁 1′失效；在列车运行时制动风翼无法回收的故障模式中，概率重要度较高的事件有：X1 齿轮传动机构故障、X6 电机机械故障。可见计算结果与 5.3.2 节中最小割集分析的结果相一致。

(3)根据关键重要度作进一步分析，电机机械故障和电磁锁失效关键重要度更高，其次为弹簧柱塞卡滞。

5.4　风阻制动装置紧急制动安全性保障方案设计

根据 5.3 节分析工作，本节将对两套风阻制动装置的结构安全性和典型故障模式提出安全保障方案，针对不同故障模式需要制定不同的安全性保障措施：对于制动风翼组件折断的故障模式，需要保证其部件强度满足安全性要求；对于前期分析工作中得到的比较重要的部件，特别是一些故障率较高的部件，采取措施降低其对系统的影响，并采用故障树验证其可靠性；根据安全性标准中对列车紧急制动功能安全完整性的要求，将风阻制动装置紧急制动无法施加的发生概率降低至达到安全完整性等级(SIL)为 3 级的标准。

5.4.1 安全完整性等级

安全完整性是指在所有规定条件下和规定时间内，系统实现安全功能的可能性。IEC 61508:2010 规定了安全完整性等级(SIL)与安全功能平均故障率的关系，见表 5-10。

表 5-10 安全完整性等级

安全完整性等级(SIL)	安全功能平均故障率
4	$[10^{-9},10^{-8}]$
3	$[10^{-8},10^{-7}]$
2	$[10^{-7},10^{-6}]$
1	$[10^{-6},10^{-5}]$

在安全性设计时所采取的安全措施的优先性应按照以下顺序进行：

(1)在设计上消除危险，如不能消除危险，则应考虑联锁、冗余、故障安全保护等措施。

(2)采用安全防护装置，并对安全装置定期检查。

(3)采用报警装置监测危险状况，向有关人员发出报警信号。

(4)采用制定专用规程，并对人员进行培训。

本节将主要采取前两种方式针对关键故障提出安全性保障方案。

5.4.2 装置结构强度安全性保障

对于装置结构强度的安全性，可以从关键部件选型、对制动风翼进行强度校核和试验两方面入手来保障。

5.4.2.1 关键部件选型

由前面的分析可知，对于无源开启型风阻制动装置，关键部件包括电机、电磁锁、弹簧柱塞及齿轮传动机构。针对这些部件，在制造选型的阶段，可以采取以下措施：

(1)对装置进行数值模拟仿真和装车风洞试验，掌握齿轮传动机构的工作载荷情况，保证其在工作中能有效传递力矩，不产生断裂、正反转无卡滞现象，且上盖可自由拆卸，便于检查内部部件。

(2)电磁锁的抗振动、抗冲击性能需要满足车载运行要求，寿命符合安全性规定。

(3)电机输出力矩能够满足工况下要求，且能够设置传感器辅助故障诊断。

(4)选用合适的弹簧柱塞尺寸，释放力的大小足够使制动风翼弹开，保证柱塞弹出的流畅性。

5.4.2.2　对制动风翼进行强度校核与试验

从 FMEA 分析结果可以看出，制动风翼组件折损是严酷度较高的故障模式，可以从设计、试验和使用三个阶段入手保障其安全性。

在设计阶段应重视制动风翼板面、摇臂、传动轴以及安装底板的强度校核和冲击响应分析。在试验阶段增加风洞试验和鸟撞试验，确保制动风翼及其连接件强度满足在高速列车 500 km/h 的运行工况下的安全要求，并且能够承受各种冲击和振动。在日常检修中加入对制动风翼的定期检查，一旦发现有裂纹、锈蚀等情况就要进行维修或更换部件。

5.4.3　关键部件安全性保障方案

1. 冗余设计

对于无源开启型风阻制动装置，可以设置两个电机，分别连接两块制动风翼，共同驱动，互为冗余。由于只有迎风侧的弹簧柱塞弹起才能使制动风翼在风力作用下正常开启，而列车一旦换向，迎风侧与背风侧也相应变化，所以要在两个制动风翼下分别增加弹簧柱塞 3 和弹簧柱塞 4，才能与原有的弹簧柱塞起到互为冗余的作用。

2. 使用电磁铁代替电磁锁

无源开启型风阻制动装置已有一定的冗余设计，由于装置本身较为复杂，故障率主要受到电机、电磁锁的故障率限制。对其进一步分析，电磁锁在应用中存在与锁扣的机械卡死导致无法开锁的可能性，而电磁铁仅依靠磁力吸附，没有机械配合，对于紧急制动施加过程可靠性更高。加之电磁铁本身故障率更低，因此在无源开启型风阻制动装置中采用电磁铁代替电磁锁 1 和电磁锁 1′。

3. 独立控制回路

基于 5.2.4 节中的开车前试验环节，可以将风阻制动装置编组，每几套共用一个控制回路。由于风阻制动暂只作为补充制动方式，所以相比无法施加风阻制动、制动缓解后制动风翼无法锁闭而在行车中异常打开对列车正常运营的影响更大。如果在开车前试验中发现有装置存在无法锁闭的故障，则手动将其关闭并且切断回路，以免在行车时制动风翼无法回收。

4. 运营管理

(1)定期检修

定期对风阻制动装置进行检修，尤其是一些故障率高的部件和对装置影响较大的部件，如齿轮—齿条、气缸、管路等。

此外，根据 5.1 节所介绍的无源开启型风阻制动装置的工作原理，以及相关手册和文献中给出的直流电源和按钮的故障率，对列车入库回收制动风翼功能的可靠性简要分析可知，其故障率达到了 1.8920×10^{-5}，都为单点故障。但这一故障模式处于列车入库阶段，易于发现和维修，紧急程度不高，可以采用发现故障后人工替换失效件的方式处理。

(2)开车前试验

开车前进行系统检查，手动开启风阻制动装置进行制动测试，确认装置的紧急制动功能完整性，记录检测结果并传输至列车中央诊断系统储存，同时将制动测试结果提供给司机或操作人员。

5.4.4 优化方案验证

如图 5-6 所示，对优化后的装置建立故障树并分析，得到的结果验证了新方案有效提高了装置紧急制动的可靠性。

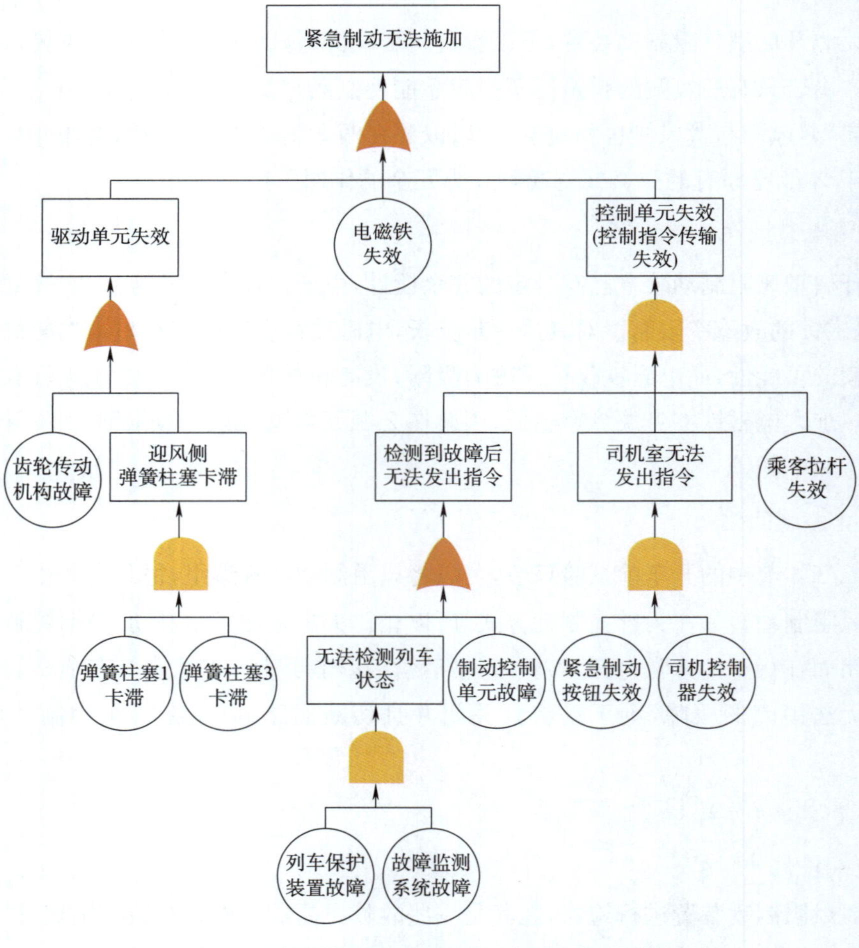

图 5-6 改进的无源开启型风阻制动装置故障树

通过对图 5-4、图 5-5 所示的故障树进行定量计算，无源开启型风阻制动装置的紧急制动无法施加的故障率为 $1.730\,0\times10^{-8}$，安全完整性均达到 SIL3 级别。无源开启型风阻制动装置改进后，列车运行时制动风翼无法回收的故障率为 $8.100\,2\times10^{-9}$，相比原方案故障率显著降低。与原方案的紧急制动功能相比，无源开启型风阻制动装置一阶最小割集由 5 个减少至 2 个。

第 6 章　风阻制动试验研究方法

风阻制动的气动特性、装置结构和工作特性会对风阻制动力产生、列车运行安全性、装置工作响应和结构强度产生影响。因此，风阻制动装置投入实际运营使用之前，需通过一系列试验对其制动系统性能、运行影响性和结构强度进行检验，以保证列车制动性能和运行安全性。常见的风阻制动试验主要有风洞试验、风载荷试验、型式试验、鸟撞试验、线路试验等。

6.1　风洞试验

风洞试验是指通过在风洞中安置风阻制动装置模型，研究气体流动及其与模型的相互作用，同时对模型的气动噪声性能进行测试，以研究实际风阻制动装置的空气动力学特性的一种试验方法。由于其具有试验理论和方法成熟、测量精密、气流参数易于控制且基本不受天气变化影响等优点，因此在风阻制动流场特性分析方面应用广泛。风洞试验通常与流体数值计算仿真相结合，作为理论部分的试验补充，在风阻制动性能研究、装置结构优化设计等方面发挥重要作用。

6.1.1　风洞介绍

风洞(wind tunnel)即风洞实验室，是以人工的方式产生并且控制气流，用来模拟实体模型周围气体的流动情况，并可量度气流对实体的作用效果以及观察物理现象的一种管道状实验设备，它是进行空气动力实验最常用、最有效的工具之一。风洞通常按照试验段气流的马赫数来分类，有低速风洞、亚音速风洞、跨音速风洞、超音速风洞、高超音速风洞等。列车相关风洞试验通常在低速风洞中进行，可根据试验段气流循环形式分为“直流式”和“回流式”两类，按照试验段结构又有“开口”和“闭口”之别。低速风洞结构如图 6-1 所示。

国内外针对飞行器、汽车和列车等的空气动力学特性研究设计并建造了多个风洞实验室，其中同济大学承建的上海地面交通工具风洞中心气动—声学风洞(AAWT)是我国重点风洞实验室之一。AAWT 是一座 3/4 开口回流式整车低噪声低速风洞，风洞喷口面积 27 m^2，最大风速 250 km/h，背景噪声 61.5 dB(A)(160 km/h)。配备有高精度的六分量天平、五带式道路模拟系统和多种测试设备，可以进行轴距小于 4.25 m 的整车和风阻制动装置空气动力学及气动声学性能测试。后续部分以 AAWT 为例详细介绍风洞试验具体步骤和流程。

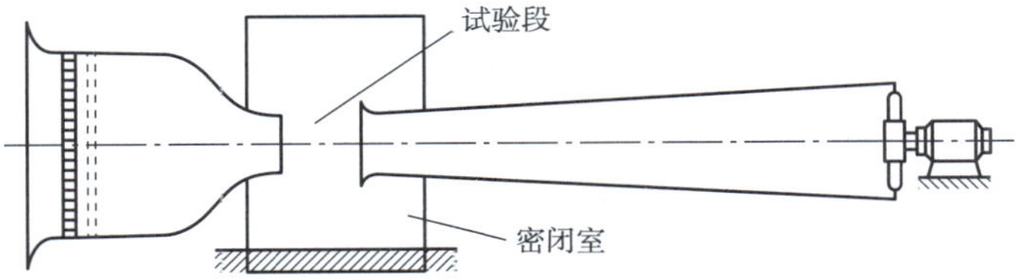

（a）直流式低速风洞

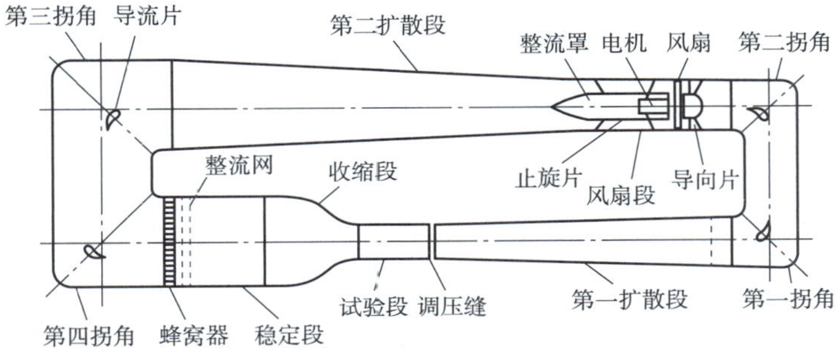

（b）回流式低速风洞

图 6-1　低速风洞结构示意

6.1.2　风阻制动装置模型的安装

研究风阻制动装置的流场特性时，为了避免地面效应及模拟风阻制动装置所处的流场，需要将制动装置安装在车顶上。但是如果制造整个车厢的模型，费用高昂，也超过了风洞实验室出口的高度，故在制动装置下方安装了 0.5 m 高、10 m 长的模拟车顶，其模型如图 6-2 所示。

（a）风阻制动装置模型正面

图　6-2

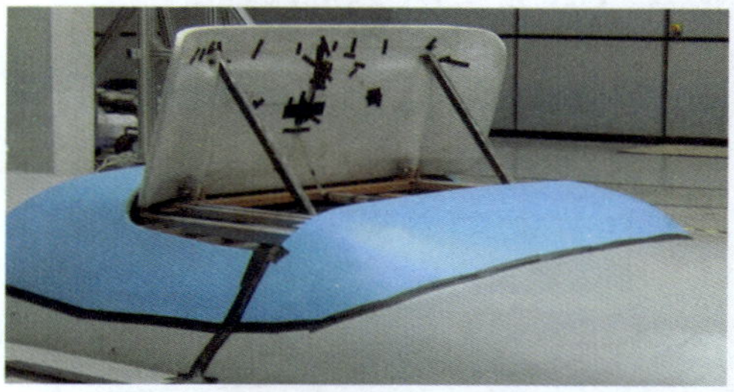

（b）风阻制动装置模型背面

图 6-2　风阻制动装置模型

模型分为模拟车顶、连接转换结构和风阻制动装置(导流罩和制动风翼)，其中蓝色部分为导流罩，正常运行时制动风翼不打开，这时整个风阻制动装置为流线型结构，产生的阻力较小。风洞模型打开一定角度时，主要由后面支撑进行支撑和调节支撑角度。导流罩可以通过连接转换装置的调节，分别与模拟车顶或者制动风翼相连接，这样在试验过程中就可以通过位于转盘下的测力天平分别测试制动风翼的受力、制动风翼上 9 个测压点和制动风翼加导流罩的受力。

模型定位在驻室试验段天平转盘中心位置，调整模型纵对称面与风洞中心对称面的夹角，保证在±0.1°范围内。模型在风洞中的安装位置如图 6-3 所示。

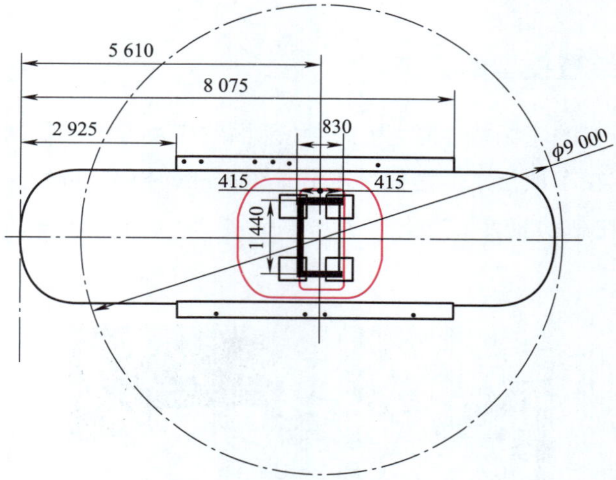

图 6-3　模型在风洞中安装位置(单位：mm)

6.1.3　风阻制动风洞试验测试技术

为研究验证制动风翼表面的压力分布，特在制动风翼迎风表面设置 9 个测压点。左右中心对称线的 5 个点自上而下编号为 1～5，从左至右编号为 6～9，如图 6-4 所示。图 6-5 为制动风翼测压点实际位置分布。

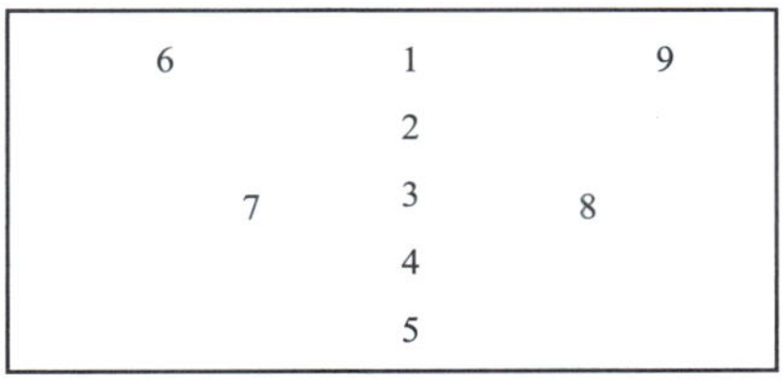

图 6-4　制动风翼表面测压点编号示意

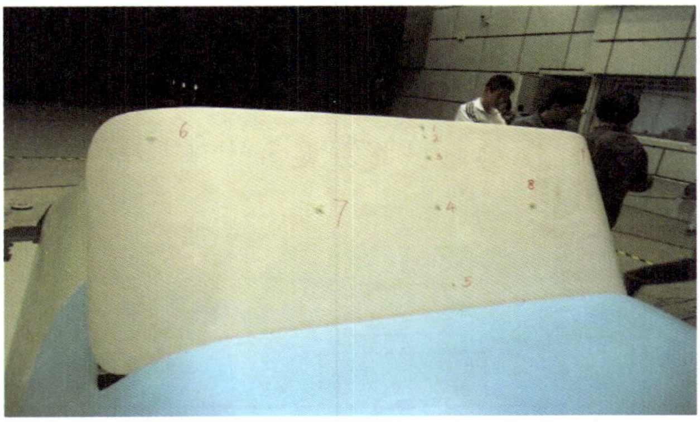

图 6-5　制动风翼测压点位置

风阻制动风洞试验空气动力学特性测试主要分为以下三部分：

(1)通过压力扫描阀对制动风翼上的 9 个测压点进行测压。

(2)将制动风翼连接风洞天平进行六分力测量。

(3)将制动风翼及制动风翼导流罩组合体连接风洞天平进行六分力测量。

风阻制动装置气动噪声性能采用声传感器进行测试，测点的位置如图 6-6～图 6-8 所示。转角度时，仅测点 10 随着转盘一起转动，使不同转角时试验件和测点相对位置不变，其他测点保持不动。

首先将试验模型在驻室试验段定位，布置好风洞内传声器。根据测试任务书准备好测试的状态变量，连接测试线路，预热测试系统，对各通道进行系统校准，校准后再将传声器精确定位。将风速和转角调整到试验工况所需状态，稳定后进行数据采集，采集后选取采集信号使用分析软件进行查看分析，无异常后保存数据，停风。完成一个工况的测试后，改变测试状态变量，重新调整试验风速、风向角或制动风翼打开角度，同样进行数据采集等工作，直至所有测试工况完成。所有工况完成后，对各通道再次进行系统校准。试验前后两次各通道系统校准值差异在 0.1 dB 以内，说明测量过程获取数据可靠。

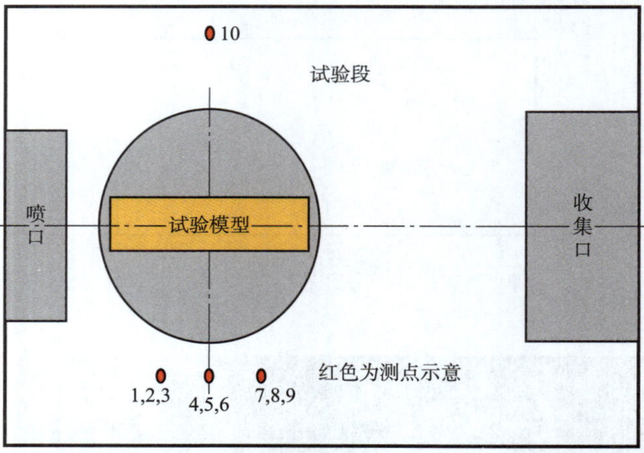

图 6-6　传声器在风洞试验段总体位置分布

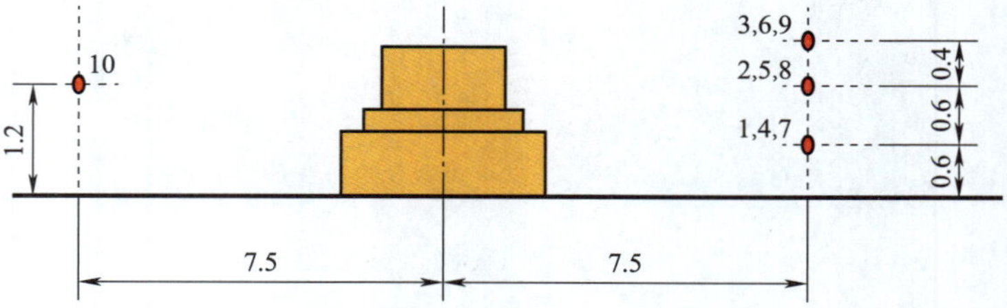

图 6-7　传声器在风洞试验段横向位置分布(单位:m)

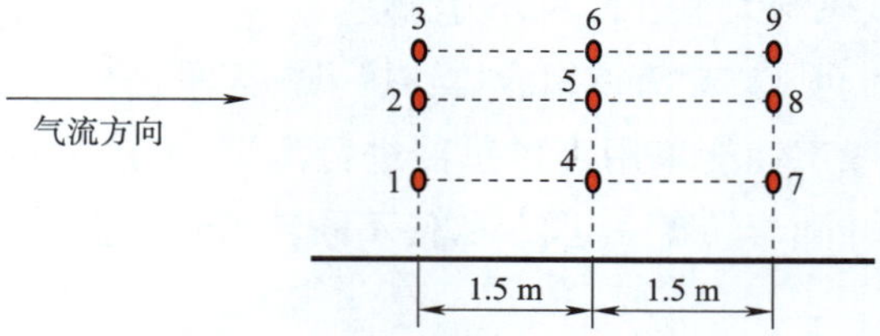

图 6-8　传声器在风洞试验段轴向位置编号

6.1.4　风洞试验工况设计

根据不同风向角、不同制动风翼打开角度、不同运行速度等变量,可设计不同风洞试验工况见表 6-1。

表 6-1 风阻制动装置风洞试验工况

编号	风向角	制动风翼打开角度	速度/(km/h)	测量内容
1	0°～90°	0°～75°	列车运行最高速度	(1)制动风翼测点压力； (2)制动风翼六分力测量； (3)噪声
2				
3				
4	0°～90°	0°～75°	列车运行最高速度	制动风翼＋导流罩六分力测量
5				
6				

制动风翼打开角度主要分为 75°、45°和 0°三个状态(图 6-9)，同时配合地面轮盘的转动，模拟正风和各个角度侧风作用下的风阻制动装置的受力、制动风翼表面压力分布和附近声场分布等。

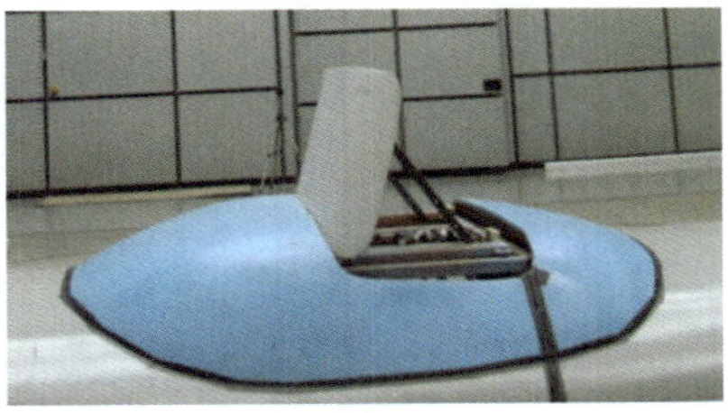

(a) 75°

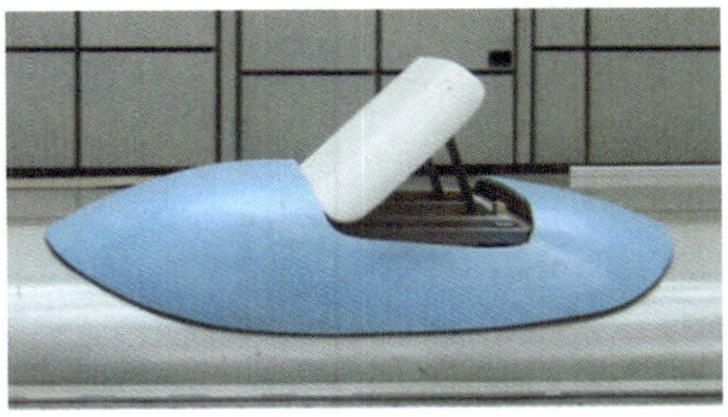

(b) 45°

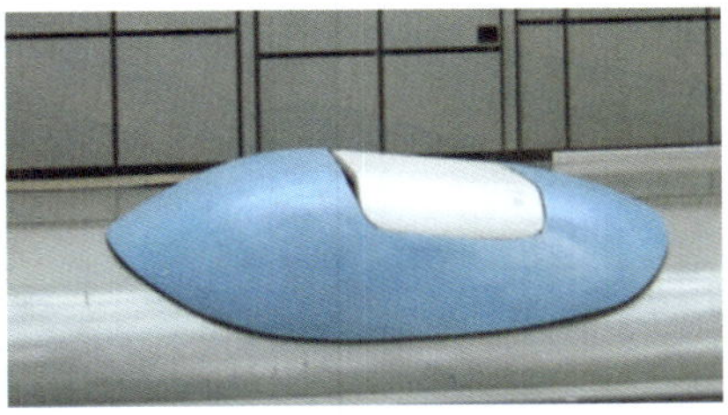

(c) 0°

图 6-9 风洞模型制动风翼打开角度示意

根据以上工况及测试方法，即可通过风洞试验研究风阻制动装置空气动力学特性和声学特性。

6.2 风载荷试验

风载荷试验在地面试验环境中模拟实际风载荷以验证风阻制动装置的制动能力、功能特性、静强度和动强度，同时测量装置工作时的气动噪声，由静载荷试验和动载荷试验组成。

6.2.1 分类

1. 静载荷试验

静载荷试验通过在制动风翼上施加模拟的平均风载荷，以验证制动风翼静强度是否符合要求。

因目前尚未有公开发表的风阻制动静载荷试验研究，所以其试验方法可以参考飞机结构静强度地面试验研究。飞机结构静强度地面试验是在地面环境下模拟飞机在使用过程中可能遇到的受力状况，从而对其进行强度验证和校核。试验件为全尺寸飞机，试验件支持和载荷加载是试验设计的重要环节。相较而言，风阻制动应用于地面列车，试验件非必要包括列车，支持方式简单，试验设计时需重点关注载荷加载。载荷加载应能准确模拟气动力六分力，飞机结构试验中常用的、可参考的加载技术有胶布带—杠杆、拉压垫等。风阻制动装置的响应也会影响车体的结构强度，如果风阻制动静载荷试验的试验件不包括列车车体，则在车体的结构强度试验中需要考虑风阻制动的载荷传递。参考飞机结构强度试验，风阻制动静载荷试验流程如图 6-10 所示。

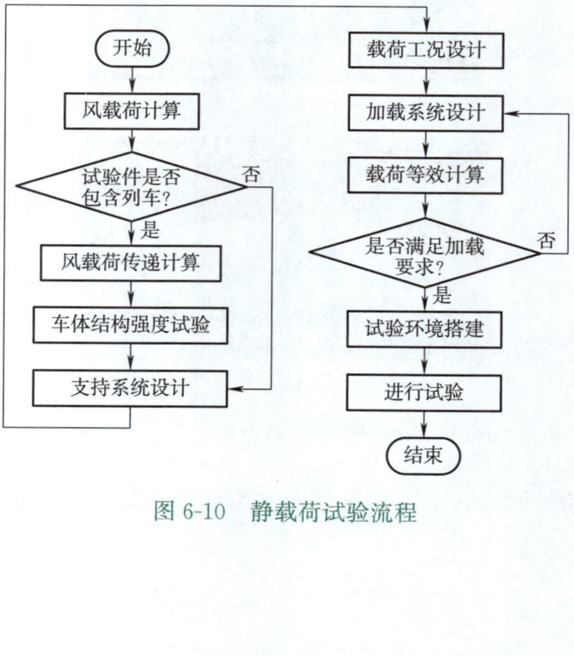

图 6-10　静载荷试验流程

2. 动载荷试验

动载荷试验模拟实际脉动风载荷加载，以验证制动风翼的制动能力、功能特性和动强度是否符合要求，同时测量装置工作时的气动噪声。动载荷试验的受试对象为风阻制动装置，或风阻制动装置与模拟车顶。试验时控制风阻制动装置进行动作，并完成数据测量。

动载荷试验可以在风载荷试验台上完成。风阻制动装置风载荷试验台的结构主要由风源部分、进出口风道、试验台机架部分、电控制部分、被测风阻制动机构、数据接收与测量等部分组成。风阻制动装置风载荷试验台结构组成如图 6-11 所示，外形如图 6-12 所示。

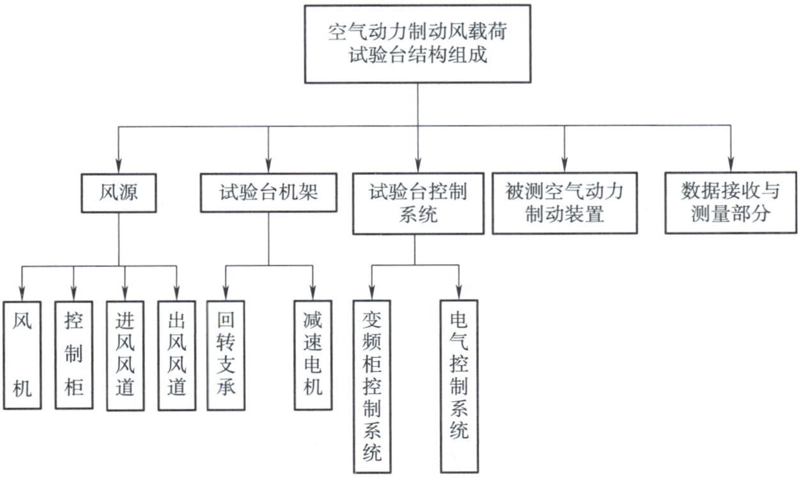

图 6-11　风载荷试验台结构组成

图 6-12　风载荷试验台外形

根据试验目的，动载荷试验需要测量制动风翼表面风压、部件动态响应和气动噪声。试验还需要通过改变受试对象与出风口的夹角，模拟不同来流角度的工况。表面风压的测量可以在制动风翼表面打测压孔直接测量，或是在制动风翼固定端安装压力传感器间接测量(图 6-13)。通过测量可以得到装置的功能特性。在装置的关键部件，如制动风翼表面、制动风翼转轴、气压/液压推杆等，安装加速度传感器，测量风阻制动装置工作时的动态响应。使用声压计在不同测点测量装置工作时产生的气动噪声。值得注意的是，由于受试对象通常不包括实际车体，所以无法测量司机室和客室内的噪声，需要通过线路试验测量。

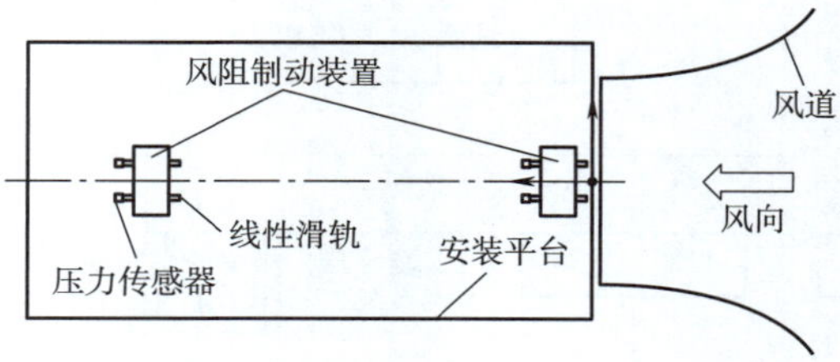

图 6-13 动载荷试验风压测量

6.2.2 具体步骤

利用风载荷试验台，可进行风阻制动效率试验、侧风试验、可靠性试验、强度疲劳试验和振动试验，具体试验步骤如下：

1. 风阻制动效率试验

(1)启动风载荷试验台。

(2)将制动风翼打开至 75°～90°。

(3)风机启动至低挡频率，在此载荷条件下，测量风阻制动装置制动风翼上的风压，计算制动风翼受到的风阻制动力大小。

(4)风机启动至中挡频率，在此载荷条件下，测量风阻制动装置制动风翼上的风压，计算制动风翼受到的风阻制动力大小。

(5)风机启动至高挡频率，在此载荷条件下，测量风阻制动装置制动风翼上的风压，计算制动风翼受到的风阻制动力大小。

(6)上述试验结束后，将制动风翼分别打开至 60°、45°、30°和 15°，重复步骤(3)～步骤(5)。风阻制动效率试验(制动风翼打开至 15°)如图 6-14 所示。

2. 侧风试验

(1)启动风载荷试验台。

(2)将制动风翼打开至 75°。

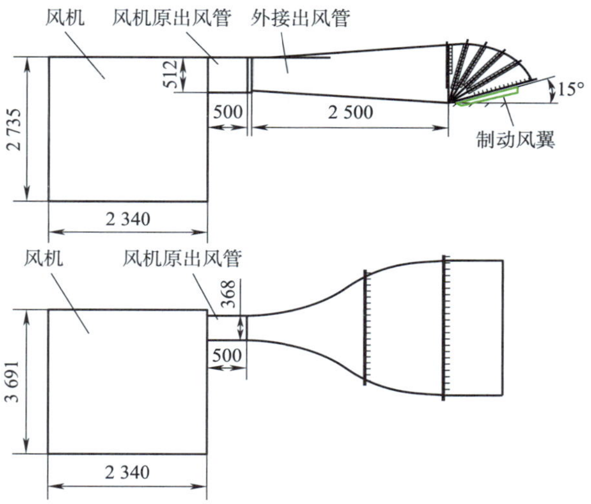

图 6-14　风阻制动效率试验示意(单位:mm)

(3)控制旋转机构逆时针分别旋转 10°、20°、30°、45°,至对应限位开关后锁定。

(4)风机启动至低挡频率,在此载荷条件下,测量风阻制动装置制动风翼上的风压,计算制动风翼受到的风阻制动力大小。

(5)风机启动至中挡频率,在此载荷条件下,测量风阻制动装置制动风翼上的风压,计算制动风翼受到的风阻制动力大小。

(6)风机启动至高挡频率,在此载荷条件下,测量风阻制动装置制动风翼上的风压,计算制动风翼受到的风阻制动力大小。

侧风试验(制动风翼旋转 45°)如图 6-15 所示。

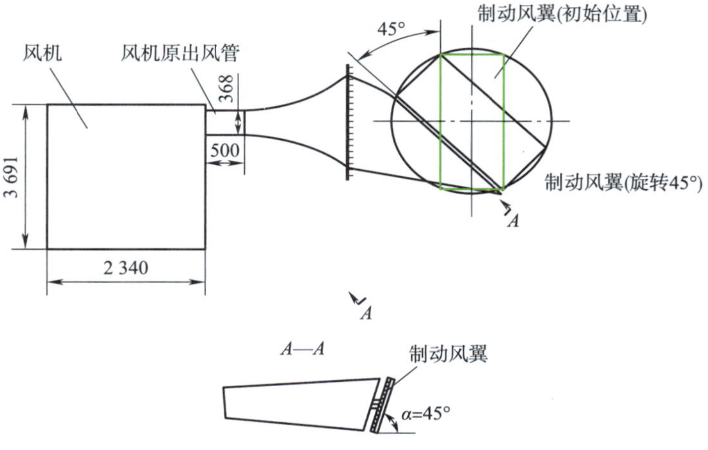

图 6-15　侧风试验示意(制动风翼旋转 45°)(单位:mm)

3. 可靠性试验

在高速高压的风流场作用下对制动风翼进行连续打开试验，并且打开到指定角度，用计数器进行计数，检测风阻制动装置的可靠性。

(1)启动风载荷试验台。

(2)将制动风翼依次打开至15°、30°、45°、60°、75°、90°，使得制动风翼在每个角度位置停留90 s。

(3)风机启动至低挡频率，重复第(2)步操作，并用计数器记录制动风翼打开次数，在3 h持续风载后，检测风阻制动装置单机功能。

(4)风机启动至中挡频率，重复第(2)步操作，并用计数器记录制动风翼打开次数，在3 h持续风载后，检测风阻制动装置单机功能。

(5)风机启动至高挡频率，重复第(2)步操作，并用计数器记录制动风翼打开次数，在3 h持续风载后，检测风阻制动装置单机功能。

制动风翼可靠性试验装置如图6-16所示。

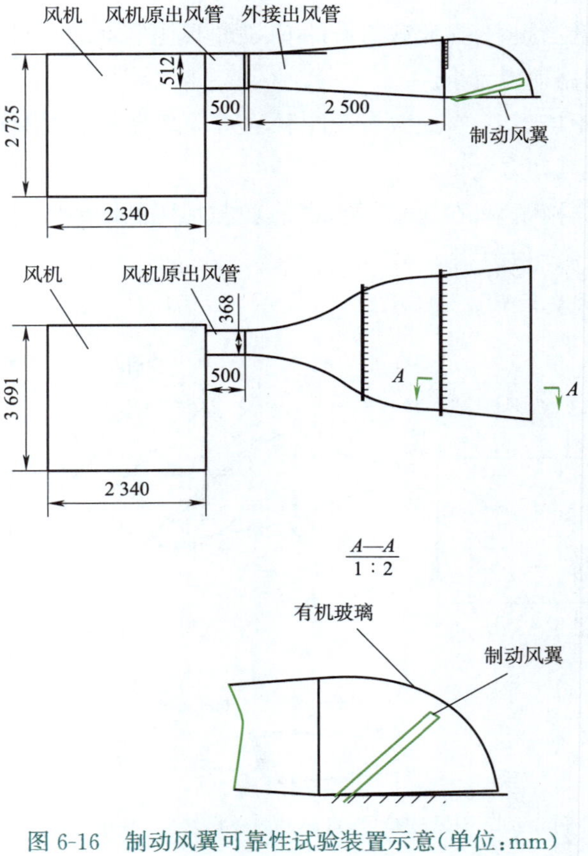

图6-16 制动风翼可靠性试验装置示意(单位:mm)

4. 强度疲劳试验

在高速高压的风流场作用下对制动风翼进行连续打开试验，并且打开到指定角度，用计数器进行计数，试验过程中利用应变片采集一些关键点的数据，对风阻制动试验装置的强度和疲劳特性进行分析。强度疲劳试验装置如图 6-16 所示。

(1)在风阻制动装置预期发生疲劳破坏处安装应变片，以采集相应数据。

(2)启动风载荷试验台。

(3)将制动风翼依次打开至 15°、30°、45°、60°、75°、90°，使得制动风翼在每个角度位置停留 90 s。

(4)风机启动至低挡频率，重复第(2)步操作，并用计数器记录制动风翼打开次数，至风阻制动装置发生疲劳破坏时停止，输出并分析应变片采集结果。

(5)风机启动至中挡频率，重复第(2)步操作，并用计数器记录制动风翼打开次数，至风阻制动装置发生疲劳破坏时停止，输出并分析应变片采集结果。

(6)风机启动至高挡频率，重复第(2)步操作，并用计数器记录制动风翼打开次数，至风阻制动装置发生疲劳破坏时停止，输出并分析应变片采集结果。

5. 振动试验

在风阻制动装置受风载荷时振动较为剧烈的位置安装测量振动的响应传感器，利用数据采集分析系统和模态分析软件对结构进行试验模态分析。

(1)在风阻制动装置受风载荷时振动较为剧烈的位置安装测量振动的响应传感器，以采集相应数据。

(2)启动风载荷试验台。

(3)将制动风翼依次打开至 15°、30°、45°、60°、75°、90°，使得制动风翼在每个角度位置停留 90 s。

(4)风机启动至低挡频率，重复第(2)步操作，在 3 h 持续风载后，记录并分析振动响应传感器采集结果，并进行振动模态分析。

(5)风机启动至中挡频率，重复第(2)步操作，在 3 h 持续风载后，记录并分析振动响应传感器采集结果，并进行振动模态分析。

(6)风机启动至高挡频率，重复第(2)步操作，在 3 h 持续风载后，记录并分析振动响应传感器采集结果，并进行振动模态分析。

6.3 型式试验

风阻制动装置在投入运营使用之前，应通过型式试验，对其合格性进行检验和评定，验证产品能否满足技术规范的全部要求。型式试验包括高低温湿热试验、振动冲击试验和电磁兼容性试验。

6.3.1 高低温湿热试验

高低温湿热试验主要用于对风阻制动装置产品按照国家标准要求，在低温、高温、湿热条件下，对产品的物理以及其他相关特性进行环境模拟测试。测试结束后，通过检测判断产品的性能是否仍然能够符合预定要求，以便供产品设计、改进、鉴定及出厂检验用。

1. 高低温湿热试验条件

试验箱(室)应能提供使被试风阻制动装置经受试验规定的严酷范围的低温、高温和湿热的试验环境。

进行试验前，确认被试风阻制动装置已进行外观检查及电气和机械性能的检测，并符合相关要求。试验箱在升降温操作时，被试风阻制动装置应断电。

(1)高温环境试验

试验依据 IEC 60068-2-2:2007 Environmental testing—Part 2-2:Tests—Test B:Dry heat。

环境温度:(55±2)℃。

持续时间:16 h(在此期间被试件通电)。

持续时间结束时，在 40 ℃环境温度时进行功能试验。

(2)低温环境试验

试验依据 IEC 60068-2-1:2007 Environmental testing—Part 2-1: Tests—Test A: Cold。

环境温度:(−25±3)℃。

持续时间:16 h(在此期间被试件不通电)。

持续时间结束时，被试件在环境条件下通电进行功能试验。

(3)湿热环境试验

试验依据 IEC 60068-2-78:2001 Environmental testing—Part 2-78: Tests—Test Cab: Damp heat, steady state。

环境温度:(40±2)℃。

相对湿度:(93±3)%。

持续时间: 16 h(在此期间被试件不通电)。

持续时间结束时，被试件在环境条件下通电进行功能试验。

2. 高低温湿热试验判断标准

(1)试验对象外部无缺陷。

(2)风阻制动装置在设定制动级位 1～8 之间手动连续循环工作的功能正常。

(3)风阻制动装置在自检模式下，在设定制动级位 1、3、5、7 之间连续循环工作的功能正常。

(4)上位机监控数据与曲线显示正常，包括试验时间、制动级位、打开角度、压力信号。

(5)上位机监控数据文件存储正常。

(6)视频监控系统输出正常，图像清晰。

(7)无故障报警提示。

6.3.2　振动冲击试验

振动冲击试验指通过对风阻制动装置施加振动和冲击，考核样品承受运输、使用或者维修过程中冲击能力的试验，主要包括长寿命随机振动试验、冲击试验、功能性随机振动试验、扫频试验等。

1. 增强随机振动量级的垂向、横向和纵向模拟长寿命试验

该试验目的是证实在增强的环境条件下设备机械结构的完好性。在此条件下不必检查设备的功能。

(1)将被试风阻制动装置固定在振动试验台上，使振动试验台按表 6-2 中严酷等级和频率范围工作。

(2)三个互相垂直的方向分别做 5 h 试验后，取下被试风阻制动装置，按照型式试验相关标准进行检查。

表 6-2　模拟长寿命试验严酷等级和频率范围

类　别	取　向	总均方根加速度/(m/s^2)	频率范围
1 类	垂向	5.9	图 6-17
A 级	横向	2.9	
车体安装	纵向	3.9	

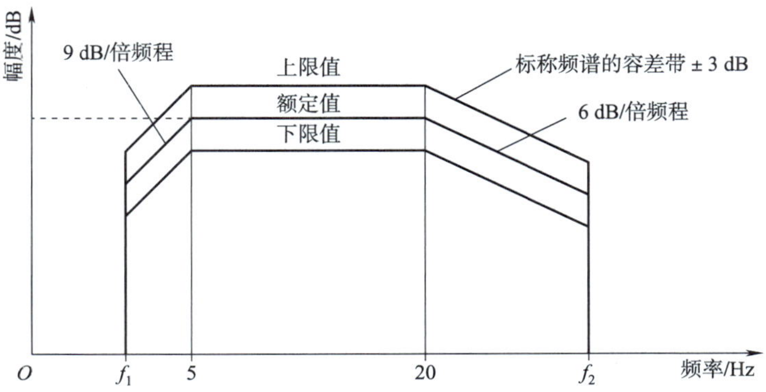

图 6-17　模拟长寿命和功能性随机振动试验频率范围

当质量＜500 kg：	$f_1=5$ Hz	$f_2=150$ Hz
当 500 kg≤质量＜1 250 kg：	$f_1=(1\ 250/\text{质量})\times 2$ Hz；	$f_2=(1\ 250/\text{质量})\times 60$ Hz
当质量≥1 250 kg：	$f_1=2$ Hz	$f_2=60$ Hz

2. 垂向、横向和纵向冲击试验

垂向、横向和纵向冲击试验目的是模拟使用过程中的偶然情况。试验过程中，被试风阻制动装置不必工作。

(1)把被试风阻制动装置安装在冲击试验台上，按表6-3施加冲击时间为 D、峰值加速度为 A 的单个半正弦脉冲(脉冲波形如图6-18所示)。横向振动不应超过GB/T 2423.5规定方向上标称脉冲峰值加速度的30%。

表6-3　冲击试验严酷等级、脉冲波形和方向

类　别	取　向	峰值加速度 A/(m/s^2)	冲击时间 D/ms
1类	垂向	30	30
A级	横向	30	30
车体安装	纵向	50	30

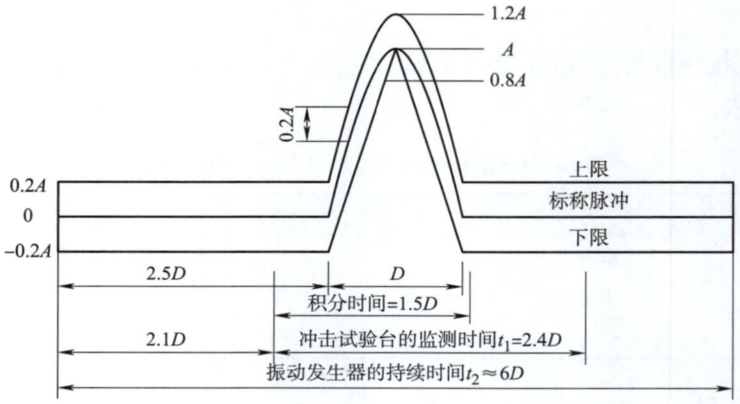

D—标称冲击时间；A—标称冲击的峰值加速度；

t_1—冲击试验台的监测时间；t_2—振动发生器的持续时间。

图6-18　冲击试验容差范围—半正弦脉冲

(2)按GB/T 2423.5的规定，对被试风阻制动装置施加18次冲击(三个正交平面上正向和反向各三次)。

垂向、横向和纵向功能性随机振动试验目的是证明在轨道交通车辆上可能的环境条件下使用时，被试设备能正常工作。将被试风阻制动装置固定在振动试验台上，按表6-4施加随机振动。对每个响应点，所测加速度的时间序列概率密度函数(probability density function，PDF)应该呈近似的高斯分布且峰值因数(即峰值与均方根值之比)至少为2.5，累积PDF的容差应满足图6-19。

表 6-4　功能性随机振动试验严酷等级和频率范围

类　别	取　向	总均方根加速度/(m/s²)	频率范围
1 类	垂向	0.75	图 6-18
A 级	横向	0.37	
车体安装	纵向	0.50	

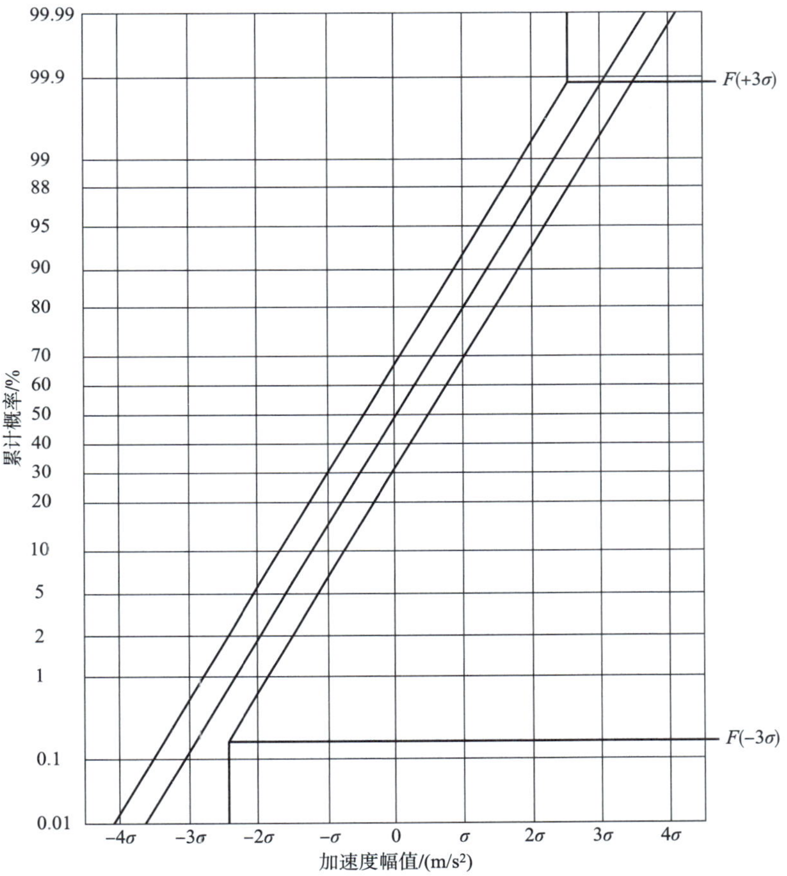

图 6-19　累积 PDF 的容差范围

3. 扫频试验

扫频试验是指在试验过程中维持一个或两个振动参数(位移、速度或加速度)量级不变，而振动频率在一定范围内连续往复变化的试验，用于检测风阻制动装置的振动频响等特性。

(1)检测点位置

①车顶制动风翼：制动风翼几何中心处。

②控制装置:控制柜内液压站阀块侧面某点。

(2)频率范围:5～150 Hz。

(3)扫频循环数:1 次。

(4)振动幅值:低于交越频率的位移幅值 0.75 mm,高于交越频率的加速度幅值 2 m/s^2。

振动、冲击试验完成以后,如果达到了以下要求,则可认为通过了该试验:

①外观和机械结构没有发生变化。

②风阻制动装置在设定制动级位 1～8 之间手动连续循环工作的功能正常。

③风阻制动装置在自检模式下,在设定制动级位 1、3、5、7 之间连续循环工作的功能正常。

④上位机监控数据与曲线显示正常,包括试验时间、制动级位、打开角度、压力信号。

⑤上位机监控数据文件存储正常。

⑥视频监控系统输出正常,图像清晰。

⑦无故障报警提示。

6.3.3 电磁兼容性试验

电磁兼容性(electromagnetic compatibility,EMC)试验是指测试风阻制动装置在其电磁环境中是否符合要求运行并不对其环境中的任何设备产生无法忍受的电磁干扰的能力,主要分为电快速瞬变脉冲群、浪涌电压试验、电磁传导耐受测试、静电放电试验。

1. 电快速瞬变脉冲群

(1)试验依据:《电磁兼容　试验和测量技术　电快速瞬变脉冲群抗扰度试验》(GB/T 17626.4—2018)。

(2)试验电压:2 kV/50 μs。

(3)重复频率:5 kHz。

(4)试验时间:1 min。

(5)注入部位:输入端口 DC 110 V。

2. 浪涌电压试验

(1)试验依据:《电磁兼容　试验和测量技术　浪涌(冲击)抗扰度试验》(GB/T 17626.5—2008)。

(2)试验电压: 2 kV(差模,共模)。

(3)正负极性各试验 5 次,重复频率 1 次/min。

(4)注入部位:输入端口 DC 110 V。

3. 电磁传导耐受测试

(1)试验依据:《电磁兼容　试验和测量技术　射频场感应的传导骚扰抗扰度》(GB/T 17626.6—2008)。

(2)频率范围:0.15～80 MHz。

(3)试验场强:10 V。

(4)注入部位:输入端口 DC 110 V。

4. 静电放电试验

(1)试验依据:《电磁兼容　试验和测量技术　静电放电抗扰度试验》(GB/T 17626.2—2008)。

(2)空气放电:8 kV。放电部位为非金属部位。

(3)接触放电:6 kV。放电部位为金属部位。

(4)间接放电:6 kV。放电部位为耦合板。放电次数正负各 10 次,1 次/s。

电磁兼容性试验判断标准如下:

①试验对象外部无缺陷。

②风阻制动装置在设定制动级位 1、3、5、7 之间连续循环工作的功能正常。

③上位机监控数据与曲线显示正常,包括试验时间、制动级位、打开角度、压力信号。

④上位机监控数据存储文件正常。

⑤有图像输出,存储正常。试验过程中允许图像质量下降,试验结束恢复正常;无故障报警提示。

6.4　鸟撞试验

针对高速列车这种高速贴地行驶的载运工具,在高速运行过程中极易受到外物的撞击,从而影响列车的正常行驶。风阻制动装置的制动风翼安装在列车车顶,在作用时制动风翼处于开启状态,迎风面积较大,可能受到高速飞行物的撞击。针对可能发生的这种情况,需要对风阻制动装置进行鸟撞试验,验证制动风翼的抗冲击性能以及在撞击后整个装置的开启和闭合功能。鸟撞试验是通过对固定安装不动的受试对象发射规定质量的鸟弹,以检测其抗撞击性能的一种试验方法。试验可参考《高速动车组风挡玻璃及车体材料抗鸟撞、抗硬物冲击试验方法》(GB/T 32058—2015)进行。

6.4.1　试验件安装及试验前准备

鸟撞试验前,需安装试验件并粘贴应变片,为试验数据测试做前期准备工作。试验件包括制动风翼及其连接件(转轴和底座框架),如图 6-20 所示。

试验件应通过夹具紧固在专用试验台上,试验件的安装状态应满足实际应用工况,即按照在列车上的实际安装角度安装在试验台上,呈斜撞击姿态。试验件上的预定弹着点位置以发射管中轴线为基准确定。弹着点距发射管出口端的距离应大于 10 倍发射管外径,鸟弹撞击试验件弹着点位置中心偏差不超过预定弹着点半径 25 mm 的范围。

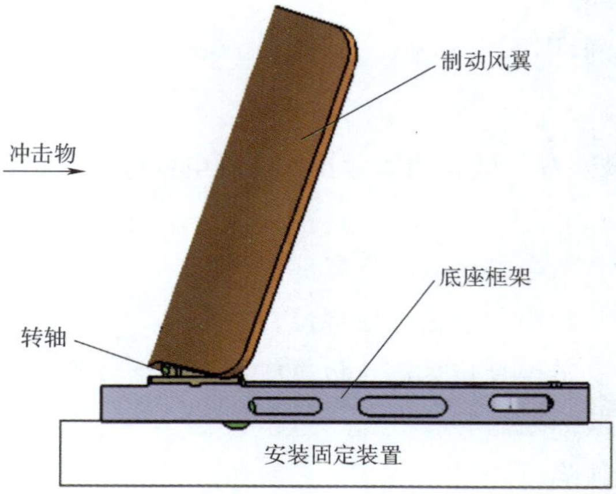

图 6-20　风阻制动装置鸟撞试验撞击示意

为了检验风阻制动装置各承力件在鸟撞试验过程中的受力情况，在制动风翼、底座等部件上布置了应变片，以测量鸟撞试验过程中的风阻制动装置各受力件的应力应变情况。风阻制动装置底座上布置有 10 个单向应变片，用来检测底座在撞击试验过程的最大受力情况；风阻制动摇臂上布置有 6 个单向应变片，用来检测摇臂在撞击试验过程的最大受力情况；制动风翼布置的应变片采用三向应变片，摇臂与制动风翼结合部位布置有 6 个应变片，撞击区域附近布置有 2 个应变片，撞击部位反面布置有 1 个应变片，制动风翼侧面布置有 1 个应变片作为补偿。

被测风阻制动装置如图 6-21 所示，被测件应变片布置情况如图 6-22 所示。

图 6-21　被测风阻制动装置

（a）应变片1~8分布位置示意

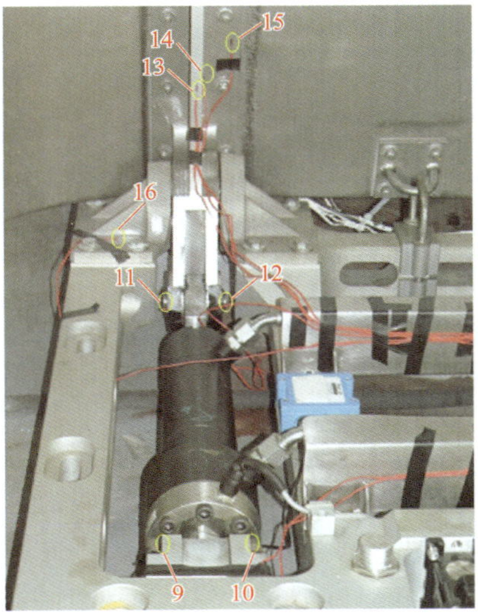

（b）应变片9~16分布位置示意

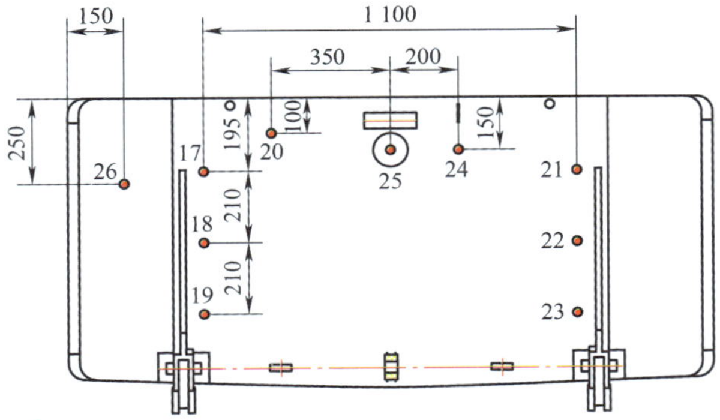

（c）应变片17~26分布位置示意（单位：mm）

图 6-22　被测应变片布置情况

1～16 处采用单片式应变片，均粘贴在金属件上，表面平整；17～26 处采用三线制应变片，粘贴在复合材料制成的制动风翼上，表面不平整，有一定的弧度，其中 17～24 处及 26 处的应变片粘贴在制动风翼的迎风面上、25 处的应变片粘贴在制动风翼的内侧。

6.4.2　试验方法及步骤

采用空气炮按预定压力发射鸟弹撞击安装于试验夹具上的试验件。

1. 鸟撞试验主要技术要求

（1）在鸟弹发射前，以不过度约束鸟体的前提下包装鸟体，并应配备用以保护和支持鸟弹的保护套，以防止鸟体破裂。

（2）在炮管末端，应有阻止保护套前进的分离装置，仅让鸟弹撞击试验件。

(3)鸟弹离开炮口后,应保持自由飞行。

2. 鸟撞试验主要程序

(1)校准空气炮。正式撞击试验之前,必须采用与当次试验要求一致的鸟弹撞击模拟靶校准空气炮,以确定正式试验所需的压力。

(2)安装试验件并对试验件姿态进行检查。可使用激光瞄准装置校准预定弹着点的位置。

(3)安装并检查所有传感器和测试设备。

(4)按试验大纲要求值调节试验件的温度。

(5)制作鸟弹,记录质量。

(6)确认空气炮系统及测量系统工作状态正常,进入发射程序。

(7)进行试验,测量试验件应变情况并采用高速摄影机记录整个过程。

(8)试验后,保存试验数据;检查所有测试设备、仪器状态;记录试验件、模拟件损伤程度。

6.4.3 试验结果评定

对试验前后的试验件进行检查,并记录试验过程中试验件的变形和破坏情况,作为评定试验的依据。提供的文件包括以下内容:

(1)试验件目视检查记录。

(2)试验件无损检查报告。

(3)速度测量记录。

(4)撞击力、应力/应变测量记录。

(5)撞击位移测量记录。

(6)高速摄像机记录。

(7)现场照片。

试验件经鸟撞试验后,由下述方法来评定其结果是否符合试验规定:

①玻璃件——用目视法确定其损伤程度。

②支承结构件——用目视法并配备5倍放大镜检查,以确定其损伤程度。

③模拟乘员——用目视法并配合高速摄影的照片检查试验件挠曲造成的影响,包括撞击碎片的数量、位置和尺寸对模拟乘员的损伤程度。

6.5 线路试验

线路试验是将风阻制动装置安装于实际列车,验证风阻制动在不同运行工况下的制动系统性能和结构强度,测量运行参数并分析风阻制动对运行的影响。线路试验结果最接近风阻制动的实际效果，但由于条件限制往往只能在设计定型后才能进行。并且不同来流角度、来流速度运行工况的实现受制于天气因素，实际试验时可能无法实现。

根据试验目的和运行影响性评价标准，线路试验应至少测量的项点有：制动风翼表面风压，风阻制动装置承力部件动态响应，走行部实时参数（如轮轨车轴重变化、磁浮车悬浮响应等），车体安装处应力应变，受电弓受力，空调进排气流量，车内、道旁和站点噪声。

同时，线路试验应至少包括的运行工况有：不同制动初速度、列车交会、进出隧道和列车进站。在条件充分时，还应进行横风条件（不同来流角度、来流速度）下的线路试验。

考虑到实际使用过程中制动风翼因故障而无法开启或回收的情况，还应进行不同故障状态的制动试验，包括所有装置无故障、只有一套装置无故障、不同数量组合的装置故障。若制动风翼双侧独立，还应进行单侧故障试验。

线路试验测试项点多种多样，不同线路试验测试目的和需求有所差异，以日本山梨磁浮试验列车和某型高速综合检测试验列车为例对风阻制动装置线路试验进行介绍。

6.5.1　日本山梨磁浮试验列车线路试验

风阻制动装置作为一种新型非黏着制动形式，首次应用于日本山梨磁浮试验列车。这种制动装置安装在 5 节编组的列车上，安装位置如图 6-23 所示。

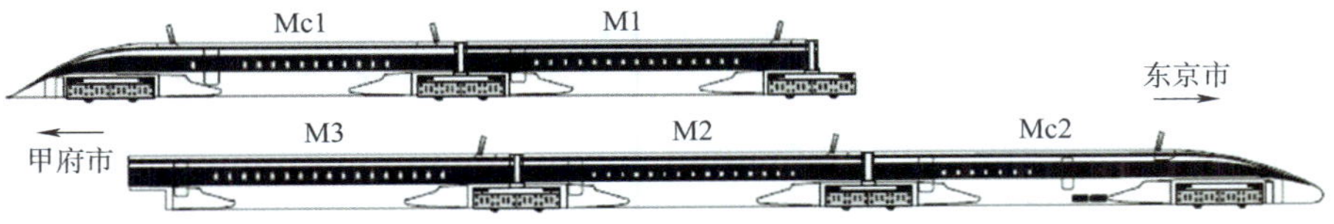

Mc—带司机室的动车；M—普通动车。

图 6-23　风阻制动装置安装位置示意

在山梨磁浮试验线上，风阻制动作为紧急制动，为高速运行下的列车安全提供保障。在试验过程中，采用了两种不同形式的制动风翼：一种是左右对称的双片型制动风翼，每片迎风面积为 1.2 m^2，总面积 2.4 m^2；一种是单片型制动风翼，迎风面积为 1.95 m^2。两种形式的制动风翼实物如图 6-24 所示。

由于单片型制动风翼的转轴与列车长度方向垂直，开启方向为纵向，所以其打开方式则有迎风开启与背风开启两种模式；由于制动风翼开启时受到较大的风压作用，尤其是列车运行方向的第一个制动风翼受到的风压最大，最易发生故障、失效。因此，为减少故障失效率，第一个制动风翼一般采用迎风式开启方式。两种制动风翼开启方式如图 6-25 所示。

（a）双片型制动风翼

（b）单片型制动风翼

图 6-24　两种不同形式的制动风翼

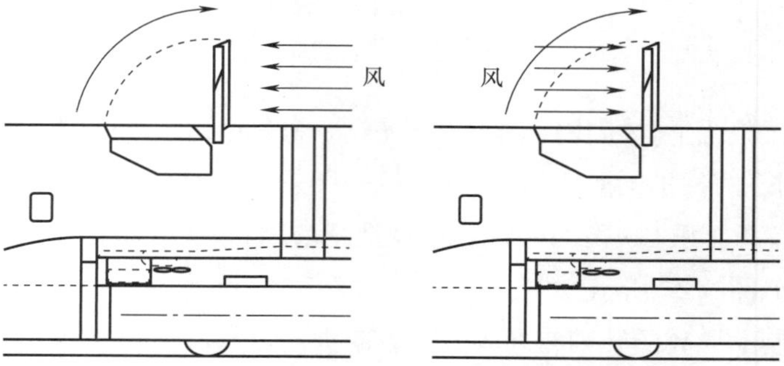

（a）背风开启　　（b）迎风开启

图 6-25　两种单片型制动风翼开启方式

山梨磁浮试验线风阻制动试验采用的是实车试验方式，对作为紧急制动的风阻制动进行实测，测量对象为风阻制动装置在不同速度下能够产生的风阻制动力大小。

试验针对以下影响因素进行了试验：

(1)隧道内外不同外部环境。

(2)列车运行速度。

(3)制动风翼弯曲弧度。

(4)制动风翼安装位置。

(5)制动风翼开启方式。

(6)制动风翼类型与迎风面积。

针对以上各影响因素,试验结果如下:

(1)风阻制动力大致与速度的平方成正比,在制动风翼全开的条件下,列车行驶在隧道中时,其由风阻制动产生的减速度为 0.2g。

(2)当列车运行速度为 500 km/h 时,双片型("猫耳朵"式)风阻制动装置在第一个迎风板处所产生的单位面积制动力为 20 kN/m^2,在第二个迎风板及后续迎风板处产生的单位面积制动力为 15 kN/m^2;而单片型风阻制动装置在第一个迎风板处所产生的单位面积制动力为 18 kN/m^2。

(3)由于第一个迎风板对列车顶部气流的影响,双片型风阻制动装置的第二个及后续迎风板处的风阻制动力为第一个迎风板处风阻制动力的 0.75 倍;而单片型风阻制动装置对这一干扰表现不敏感,即后部迎风板处风阻制动力与第一个迎风板处风阻制动力相差不大,可以忽略不计。

(4)对于制动风翼的弯曲弧度,双片型制动风翼较为敏感,产生的制动力与弧度为零时所产生的制动力相差 10%左右,具体制动力大小为凹形制动风翼>平板制动风翼>凸形制动风翼;这一因素对单片型制动风翼几乎无影响。

(5)列车运行在隧道与开阔地时的风阻制动效果存在差异,其中隧道中的风阻制动力为开阔地中的风阻制动力的 1.33 倍,这与隧道壁面影响气流流动有关。

6.5.2　某型高速综合检测试验列车线路试验

为探索高速下的非黏着制动方式风阻制动的制动特性、制动能力及对风阻制动能力的影响因素,掌握在制动风翼制动能力与高速列车速度的关系,于某型高速综合检测试验列车进行风阻制动装置线路试验,如图 6-26 所示。

图 6-26　风阻制动装置线路试验

1. 线路试验准备

(1)在列车风阻制动前，应在库内进行静态试验，保证各车风阻制动装置和制动风翼状态良好。

(2)动态试验前，确定列车所有车辆需电制动和空气制动状态良好。列车按标准载荷进行装载，试验地点能保证列车达到规定的试验速度。

确保列车的制动状态良好，试验时应确定闸片良好地贴靠在制动盘上，并经适当磨合。每次试验前，制动闸片的制动盘表面温度应不大于 100 ℃。

(3)风阻制动试验时，1 号车为主控车。

要求试验地点能保证列车达到规定的试验速度，试验地点应在干燥平直轨道上。

2. 线路试验具体内容及工况

(1)使用再生制动＋空气制动

在 300 km/h、350 km/h 制动初速度下，利用制动控制器分别实施常用制动、快速制动，测试上述制动初速度下的制动距离和列车的瞬时减速度。

(2)风阻制动功能试验

列车速度在 200～250 km/h 时，施加风阻制动(三台风阻制动装置同时动作)并变换风阻制动的控制挡位(从 1 挡至 8 挡)，通过风阻制动控制柜的监控界面，观察制动风翼运动过程中是否卡滞、电机是否有异响、挡位变换是否正常。

(3)使用再生制动＋空气制动＋风阻制动

在 300 km/h、350 km/h 制动初速度下，利用制动控制器分别实施常用制动、快速制动，同时三台风阻制动装置挡位设置为 8 挡。

测试上述制动初速度下的列车制动距离和瞬时减速度。同时在制动过程中通过风阻制动控制柜的视频监控界面，监测制动风翼使用状况。

试验结束后，通过对不同制动方式等工况下列车运行状态进行分析，判断风阻制动装置能否正常工作，通过分析多工况列车风阻制动平均减速度和制动距离，对风阻制动效果进行评价，判断其性能是否合格并达到预期目标。

6.5.3 风阻制动装置线路试验内容及步骤

风阻制动装置线路试验包括风阻制动作用效果试验、列车交会试验、列车进出隧道试验、侧风试验、道旁影响试验等，其具体内容和步骤如下：

1. 风阻制动作用效果试验

(1)列车启动，风阻制动装置车顶制动风翼闭合，与导流罩一起成为列车车体顶部部分，但风阻制动装置处于可用状态。

(2)列车达到最大速度后沿直线运行并实施紧急制动，制动风翼打开至 75°。

(3)列车逐渐减速至完全停止期间,采集每个制动风翼的受力状态,采集列车减速度以及轴重变化数据,采集制动距离与制动时间。

(4)根据采集得到数据分析,列车的风阻制动装置受到的风阻制动力对列车制动产生的影响,对比其他方式得到的制动力与制动减速度,得到风阻制动力在整个制动系统的制动力中所贡献的比例。

(5)分析首位迎风制动风翼与之后的制动风翼所受风阻制动力,得到风阻制动力与制动风翼的位置之间的关系。

(6)重复以上步骤,使制动风翼分别打开至 60°、45°、30°、15°,采集相关数据并分析。

(7)以山梨磁浮试验线为例,如果制动风翼全部正常工作,产生的制动阻力约为 220 kN,将其换算成制动减速度为 $0.2g$。其中,首位制动风翼产生的制动力大于后位制动风翼产生的制动力,判断制动风翼是否正常工作。

2. 列车交会试验

(1)两列车分别启动,风阻制动装置车顶制动风翼闭合,与导流罩一起成为列车车体顶部部分,但风阻制动装置处于可用状态。

(2)两列车达到最大速度后沿直线运行并进入平行轨道,实施紧急制动,制动风翼打开至 75°,并确保两车处于同步状态。

(3)两列车以最大速度交会期间,采集每个制动风翼的受力状态,采集列车减速度以及轴重变化数据,采集每车相邻一侧的压力信号,监测列车运行状态。

(4)根据采集得到数据分析,列车的风阻制动装置对列车交会产生的影响,判断风阻制动装置是否会威胁列车交会运行安全。

(5)重复以上步骤,使制动风翼分别打开至 60°、45°、30°、15°,采集相关数据并分析。

(6)相关试验要求

①环境风速测量,测量点应在距离轨道 4 m、高度距离轨面 2 m 处,并且风速取值应以列车头部到达该点前 15 s 时刻的测量值为准。

②环境风速应在 2 m/s 以内,且测量时的实际车速与测量车速的误差应在±10%之内。

③压力传感器的建议测量范围为 1 500 Pa,测量频率为 150 Hz。

④压力测量点建议选择距离轨道中心 2.5 m,距轨面高度为 1.5 m、1.8 m、2.1 m、2.4 m、2.7 m、3.0 m 和 3.3 m 处。

⑤表面压力的测量方式应取压口通过表面,如果此方法不可行,则应在相应表面安装薄板。

3. 列车进出隧道试验

(1)列车启动,风阻制动装置车顶制动风翼闭合,与导流罩一起成为列车车体顶部部分,但风阻制动装置处于可用状态。

(2)列车达到最大速度后沿直线运行,进入隧道前实施紧急制动,制动风翼打开至75°。

(3)隧道长度不超过20 m,从列车车头进入隧道至列车车尾离开隧道期间,采集每个制动风翼的受力状态,采集列车头部、尾部与中间部分的实时压力信号,得到压力信号峰值与达到峰值的时刻与列车部位。

(4)根据采集得到数据分析,列车的风阻制动装置对列车进出隧道所承受的压力产生的影响,判断风阻制动装置是否会威胁列车进出隧道运行安全。

(5)重复以上步骤,使制动风翼分别打开至60°、45°、30°、15°,采集相关数据并分析。

(6)相关试验要求

①环境风速测量,测量点应在距离轨道4 m、高度距离轨面2 m处,并且风速取值应以列车头部到达该点前15 s时刻的测量值为准。

②环境风速应在2 m/s以内,且测量时的实际车速与测量车速的误差应在±10%之内。

③压力传感器的建议测量范围为1 500 Pa,测量频率为150 Hz。

④表面压力的测量方式应取压口通过表面,如果此方法不可行,则应在相应表面安装薄板。

4. 侧风试验

(1)列车启动,风阻制动装置车顶制动风翼闭合,与导流罩一起成为列车车体顶部部分,但风阻制动装置处于可用状态。

(2)列车达到最大速度后沿直线运行,并在进入大侧风区段前实施紧急制动,制动风翼打开至75°。

(3)在列车途经大侧风区段期间,采集每个制动风翼的受力状态,采集列车减速度以及轴重变化数据,采集侧风来向一侧车体外围的压力信号,监测列车运行状态。

(4)根据采集得到数据分析,对比未安装风阻制动装置的列车,得到列车的风阻制动装置对列车受大侧风载荷时产生的影响,判断列车受大侧风时有无安装风阻制动装置是否对列车运行安全造成较大影响。

(5)重复以上步骤,使制动风翼分别打开至60°、45°、30°、15°,采集相关数据并分析。

5. 道旁影响试验

(1)列车启动,风阻制动装置车顶制动风翼闭合,与导流罩一起成为列车车体顶部部分,但风阻制动装置处于可用状态。

(2)列车达到最大速度后沿直线运行,并在进站停车时实施紧急制动,制动风翼打开至75°。

(3)列车逐渐减速至完全停止期间,采集每个制动风翼的受力状态,采集道旁的压力信号。

(4)根据采集得到数据分析,对比没有风阻制动装置的列车,列车的风阻制动装置对道旁设备及人员产生的影响，判断是否会威胁到道旁设备及人员安全。

(5)重复以上步骤，使制动风翼分别打开至60°、45°、30°、15°，采集相关数据并分析。

(6)相关试验要求

①环境风速测量，测量点应在距离轨道4 m、高度距离轨面2 m处，并且风速取值应以列车头部到达该点前15 s时刻的测量值为准。

②环境风速应在2 m/s以内，且测量时的实际车速与测量车速的误差应在±10%之内。

③压力传感器的建议测量范围为1 500 Pa，测量频率为150 Hz。

④压力测量点建议选择距离轨道中心2.5 m，距轨面高度为1.5 m、1.8 m、2.1 m、2.4 m、2.7 m、3.0 m和3.3 m处。

第7章 高速列车风阻制动技术应用案例

风阻制动产生的制动阻力与速度的平方成正比，通常适用于高速列车紧急制动补充制动方式。国内外风阻制动已经应用于高速试验列车和高速磁悬浮列车。本章将介绍一些应用案例分析。

7.1 我国高速综合检测试验列车风阻制动

2011年，国内时速500 km CIT500型高速综合检测试验列车安装了3套风阻制动装置，分别安装在第二、第三、第五节车上（图7-1）。该风阻制动装置是液压驱动单向斜起式，主要由车顶制动风翼装置、液压驱动装置、电气控制装置三部分组成，单块制动风翼迎风面积为1.5 m^2。

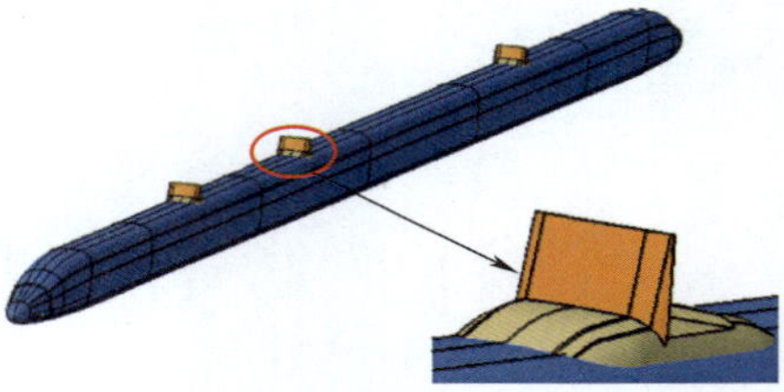

图7-1 时速500 km CIT500型高速综合检测试验列车风阻制动装置布置示意

1. 车顶制动风翼装置

车顶制动风翼装置主要由制动风翼部分、安装底座及连接支座等组成，如图7-2所示。制动风翼部分主要由制动风翼、支座、摇臂、保险扣、锁扣、接近开关等组成。其中制动风翼为最重要的组成部分。

(1)制动风翼选材

制动风翼在工作过程中，会不可避免地受到气动载荷、温湿度变化、冲击以及腐蚀等多种环境因素的影响。为了应对这些挑战，借鉴大飞机材料及其他航空航天产品的选材经验，综合考虑了材料性能、成本以及供货渠道等诸多因素。在气动载荷的作用下，制动风翼结构必须具备良好的抗弯和抗扭刚度，以确保其能够实现有效的制动功能。从材料国产化的角

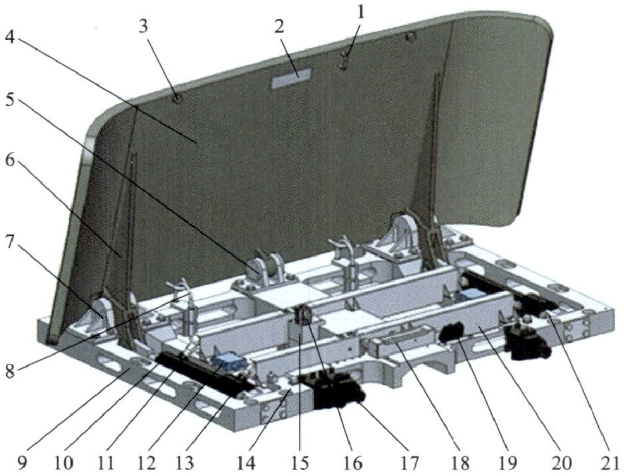

1—锁扣；2—磁力锁铁块；3—接近开关；4—制动风翼；5—中间支座；6—摇臂；7—左支座；
8—保险扣；9—安装底座；10—液压缸；11—接头；12—信号调节器；13—液压软管；
14—接近开关座；15—摄像头安装座；16—摄像头；17—接插件；
18—磁力锁；19—机械锁；20—挡板；21—称重传感器。

图 7-2　车顶制动风翼装置组成

度考虑，选用纤维增强材料作为复合材料主体面板结构的主体材料，选用 PVC 泡沫材料作为复合材料主体面板结构的泡沫夹芯材料。而在选择摇臂和支座材料时，从防腐蚀和疲劳的角度考虑，选用高强度铝合金以确保这些部件在恶劣环境下也能保持稳定的性能。

（2）制动风翼结构

列车最高时速 550 km，在该速度引起的气动载荷作用下，制动风翼整体结构不失稳，壁板、筋条以及连接接头处于弹性变形范围内。考虑到复合材料设计中采用的静力覆盖疲劳和损伤无扩展的原则，根据气动载荷条件采用了如图 7-3 所示复合材料夹芯壁板结构，面板由碳纤维和玻璃纤维混杂铺设而成，而芯材则是整体的 PVC 泡沫夹芯。采用上述结构主要基于抗冲击损伤的考虑：一方面采用碳纤维/玻璃纤维层间混杂铺层可以提高低速外来物冲击损伤阻抗，另一方面使用 80 kg/m^3 PVC 夹芯结构可以缓解高速外来物冲击（如鸟撞冲击）。

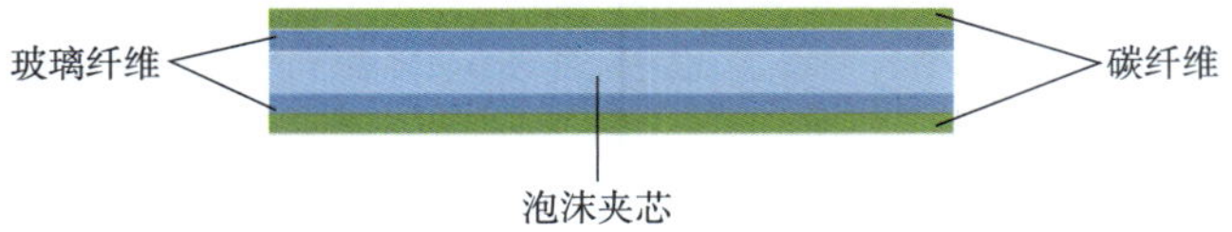

图 7-3　制动风翼壁板夹层结构示意

对迎风面上部侧面以及制动风翼底部、面板接头处进行补刚度和补强度设计，分别如图 7-4 和图 7-5 所示，以保证壁板各部分变形均匀。

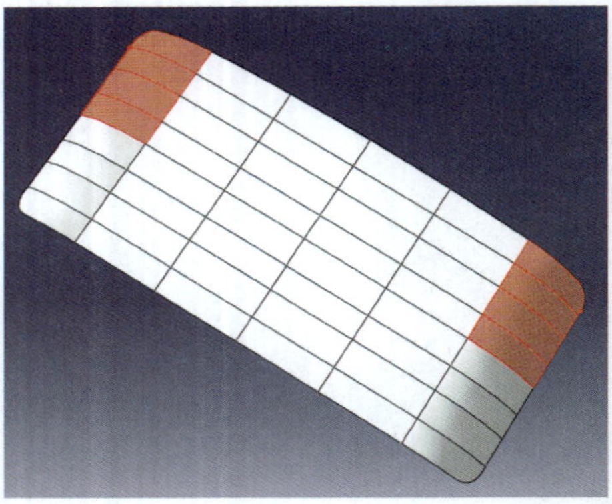

图 7-4　迎风面上部侧面补刚度区

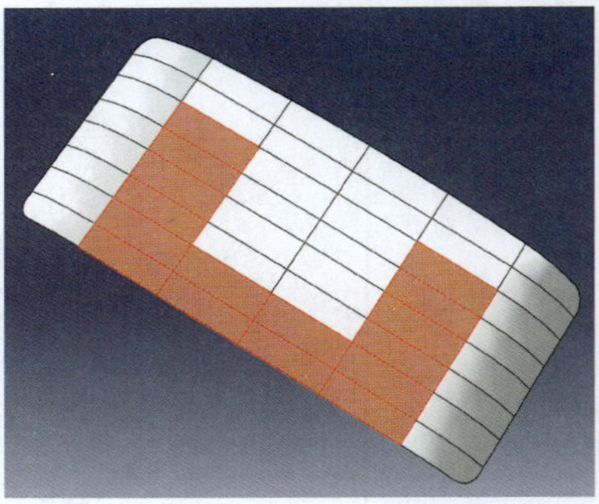

图 7-5　底部、面板接头处补强度区

摇臂、支座等采用事先预埋至复合材料的结构成型模式。

由于碳纤维复合材料与接头金属材料之间存在电位腐蚀，因此采用在金属接头与复合材料接触部位包裹玻璃纤维织物的方法将碳纤维复合材料界面与金属界面相隔离，保证金属材料不被电位腐蚀。

制动风翼面板的防静电设计采用在产品表面喷涂防静电涂料的方法，有效防止制动风翼表面与空气摩擦产生静电危害。

通过对所选材料用量进行统计，得到产品总质量不超过 60 kg。

(3)制动风翼底座结构

底座框架采用高强度铝合金整体加工成型，表面做阳极氧化处理，具有较高的防护性，如图 7-6 所示。螺栓的紧固扭矩为 280 N·m。

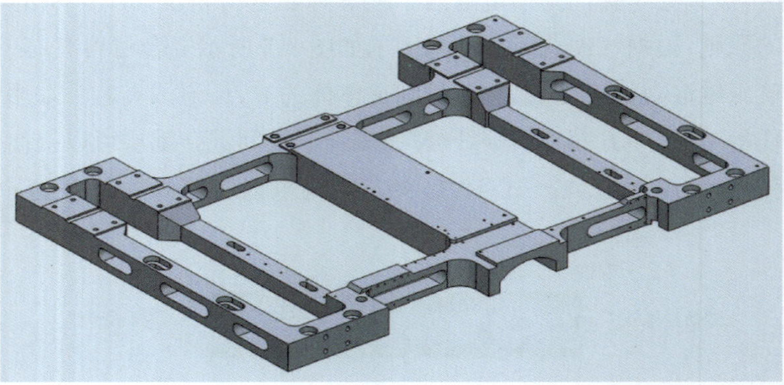

图 7-6　制动风翼底座框架结构

2. 风阻制动液压控制系统

风阻制动液压控制系统可以通过液压传动和控制进而实现列车风阻制动。该系统主要由以下几个部分组成：

（1）液压泵：用于提供液压油的动力源，通常由发动机或电动机驱动。

（2）液压油箱：用于储存液压油，并提供给液压泵使用。

（3）控制阀：用于控制液压油的流向和流量，从而实现风阻制动器的制动和释放。

（4）传感器和指示器：用于监测系统的工作状态和提供相关指示。

当列车需要减速或制动时，风阻制动液压控制系统会接收到信号，并通过控制阀调节液压油的流向和流量，从而控制风阻制动器的展开和收起。这使得车辆可以在运行过程中进行精确的制动控制，确保车辆安全、准确地停在预定位置。

高速综合检测试验列车采用风阻制动液压控制系统主要具有以下优点：

①快速响应：风阻制动器可以快速地响应制动指令，实现快速减速或停车。

②节能环保：利用空气阻力进行制动，可以减少对制动器的磨损，延长其使用寿命，同时减少对制动器的维护和更换成本。

③可靠性高：液压系统具有较高的可靠性，能够保证车辆的正常运行和安全。

④维护方便：风阻制动液压控制系统结构简单，便于维护和检修。

3. 风阻制动控制装置电控功能

（1）制动指令发出及传输并控制制动风翼工作。

（2）为液压系统供电并控制液压泵工作。

（3）监控液压系统液位。

（4）采集液压缸位移信号及压力信号，控制制动风翼动作。

（5）紧急复位功能和锁闭功能。

（6）视频监控制动风翼工作状态。

（7）自检测试、数据存储、实时显示及故障记录功能并报警显示。

（8）可实现单车调试及控制。

（9）视频信息仅单车显示。

7.1.1　风阻制动装置试验

1. 风阻制动装置例行试验

对系统所包含的零部件产品无一例外地进行例行试验。作为预防性试验，在流程中发现可能存在的性能指标或质量方面的问题，从而加以纠正。同时例行试验的报告或记录也是用作进行产品开发、制造和交付管理中的可追溯的重要信息。根据时速 500 km 高速综合检测试验列车风阻制动装置总体技术要求，对相关采购及加工部件进行了例行试验，并对试验结果进行了详细记录，以确定出厂产品符合有关标准中产品交付的要求。常用测量仪器分别如图 7-7～图 7-11 所示。

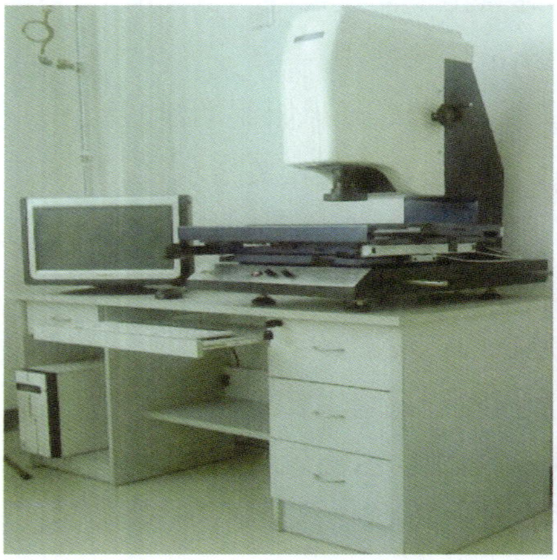

图 7-7　光学影像测量仪

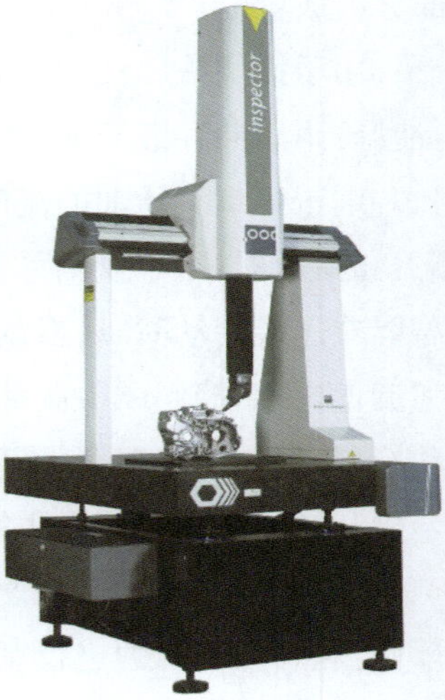

图 7-8　三坐标测量机

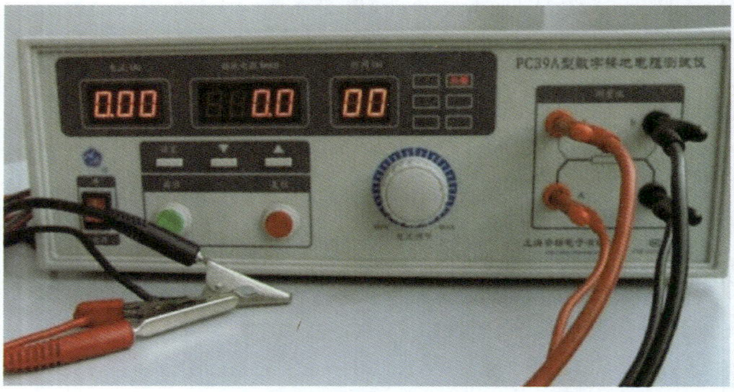

图 7-9　绝缘电阻测试仪

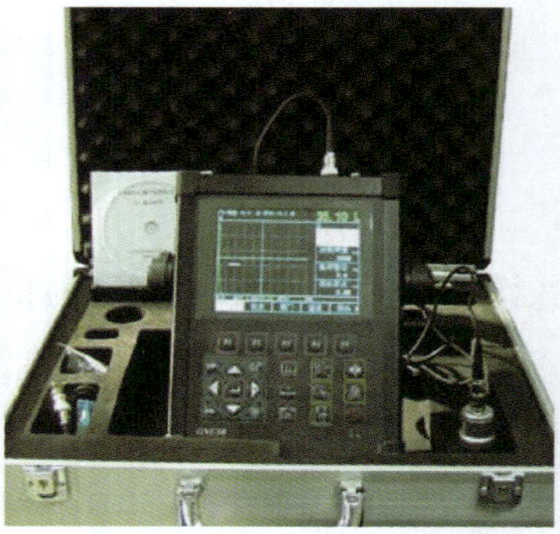

图 7-10　数字超声波探伤仪

图 7-11　涂镀层测厚仪

部件例行试验主要包括外观检查、尺寸检查、绝缘电阻测量、工作性能试验、液压系统试验、故障导向安全试验等。

2. 风阻制动装置型式试验

为了验证产品能否满足技术规范的全部要求，将系统的一些关键部件送至独立检验机构进行试验，分别进行电磁兼容性试验、高低温湿热试验、振动冲击试验等型式试验（图 7-12～图 7-14）。

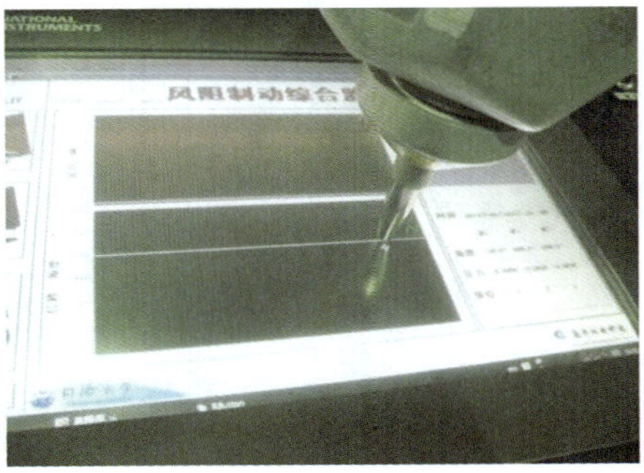

（a）静电放电抗扰度试验

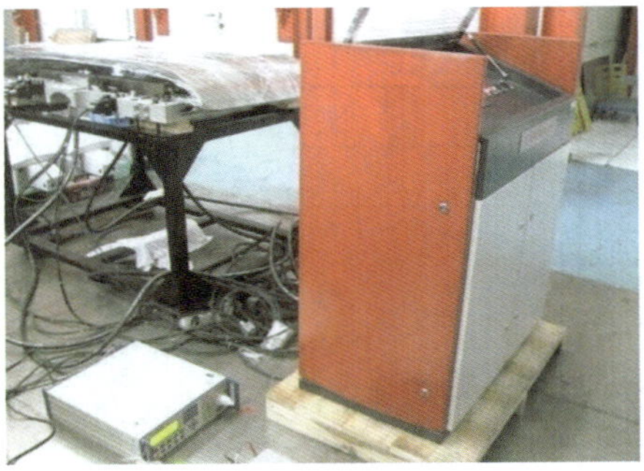

（b）电快速瞬变脉冲群抗扰度试验

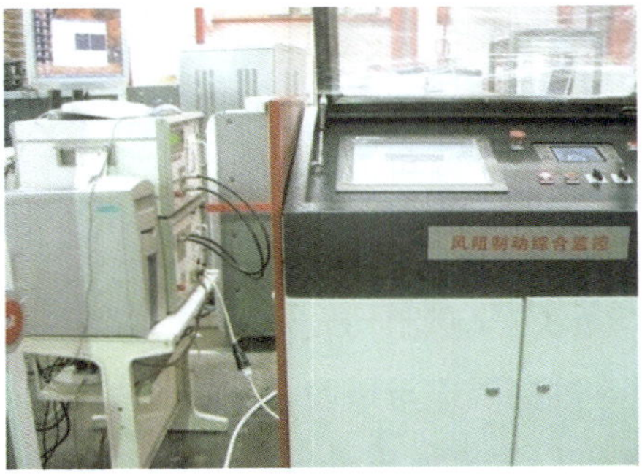

（c）浪涌冲击抗扰度试验

图 7-12　风阻制动装置电磁兼容性试验

图 7-13　风阻制动装置高低温湿热试验

图 7-14　风阻制动装置振动冲击试验

风阻制动装置型式试验的目的是确保风阻制动装置的安全性、可靠性等性能符合设计要求和标准，为实际应用提供可靠的依据和支持。同时，通过试验可以发现和解决潜在的问题和缺陷，提高风阻制动装置的安全性、可靠性等性能。

3. 风阻制动装置风载荷试验

风阻制动装置风载荷试验可在风阻制动装置机能试验台（图 7-15、图 7-16）上进行。风阻制动装置机能试验台可以对风机调速与风门开度进行控制，通过变频器调节风机转速与通过风门控制器调节进风门开度，完成风机风压与流量无级变化过程，实现风阻变化试验；同时可以控制减速电机正反转和急停以及回转支承在回转时的限位控制。风载荷试验的具体实现详见 6.2 节。

图 7-15　风阻制动装置机能试验台（正面）

图 7-16　风阻制动装置机能试验台(背面)

4. 风阻制动装置鸟撞试验(图 7-17)

针对高速列车这种高速贴地行驶的载运工具,在高速运行过程中极易受到外物的撞击,从而影响列车的正常行驶。风阻制动装置的制动风翼安装在列车车顶,在作用时制动风翼处于开启状态,迎风面积较大,有可能会受到高速飞行物的撞击。针对可能发生的这种情况,应对风阻制动装置进行鸟撞试验,验证制动风翼的抗冲击性能以及在撞击后整个装置的开启和闭合功能。鸟撞试验证明在时速 500 km、0.9 kg 鸟撞击作用下,制动风翼的抗冲击性能完好,在撞击后整个风阻制动装置的开启和闭合功能也处正常状态。

图 7-17　风阻制动装置鸟撞试验

7.1.2　500 km/h 列车风阻制动装置工程化应用探索

经过风阻制动试验样机研制和相关例行试验、型式试验,已有 3 套风阻制动装置装于时速 500 km 高速综合检测试验列车并进行了工程化应用实践探索。例如,装于时速 500 km 高速综合检测试验列车的制动风翼和控制装置,分别如图 7-18 和图 7-19 所示;装于时速 500 km 高速综合检测试验列车的整体风阻制动装置,如图 7-20 所示。

图 7-18　装于时速 500 km 高速综合检测试验列车的制动风翼

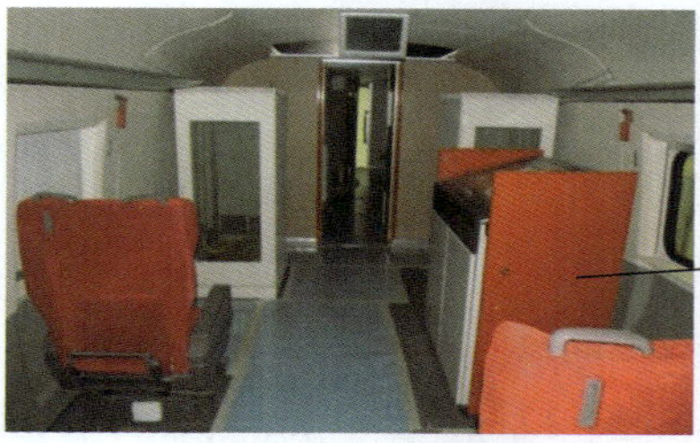

图 7-19　装于时速 500 km 高速综合检测试验列车的控制装置

图 7-20　装于时速 500 km 高速综合检测试验列车的风阻制动装置

7.2　日本风阻制动试验列车

7.2.1　新干线高速列车风阻制动系统

东日本铁路公司(JR East)于 2005 年研制了新干线专用的 E954 型 FASTECH 360S 型高速试验电动车组，该电动车组上安装了“猫耳朵”式风阻制动装置(图 7-21)，制动风翼使用了作为警戒色的黄色。

图 7-21　FASTECH 360S 型高速试验电动车组

该风阻制动装置具有如下特点：

(1)制动风翼采用铝制的空心构造。

(2)采用回旋上升式打开方式(图 7-22)。扇形制动风翼以回转轴为中心旋转，空间调整简易、构造简单，还可以减小由行车方向引起的制动力的差值。

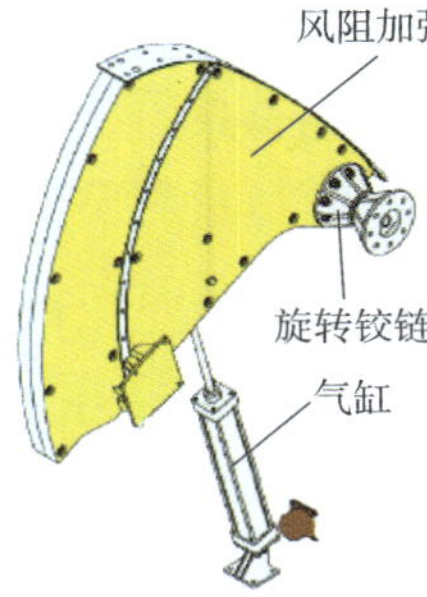

图 7-22　风阻制动装置结构

(3)动力方式采用空气式执行器。

(4)制动风翼布置时考虑受电弓影响，其在列车上的布置方式如图 7-23 所示。

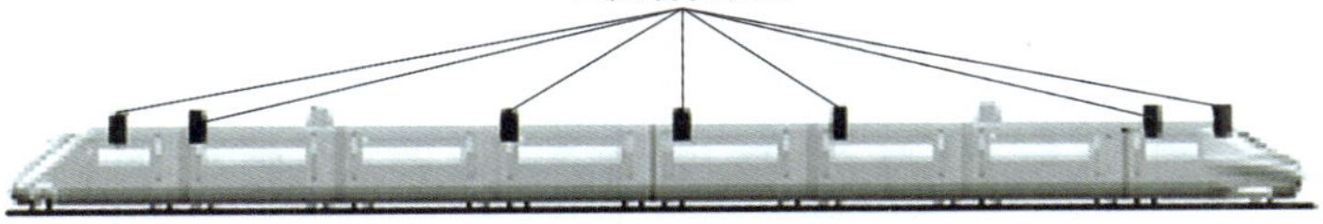

图 7-23　E954 型高速试验列车风阻制动装置布置

1. 风阻制动装置试验

为实现风阻制动工程化，验证风阻制动效果，对该风阻制动装置进行了如下试验：

(1)强度试验、动作试验

由试制样品实施了静载荷试验、动作试验,试验列车上安装的制动风翼采用了铝制的空心构造,实现了“400 km/h 速度下动作没有变形”“360 km/h 速度下鸟撞击不会飞散”的设计。

(2)风洞试验

在日本铁道综合技术研究所的大型低噪声风洞内,验证了 400 km/h 的高速列车在高速气流中的动作,由此试验确认了高速气流中的动作,施加在制动风翼上的阻力、横向力、垂向力,顶部表面压力,制动风翼后方的气流等。

(3)鸟撞试验

对 E954 型高速试验列车上安装的同一形状的风阻制动装置,进行了 360 km/h 速度下与鸟相当的物体冲击制动风翼的试验。冲击物的质量模拟了与中型鸢大小(1.25 kg)相近的鸟,使用了明胶化合物。试验结果显示制动风翼具有足够的冲击强度。

2. 风阻制动效果

(1)车辆行车安全性、稳定性

对安装风阻制动装置列车安全性和稳定性进行分析。风阻制动装置动作时,颠簸振动显著,轴重变动值在隧道内遇两车交会时产生了最大轴重的±3%变化。当装置一侧动作时,虽然产生了微小的偏驶运动,但横向力微小。

(2)减速度、制动力

安装风阻制动装置的列车减速度随速度变化曲线如图 7-24 所示,使得初始速度 360 km/h 时紧急制动距离不超过初始速度 275 km/h 时的紧急制动距离,即增加风阻制动装置紧急制动距离可缩短 500 m 以上。

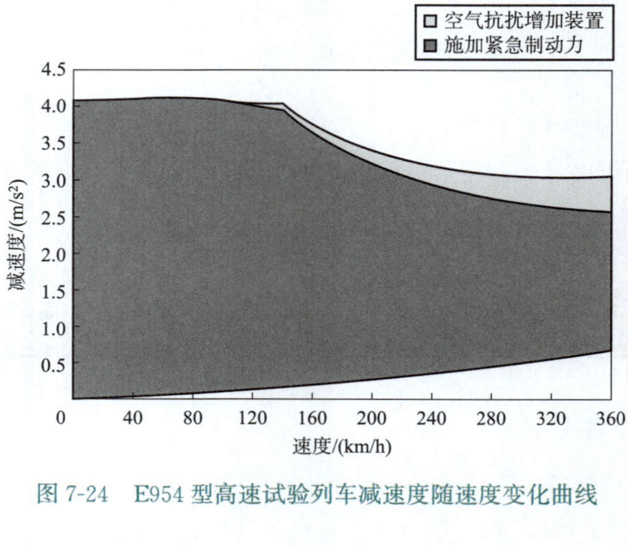

图 7-24　E954 型高速试验列车减速度随速度变化曲线

7.2.2　小型化风阻制动装置

在日本小型化风阻制动装置之前所开发的适用于新干线运营车辆用风阻制动装置(东日本铁路公司的 E954 型试验样机,以下统称既有风阻制动装置)主要有以下两方面问题:

(1)既有风阻制动装置提供减速度偏低。

(2)既有风阻制动装置收纳空间占据了客室空间,压缩了客室容积。

风阻制动产生的制动减速度 β 由一般空气阻力公式扩展所得,用式(7-1)表示。

$$\beta = \frac{\frac{1}{2}\rho_0 U_0^2 A C_D \sum_{i=1}^{n} C_{d1(i)} C_{d2}}{M} \tag{7-1}$$

式中　n——列车的制动风翼总数;

ρ_0——空气密度,kg/m^3;

U_0——相对空气速度(运行列车和大气的相对速度),m/s;

A——制动风翼正面投影截面积,m^2;

C_D——设置在车辆周围气流场中的制动风翼阻力系数;

$C_{d1(i)}$——从前往后第 i 个制动风翼直接干涉系数(依据前方制动风翼阻力减少的比例);

C_{d2}——隧道系数(隧道中由于相对空气速度的增加而阻力增加的比例);

M——列车质量,kg。

在运行区间[隧道、开阔地(隧道以外区间,周围空间不闭塞的状态)]和列车速度、列车质量等条件已确定情况下,为了解决问题(1)即提高风阻制动装置提供的制动减速度,可增加制动风翼的面积和总数,或增加式(7-1)中的制动风翼阻力系数。但制动风翼迎风面积的增大和总数的增加与解决问题(2)需减小收纳容积相悖,且制动风翼大小受车辆限界制约,同时大的制动风翼产生的分离涡流会引起涡激振动,对列车运行稳定性及架空线等地面设备造成影响。此外,既有风阻制动装置为了能让制动风翼在车内收纳,装置下部设备的安装位置限制在没有乘客室的车辆端部[图 7-25(a)],因而安装更多台风阻制动装置实际上是很困难的。

为解决上述问题,研发了小型化风阻制动装置,每一个制动风翼的截面积相比既有风阻制动装置缩小,使设备体积小型化,以提升运行稳定性。另一方面,在改变制动风翼的开闭机构和形状以增加阻力系数的同时,为了从小型化、薄型化、安装位置的自由度出发得到串联干涉的最适合的值。根据数值分析和风洞模型试验确定了小型化风阻制动装置最佳制动风翼形状和配置[图 7-25(b)],小型化风阻制动样机原理如图 7-26 所示。样机配备了制动风翼开闭机构和收纳时锁闭机构。

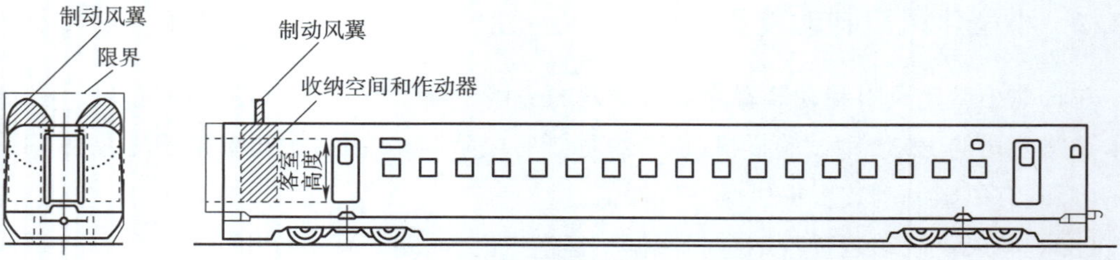

（a）传统方式

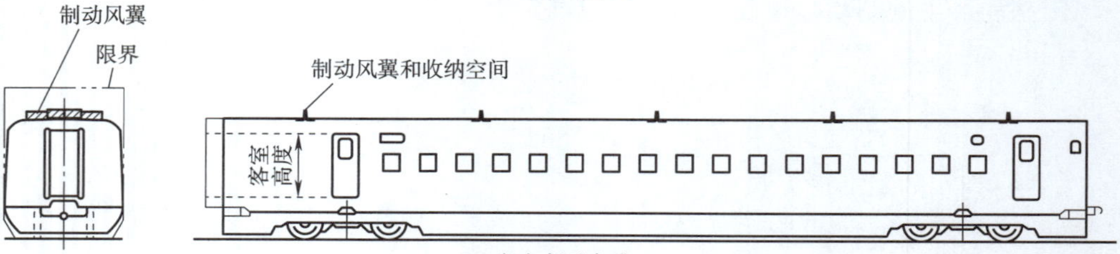

（b）新型方式

图 7-25　风阻制动安装实例

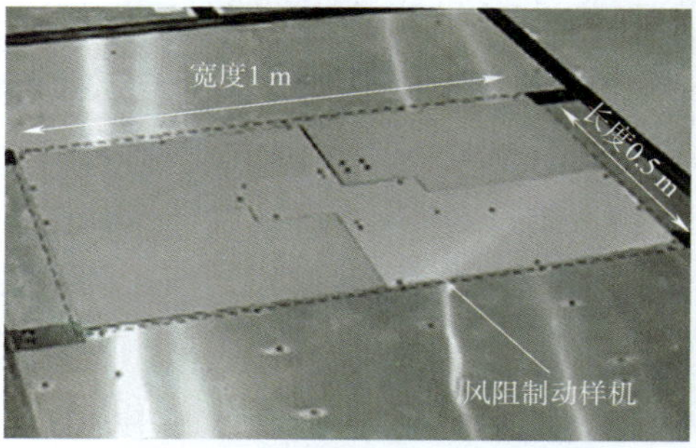

（a）折叠位

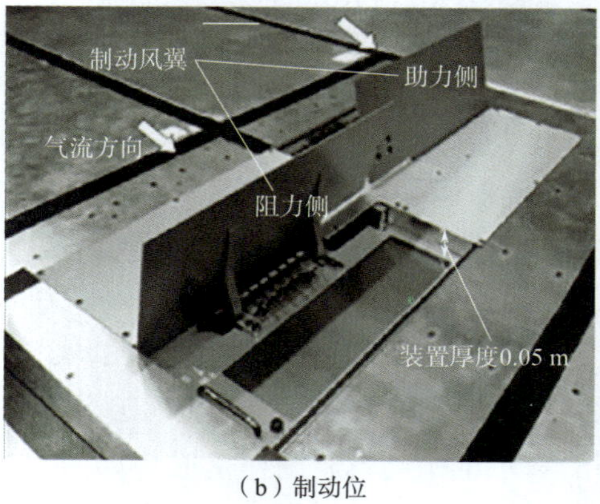

（b）制动位

图 7-26　风阻制动样机

为了缩小设备的收纳空间，除了使制动风翼小型化之外，制动风翼驱动机构也应小型化、轻量化，以使包含驱动机构的整个风阻制动装置均能放置车顶。为实现上述功能，设计了一种无动力且由走行风使两块制动风翼共同动作的力矩平衡驱动机构(图 7-27)。两块制动风翼的转轴通过平衡齿轮连接，分别逆风和顺风开启，形成力矩差，在走行风作用下将它们由打开的小角度推至工作角度。制动风翼由弹簧等被动机构打开一个小角度(通常 5°以下)，而为了使制动风翼在列车正常运行时不能打开而装有锁闭机构。将这种利用走行风的开闭机构与小型化制动风翼配合，与既有风阻制动装置相比，容积比约为 1/25，实现了小型化，同时由于其薄型化特点而能够安装在车顶。

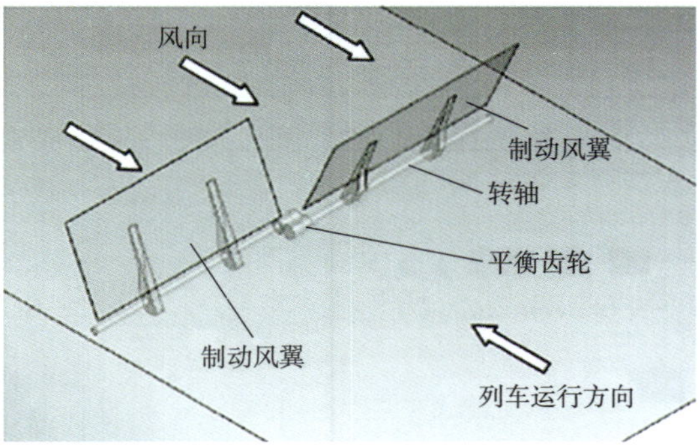

图 7-27　力矩平衡驱动机构原理示意

小型化风阻制动装置的主要参数见表 7-1。由于在开阔地区间内以 400 km/h 速度运行时的阻力推算值要乘以隧道系数(C_{d2}=1.5)，且为过载留有一定裕量，因而工作时的设计载荷(最大阻力)定为每台 2 500 N。制动风翼在收纳时基本不会增加阻力，但是在隧道运行或会车时会受周围气压影响出现短时波动，在关闭着的制动风翼上就会产生内外压力差，装置会受到压力载荷。压力差的大小依赖于装置的气密性，而在无法得到完全气密的条件下，采用与高速列车结构相同的设计条件。另外，因为负压方向的力可能不慎作用在打开方向上，所以需加装机械锁闭装置以保持闭合，且动作时间会影响高速运行时制动的空走距离，因而有必要尽可能将其缩短。该方案由于无需外部动力控制，制动风翼由折叠位至制动位的响应时间为 0.06 s；在紧急制动后留有时间能够保证收纳动作，所以收纳动作时间设定在 5 s。收纳动作是由内藏的小型齿轮电机执行。另外，对于没有特别注明的尺寸和材料，在满足机械强度的前提下，尽量实现装置的小型化、轻量化。风阻制动样机(图 7-26)实测质量为 22.3 kg，而实现相同制动力的既有装置(2 台 3 列配置)，每节车的装置质量为 134 kg。装置表面无台阶和不平整(螺栓头除外)，运动部件周围的间隙小于 2 mm，以防止收纳时该装置成为噪声源。

表 7-1　风阻制动样机主要参数

参数名称		参数值
制动风翼	平板宽度 w/m	0.500
	高度 h/m	0.210
安装位置尺寸	长度(气流方向)/m	0.491
	宽度/m	1.050
	高度/m	0.050
设计载荷	制动时最大阻力/N	2 500
	折叠时最大压力波动/kPa	±10.8
动作时间	折叠位至制动位/s	0.06
	制动位至折叠位(标称值)/s	5
质量/kg		22.3

7.3　风洞试验条件下气动力和性能分析

1. 风洞试验

流体力学中常通过风洞试验产生风流场环境,用于测试风阻制动产生的气动力以及风流场环境作用下风阻制动动作特性。图 7-28 为日本铁道综合技术研究所的回流型大型低噪声风洞试验装置布局。表 7-2 为主要的试验条件,其中 u_τ 为摩擦速度,δ 为边界层厚度。在出风口底面设置锯齿形障碍物模拟风阻制动所处实车表面流体状态,没有障碍物为头车条件,有障碍物为中间车条件。

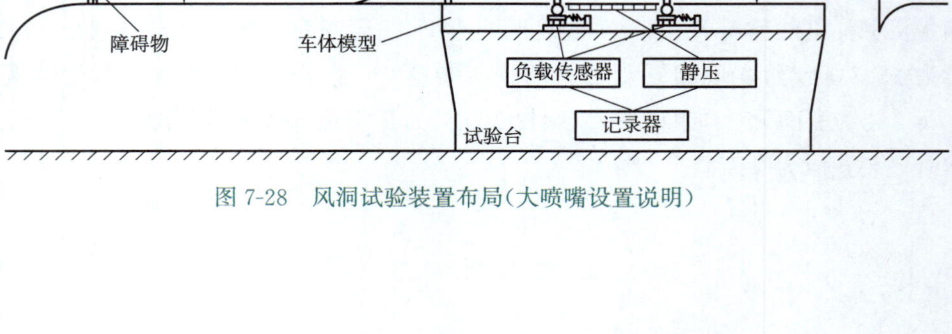

图 7-28　风洞试验装置布局(大喷嘴设置说明)

表 7-2　试验条件

参数名称		参 数 值
出风口界面尺寸(宽×高)/(m×m)	大喷嘴	5×3.0
	小喷嘴	3×2.5
最大风速/(m/s)	大喷嘴	83.3(300 km/h)
	小喷嘴	111.1(400 km/h)
进风口条件(300 km/h 时湍流边界层参数)	无障碍物	$h/\delta=1.2$，$u_\tau/U_0=0.0300$
	有障碍物	$h/\delta=0.26$，$u_\tau/U_0=0.0274$
雷诺数 $Re\delta^*$		$9.5\times10^4\sim4.5\times10^5$

2. 动作特性

风阻制动产生的阻力随时间变化曲线如图 7-29(a)所示，由图可知：从制动指令发出到制动力达到平均制动力的最初时刻所需的时间即空走时间为 0.06 s。图 7-29(b)为随制动风翼打开角度制动阻力特性。由图 7-29 可知，因走行风使制动风翼打开角度为 2°时，平衡齿轮轴的力矩为 20 N·m(正数表示与打开制动风翼力矩方向一致)，大大超过了自重产生的与制动风翼开启方向相反的力矩(约 2 N·m)，因而能使两块制动风翼迅速打开。其次，打开角度大于 60°时，走行风产生的开启力矩开始缓慢减小，85°时开启力矩仍大于 0，只有当 90°时才会产生向关闭方向反转的力矩，即开启力矩为负。这是因为开度变化使两块制动风翼各自阻力系数和正面投影面积产生变化。另由图 7-29(b)可知：制动风翼产生的最大阻力不是出现在垂直开度，而是在打开角度为 75°～85°时。因此，制动风翼打开最大角度设计为从 75°～85°之间的某个角度，以兼顾打开力矩的稳定性和确保足够的制动力(以下的特性试验结果都是在设定最大开度为 75°时得到)。

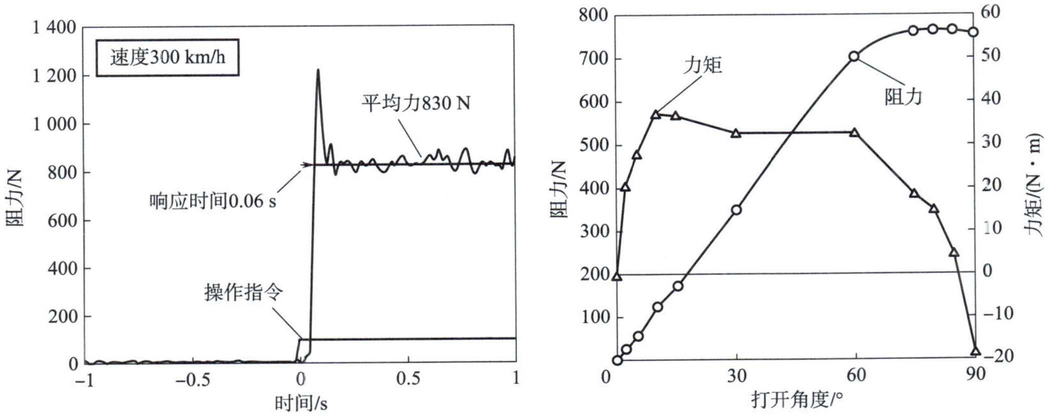

(a) 响应时间(h/δ=1.2)　　(b) 打开角度特性(h/δ=0.26)

图 7-29　制动风翼动作特性

3. 阻力特性

沿着气流方向配置多台风阻制动装置时，每一台装置所产生的制动力如图 7-30(a)所示。阻力与流速的平方成正比，头车风阻制动在时速 300 km 时实测最大制动力为 841 N，时速 400 km 最大制动力为 1 494 N。从第二排之后的装置，由于上流部分的串联干涉导致处于前一排制动风翼尾流区的制动风翼产生的阻力降低。图 7-30(b)所示的是单套风阻制动装置产生的制动风翼阻力系数 C_D 随以制动风翼的高度与边界层厚度比值组成的无量纲量的变化规律，其中空心圆点表示垂直平板模型试验值。实线是基于摩擦速度 u_τ 及平板长宽比 w/h 表达的埋没在湍流边界层内垂直平板的阻力系数经验公式。实心圆点为本案例小型化风阻制动装置的试验结果。从图 7-30 中可见：阻力系数可以由制动风翼的高度与边界层厚度之比的指数函数表达；除了在边界层厚度极小情况，增加制动风翼的高度使阻力系数的增加幅度不大。因此考虑到实际车体周围的气流场，制动风翼的高度设定在 $0.2<h/\delta<1.0$（δ 为在车体表面高度上平均流速达到主流速 99%的边界层厚度）是小型化风阻制动装置适合的尺寸。

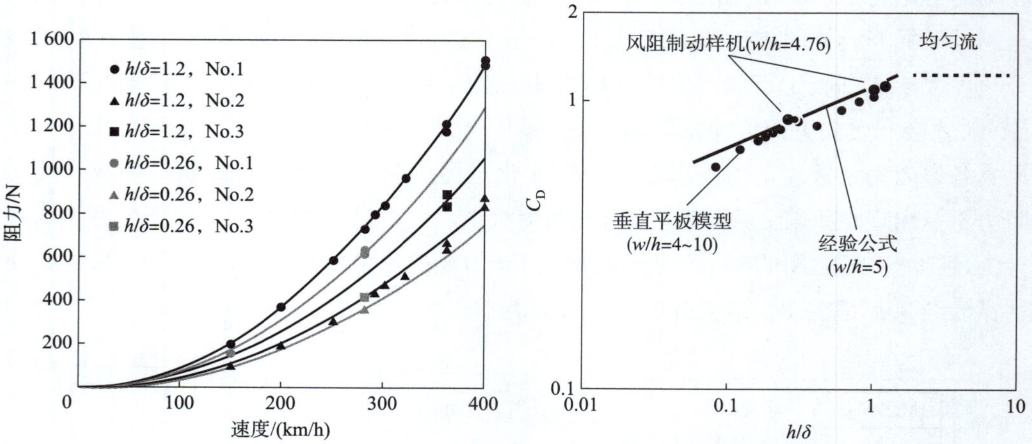

（a）单套装置的阻力　　（b）单套装置的制动风翼阻力系数

图 7-30　风阻制动样机阻力和阻力系数

风阻制动装置沿流向连续配置的情况下，最前排制动风翼能产生的阻力最大，从第二排及之后由于受到最前排的分离影响阻力会减小。由图 7-31(a)可知，相对于最前排阻力减小的比例 $C_{d1(i)}$ 取决于制动风翼间距 r 和高度 h 之比。当 $r/h<10$ 时，风阻制动装置的效率急剧降低，因而需要避免这种情况。此外，第三排受到串联干涉的程度比第二排小 8%。图 7-31(b)为风阻制动装置前后车辆墙面上静压力分布结果，由图中可见：当仅第二排制动风翼工作时，顺流方向上距离第二排装置距离为 x_0，则顺流一侧在 $x_0/h<6$ 的范围内，伴随着分离域的形成出现最大－2 kPa 的负压区域。在顺流方向车辆墙面静压在顺流方向的恢复位置为 $x_0/h\approx6$，与图 7-31(a)中的串联干涉超过 0 的值大致相等，因而必须将风阻制动

装置的前后间距设定在该最低限度以上。此外，制动装置顺流侧最大正压以及逆流侧最大负压换算成 400 km/h 时分别是＋2.7 kPa 和－4.4 kPa，该值与车体的气密载荷条件相比较小，因而在现车安装时对车体强度影响较小。

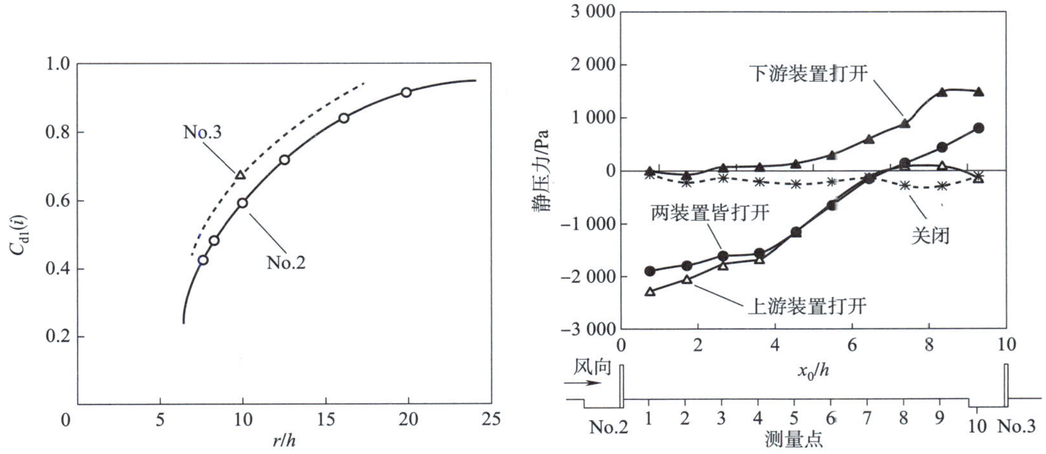

（a）上游设备干涉系数　　（b）静压力分布

图 7-31　300 km/h 时多设备间影响

7.4　鸟撞试验分析

1. 鸟撞试验方法

采用压缩空气炮进行鸟撞试验，将由黏土制成的像鸟类一样的飞行物体装入直径为 100 mm、长度为 200 mm、质量为 1.25 kg 的聚苯乙烯泡沫圆筒中。其质量相当于一只大苍鹭(大苍鹭比通常在铁路附近发现的乌鸦这类普通野生鸟类或风筝要大)。最大弹射速度为 400 km/h，碰撞速度误差约为±10 km/h。碰撞目标设定为制动风翼中心，碰撞角度设定为水平。

2. 鸟撞试验结果

以 394 km/h 的速度撞击后，制动风翼的变形和碰撞分析结果如图 7-32 所示，采用取决于材料屈服应力的应变率的有限元法进行碰撞分析。

试验中，制动风翼在撞击时向后倾斜 45°～90°，然后向前返回，最后稍稍向后倾斜停下。制动风翼发生了塑性变形以及横向、垂向弯曲。碰撞后，旋转轴在靠近中心 5 mm 处弯曲，制动风翼不再转动。然而，不管是制动风翼还是其他任何部件都没有被吹走，轴、轴承装置和螺栓连接都没有破损。

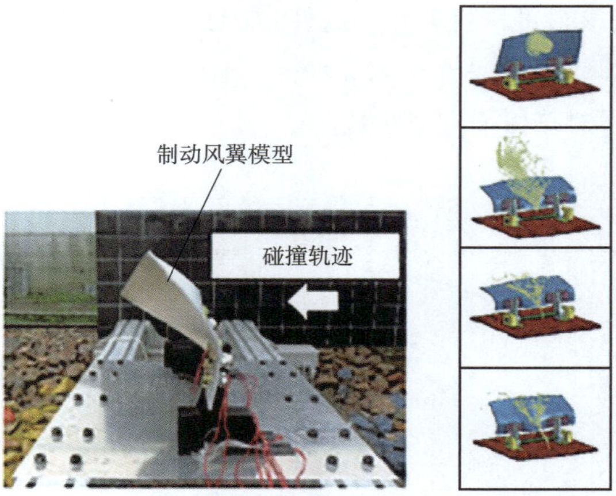

（a）测量的变形形状　（b）碰撞分析

图 7-32　鸟撞试验

7.5　制动风翼布置分析

制动风翼如图 7-33 所示在车顶左右交替布置(以下称为交错布置)。由于从制动风翼分离的气流沿车辆中心线形成一条弯曲流，交错布置使流速保持在车辆中心线以下。

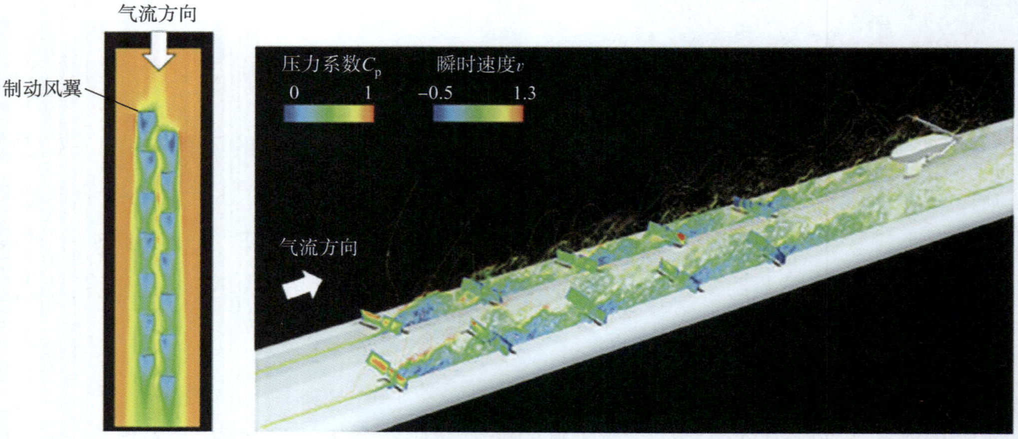

（a）俯视示意　（b）瞬时速度和压力系数的轴测示意

图 7-33　制动风翼在车顶上交错布置仿真结果

流场水平截面分布如图 7-33(a)所示。瞬时场流速的垂向截面分布及制动风翼压力系数分布如图 7-33(b)所示。交错布置比平行布置获得的阻力高 10%。横向的侧向力比平均阻力低±1%，比垂直方向的升力小±5%。因此，流体力对列车的运行稳定性并没有影响。

7.6　风阻制动的减速度评价

综合 7.3 节阻力串联干涉比例等因素，估算一编组列车可能布置的制动风翼的数量（车体长度/间距），研究整列车上布置多台风阻制动装置时的制动力，以及一编组列车存在最大阻力和最大设备数。表 7-3 列出了由试验数据推算得到的一编组列车在 300 km/h 运行（开阔地隧道）时风阻制动产生的制动力对应的减速度。方案 1 以风阻制动产生尽可能大的制动力为目标，在每个车体的纵向设置 10 排制动装置，300 km/h 运行时能得到约 0.29 m/s^2 的减速度。方案 2 基于质量和成本的考虑，将风阻制动装置数减半，此时推算风阻制动能产生减速度为 0.18 m/s^2 的制动力。

表 7-3　一编组列车的风阻制动力及减速度

方案	设备间距/m	每节车设备数量/个		列车编组数量/节	列车质量/t	制动力/kN	风阻制动减速度/(m/s^2)
		横向	纵向				
1	2.5	2	10	16	650	186 279	1.03 1.54
2	5.0	2	5	16		115 173	0.64 0.96

本案例小型化风阻制动的特点如下：

（1）由于风阻制动装置的小型化、薄型化而消除了对客室容积的压缩。

（2）由于制动风翼产生的涡流较小，在提供大的制动力情况下对运行稳定性和地面设备的影响较小。

（3）动作时的空走时间较短（实测 0.1 s 以下）。

（4）能够实现无动力、无制动故障的安全动作。

第8章 总结与展望

8.1 主要结论

风阻制动是一种适用于高速列车的非黏着制动方式，基本原理属于空气动力学范畴。类似于飞机的扰流板作用，紧急制动时以一定角度打开制动风翼，改变了列车周围流场结构，构建了流场的大分流，大大增加列车阻力，以此增大列车制动力。关于风阻制动研究，首先是运用空气动力学进行制动风翼外形研究和车上优化布置研究以实现风阻制动力最大化。其次，考虑到制动风翼是受气动阻力的主要部件，满足强度要求的制动风翼材料和结构是风阻制动关键技术之一。再次，由于风阻制动改变了列车流场结构，对列车运行安全造成一定影响，需运用列车动力学理论进行列车运行安全性分析和验证，而且风阻制动也会引起一定气动噪声，需运用声学理论进行噪声影响分析。最后，风阻制动主要用于紧急制动补充制动方式，其安全完整性等级（SIL）须同目前空气制动相同，需运用可靠性技术指导风阻制动设计。因此，风阻制动技术涉及了空气动力学、材料性能、结构强度、列车动力学、气动声学和可靠性保障等多学科理论和技术，是一种多学科交叉系统工程技术。

风阻制动研究经历了理论分析方法、数值仿真平台、风阻制动装置核心技术分析、风阻制动对列车运行影响分析、仿真分析试验验证、样机研制以及相关试验等一系列研究工作，形成了一套较完善的能够用于工程化的风阻制动的方法体系。在形成研究风阻制动方法体系中，采用仿真设计手段和试验研究相结合的方法，相辅相成。

采用空气动力学和列车动力学等理论，结合流体计算软件和车辆动力学仿真分析软件，建立模拟带制动风翼的高速列车流场的数值模型，研究高效精确的计算方法，建立高速列车风阻制动方式的仿真设计平台。通过仿真设计平台，进行风阻制动装置的制动风翼翼形设计，车上安装布置设计，风阻制动对列车稳定性、安全性及气动噪声的影响仿真分析以及风阻制动试验仿真设计等，为风阻制动装置设计提供理论分析基础。

风阻制动装置在投入运营使用之前，应通过例行试验和型式试验。例行试验包括装置的外观检查、尺寸检查、绝缘电阻测量、工作性能试验、驱动部件试验和故障导向安全试验等。型式试验包括振动冲击试验、高低温湿热试验和电磁兼容性试验。风阻制动的气动特性、装置结构和工作特性会对风阻制动力、列车运行安全性、装置工作响应和结构强度产生影响，因此可以将风阻制动投入实际使用将面临的关键问题分为三类，即制动系统性能、运行影响性和装置结构强度。风阻制动作为一种新型制动方式，还应根据其自身特性开展相关试验，结合风阻制动三类关键问题分析，风阻制动还需完成模拟风载荷的地面试验（风载荷试验）、线路试验和鸟撞试验。

结合系统工程理论，风阻制动研制过程中包含如下步骤和关键技术：

(1)风阻制动安装空间域设计技术。分析列车车体结构特点，以车体空间位置可用和制动阻力最大为核心约束，优化确定风阻制动在车体可用安装空间域。

(2)制动风翼开启方式和制动风翼外形耦合设计技术。以动力源简约和开启可靠为原则，设计制动风翼开启方式。通过与制动风翼打开方式配合，研究制动风翼表面外形对制动效果的影响，研究制动风翼开槽等多种细节设计对制动效果和气流稳定性的影响。与安装空间和打开方式等工程化需求结合，设计合适的制动风翼外形。

(3)风阻制动在列车上布置技术。综合考虑风阻制动装置产生的制动力、增加的制动装置对列车稳定性影响、产生的气动噪声等因素的影响，研究出制动风翼最大开启角度以及在列车上最佳数目和间距。

(4)风阻制动对列车稳定性、安全性及气动噪声的影响分析技术。通过分析风阻制动对列车作用力，分析列车交会时带风阻制动装置列车的气动力变化规律，评估对列车运行稳定性的影响；初步评估气动颤振产生的列车气动噪声。

(5)风阻制动风洞试验技术。结合风阻制动安装于车体空间位置特点，可选用假设车顶和导流罩等形式，设计模拟风阻制动所处流场的风洞模型。分别进行制动风翼以及制动风翼和导流罩气动力的试验、制动风翼测压点压力测量试验以及声学测量试验等，对流体数值仿真计算进行了验证。通过数值计算和风洞试验结果进行对比，验证建立的风阻制动仿真设计平台的正确性。

(6)风阻制动样机研制技术。结合制动风翼翼形仿真设计，考虑翼形的材料和结构，试制制动风翼结构。结合制动风翼开启方式，采用功能性和可靠性综合分析，研究故障导向安全的风阻制动控制方法。

(7)风阻制动试验样机相关试验技术。设计出的风阻制动装置必须能实现预先设计的功能，在装车前需对各组成部件和各系统进行型式试验、例行试验、风载荷试验以及鸟撞试验，为风阻制动工程化顺利进行做保障。

(8)风阻制动工程化实践技术。在样机研制和试验基础上，进行风阻制动工程化应用实践。进行风阻制动安装强度分析，研究风阻制动与高速列车的接口技术。研究风阻制动密封技术，满足列车车外设备 IP 防护等级要求。

8.2 研究展望

随着列车速度的提高和科技的进一步发展，风阻制动方式将会成为高速列车重要的紧急制动方式之一。要使我国高速列车引领世界潮流，现在应该充分利用现有技术条件和研发环境，进一步利用高速列车速度特性，开展风阻制动技术的广泛研究。

风阻制动经过几十年的发展，已经形成了较为完善的理论分析和试验验证方法，为风阻制动装置的设计提供了技术保障，但仍存在不完善之处，需要在此基础上开展深入的研究。

(1)国外进行了各类型风阻制动装置装车试验，风阻制动设计与列车车体设计同步耦合进行，使得风阻制动对列车车体影响较小，更能发挥风阻制动优势。我国风阻制动仍以样机开发为主，以后可以创造更多机会装车，以进行实车检验验证。

(2)仿真计算时常常会受计算硬件的限制，列车建模时做了一些简化处理，忽略了真实列车的受电弓、车体连接风挡、车底走行部等细节结构。为了更综合细致地研究分析这些部件和风阻制动之间空气动力学特性的影响，还需要进一步探索。

(3)针对风阻制动特点，可建立地面风载荷试验验证平台，与风洞试验、线路试验共同形成风阻制动试验验证平台。风载荷试验在地面进行，便于模拟不同运行工况，但受空间和成本限制，难以进行风阻制动系统和车体的试验，所缺少的试验项点通过线路试验完成。线路试验将风阻制动装置安装于实际列车，验证制动系统性能、运行影响性、结构强度，但受制于天气条件，存在无法模拟所有运行工况的可能性，所缺少的试验工况通过风载荷试验完成。

(4)标准试验流程和试验方法制定。本书根据已有研究成果归纳提出风阻制动需要进行的试验，并介绍了相应的试验方法，但所提方法尚未经过完整验证，还需要进一步研究。例如，由于短期内条件不足，线路试验无法模拟某些运行工况，在地面风载荷试验中如何等效相应的流场环境。未来应制定适用于高速列车风阻制动的标准试验流程和试验方法，以全面验证风阻制动的功能完整性和安全完整性，保障列车安全运营。

(5)测量系统建立。根据试验评价标准需求，研究各试验采集量的测量方法，研究建立相应的测量系统。

(6)试验数据处理方法和评价标准研究。研究试验数据处理方法，构建评价指标。根据前述分析，应进一步研究能覆盖风阻制动的制动性能、运行影响性和装置结构强度的评价标准。由于地面风载荷试验的环境条件与实际运行环境不完全相同，应研究如何评价地面环境试验结果，以保障风阻制动投入使用后能够符合要求。

参考文献

[1] LEE M K, BHANDARI B. The application of aerodynamic brake for high-speed trains[J]. Journal of Mechanical Science and Technology, 2018, 32(12): 5749-5754.

[2] UDDIN M R, SANIAT T S, SALEHIN S, et al. Drag based aerodynamic braking system for the hyperloop: a numerical study[J]. Transactions-Canadian Society for Mechanical Engineering, 2020(2): 1-10.

[3] 景思睿,张鸣远. 流体力学[M]. 西安:西安交通大学出版社,2001.

[4] 傅立敏. 汽车空气动力学[M]. 北京:机械工业出版社,2006.

[5] 傅立敏. 汽车设计与空气动力学[M]. 北京:机械工业出版社,2010.

[6] 田红旗. 列车空气动力学[M]. 北京:中国铁道出版社,2007.

[7] 李明,李田,刘斌,等. 高速列车气动外形优化设计[M]. 北京:机械工业出版社,2021.

[8] 费巍巍. 风阻制动对高速列车交会空气动力特性的影响研究[D]. 上海:同济大学,2011.

[9] 武磊之. 基于流场特征的小型分散式高速列车风阻制动方案优化设计[D]. 上海:同济大学,2017.

[10] 江帆,黄鹏. Fluent 高级运用与实例分析[M]. 北京:清华大学出版社,2008.

[11] 韩占忠,王敬,兰小平. FLUENT:流体工程仿真计算机实例与应用[M]. 北京:北京理工大学出版社,2004.

[12] TAKAMI H. Development of small-sized aerodynamic brake for high-speed railway[J]. Transactions of the Japan Society of Mechanical Engineers, 2013, 79(803): 1254-1263.

[13] 辛益军. 方差分析与实验设计[M]. 北京:中国财政经济出版社,2002.

[14] 高见创,卢笑山. 新干线小型分散式风阻制动装置的开发[J]. 国外铁道车辆,2015,52(4):29-33.

[15] KAZUMASA O, MASAFUMI Y. Development of aerodynamic brake of maglev vehicle for emergency use[J]. RTRI Report, 1989, 3(11): 60-65.

[16] 夏寅荪. 速度达 350 km/h 及以上的高速列车非黏着制动装置的研究[J]. 城市轨道交通研究,2016,19(10):4.

[17] 田春,吴萌岭,朱洋永,等. 空气动力制动风翼在车上布置数值仿真研究[J]. 中国铁道科学,2012,33(3):98-101.

[18] WENG J J, TIAN C, MA T H, et al. Aerodynamic braking prototype and its effects on vertical dynamics of high-speed EMS maglevs[J]. Proceedings of the Institution of Mechanical Engineers, Part F: Journal of Rail and Rapid Transit, 2022, 236(9): 1091-1103.

[19] 高立强,奚鹰,王国华,等. Opening angle rules of the aerodynamic brake panel[J]. Journal of Donghua University(English Edition), 2016, 33(1): 20-24.

[20] 田春,翁晶晶,吴萌岭,等. 高速列车风阻制动试验方法综述[J]. 交通运输工程学报,2021,21(6):94-105.

[21] MASAFUMI Y, SANETOSHI S, SIRO H, et al. Characteristics of the aerodynamic brake of the

vehicle on the yamanashi maglev test line[J]. Quarterly Report of RTRI,2000,41(2):74-78.

[22] SHIRAKUNI N, ENDO Y. Overview of new vehicles for the yamanashi maglev test line[C]//MAGLEV. Proceedings of the 17th International Conference on Magnetically Levitated Systems and Linear Drives. Dresden:MAGLEV,2002:05104.

[23] 周文. 日本最新研制的"姊妹"高速列车:Fastech 360S 型和 Fastech 360Z 型高速列车[J]. 铁道知识,2006(4):17.

[24] 高畅. 高速列车风阻制动板气动特性研究[D]. 成都:西南交通大学,2020.

[25] ARAI H,牛爱成. 日本新干线提速用制动系统[J]. 国外铁道车辆,2012,49(3):34-37.

[26] NAGASAKI Y,KOKAGO R,NAKAMURA M,et al. Auxiliary power unit of series e956 high-speed experimental shinkansen train for East Japan Railway Company[J]. Toyo Denki Technical Journal,2021(143):10-19.

[27] 高见创,須山哲宏,井上達哉. 高速鉄道用小型空気抵抗ブレーキ装置の開発[J]. Railway Research Review,2013,70(12):38.

[28] YOSHIMURA M, SAITO S, HOSAKA S, et al. Characteristics of the aerodynamic brake of the vehicle on the yamanashi maglev test line[J]. Foregin Roling Stock,2001,41(41):74-78.

[29] VASOVIC I, MAKSIMOVIC M, PUHARIC M, et al. Structural analysis of aerodynamic brakes in high-speed trains[J]. Scientific Technical Review,2011,61(2):10-15.

[30] PUHARIC M,LUCANIN V,RISTIC S,et al. Application of the aerodynamical brakes on trains[J]. Applied Engineering Science,2010,8(1):13-21.

[31] PUHARIC M,LINIC S,MATIC D,et al. Determination of braking force of aerodynamic brakes for high-speed trains[J]. Transactions of FAMENA,2011,35(3):57-66.

[32] PUHARIC M,MATIC D,LINIC S,et al. Determination of braking force on the aerodynamic brake by numerical simulations[J]. FME Transactions,2014,42(2):106-111.

[33] 高见创,彭惠民. 利用了空气阻力的新型制动装置[J]. 国外铁道机车与动车,2016(2):13-16.

[34] ARAI H,KANNO S,FUJINO K,et al. Development of a brake system for shinkansen speed increase[J]. JR East Technical Review,2010,16:17-21.

[35] 吉村,正文. 宫崎试验线车辆空气动力制动装置的开发[J]. 黄德山,译. 国外铁道车辆,1996(5):43-47.

[36] TAKAMI H,MAEKAWA H. Characteristics of a wind-actuated aerodynamic braking device for high-speed trains[J]. Journal of Physics:Conference Series,2017(822):012061.

[37] DEVANURI J K. Numerical investigation of aerodynamic braking for a ground vehicle[J]. Journal of the Institution of Engineers,2017(2):1-9.

[38] VIKRAMAN M,ROSE J B R,NATARAJAN S G. Investigation on the aerodynamic efficiency of braking spoiler for high speed train applications[J]. International Journal of Computational Methods,2020:2150009.

[39] SURACHON P,RATNIYOMCHAI T,KULWORAWANICHPONG T. Aerodynamic brake study of reducing braking distance and decreasing using the energy of braking of high-speed trains[C]//2020 International Conference on Power, Energy and Innovations (ICPEI 2020), October 14-16, 2020, Chiangmai,Thailand:Institude of Elactronics Engineers,2020:21-24.

[40] 刘应湘. 基于风阻制动的高速列车减速度曲线研究[D]. 上海:同济大学,2018.
[41] WU M L, ZHU Y Y, TIAN C, et al. Influence of aerodynamic braking on the pressure wave of a crossing high-speed train [J]. Journal of Zhejiang University-Science A (Applied Physics & Engineering), 2011, 12(12): 979-984.
[42] 孙文静,田春,周劲松,等. 高速列车空气动力制动会车动力学性能[J]. 同济大学学报(自然科学版), 2014, 42(9): 1401-1407.
[43] 武频,陈玮,尚伟烈,等. 高速列车空气动力制动装置气动噪声的数值模拟[J]. 力学季刊, 2012, 33(4): 558-564.
[44] 王赵美. 高速列车空气动力制动装置的噪声预测[D]. 南京:南京航空航天大学,2012.
[45] TIAN C, WU M L, LI C, et al. The optimization design of opening and closing mechanism of aerodynamic braking in high-speed train[J]. Applied Mechanics and Materials, 2013, 2555(365-366): 444-449.
[46] ZUO J Y, ZHU X Y, WU M L. Numerical simulation of a bird impact on a composite aerodynamic brake wing of a high-speed train[J]. Proceedings of the Institution of Mechanical Engineers, Part F: Journal of Rail and Rapid Transit, 2015, 229 (3): 223-236.
[47] ZUO J Y, LUO Z J, CHEN Z K. Position control optimization of aerodynamic brake device for high-speed trains[J]. Chinese Journal of Mechanical Engineering, 2014, 27(2): 287-295.
[48] ZUO J Y, WU M L, TIAN C, et al. Aerodynamic braking device for high-speed trains: design, simulation and experiment[J]. Proceedings of the Institution of Mechanical Engineers, Part F: Journal of Rail and Rapid Transit, 2014, 228 (3): 260-270.
[49] 奚鹰,高立强,王国华,等. 基于CFD空气动力制动风载荷试验台仿真设计[J]. 机械设计, 2015(9): 12-18.
[50] GAO L Q, XI Y, FU Q, et al. Performance analysis of a new type of wind resistance brake mechanism based on FLUENT and ANSYS[J]. Advanced Materials Research, 2012, 1917(562-564): 1099-1102.
[51] 赵炳旭,刘军,丁艳平. 基于动车组的鳃式风阻制动装置的设计[J]. 机械工程师, 2015(11): 133-134.
[52] 汤劲松,尹崇宏,马飞,等. 400 km/h 高速列车风阻制动装置应用研究[J]. 铁道机车车辆, 2020, 40(3): 29-33.
[53] ZHU Y H, SHANG W L, ZHANG X, et al. Research on braking process of high-speed train with aerodynamic brake[J]. International Journal of Control and Automation, 2014, 7(12): 363-374.
[54] GAO L Q, HU X, SUN D J, et al. Numerical simulation and wind tunnel test validation of the aerodynamic brake panel[C]//Advances in Mechanical Design: Proceedings of the 2017 International Conference on Mechanical Design(ICMD 2017), 2018(2): 911-921.
[55] YUN S, KWAK M. Analysis of design variables of aerodynamic braking system for high-speed train [J]. Journal of the Korean Society for Railway, 2018, 21(2): 142-151.
[56] 武频,王洋,方攸同,等. 应用 LBM 方法对列车空气动力制动的数值研究[J]. 铁路计算机应用, 2010, 19(6): 11-14.
[57] 崔涛,张卫华. 翼板制动气动性能数值分析[J]. 铁道机车车辆, 2009, 29(6): 1-2.
[58] 田春,吴萌岭,任利惠,等. 空气动力制动研究初探[J]. 铁道车辆, 2009, 47(3): 10-12.
[59] 田春,吴萌岭,费巍巍,等. 空气动力制动风翼纵向位置制动力规律[J]. 同济大学学报(自然科学版),

2011,39(5):705-709.
[60] 高立强,胡雄,孙德建,等. 空气动力制动前排制动风翼制动力影响规律[J]. 铁道学报,2018,40(1):31-37.
[61] 高立强,奚鹰,王国华,等. 基于 CFD 的高速列车空气动力制动风翼板型研究[J]. 中国工程机械学报,2015,13(3):236-241.
[62] 费巍巍,田春,吴萌岭. 基于空气动力学的高速列车制动方式研究[C] //中国空气动力学会 . 2009 年全国工业空气动力学学术会议论文集 . 北京:中国空气动力学学会,2009:238-244.
[63] 刘军,宋丕伟,王琳. 高速列车翼型风阻制动的流场数值模拟[J]. 机械制造与自动化,2016(4):120-123.
[64] 苗秀娟,梁习锋. 高速列车空气制动板的研究[C]//中国空气动力学会 . 2004 年全国工业空气动力学学术会议论文集 . 北京:中国空气动力学学会,2004:137-141.
[65] 王进. 高速列车空气动力制动方案研究[J]. 高速铁路技术,2013,4(2):1-4.
[66] GAO L Q,XI Y,WANG G H,et al. Opening angle rules of the aerodynamic brake panel[J]. Journal of Donghua University(English Edition),2016,33(1):20-24.
[67] 陈羽,马静,张杰,等. 高速列车风阻制动板布置方式对其制动性能的影响研究[C]//2008 年中日轨道交通车辆制动技术论坛论文集 . 北京:中国铁道学会,2008:170-176.
[68] 尹崇宏,刘迪,司志强,等. 基于 CFD 方法的高速列车风阻制动装置布置方案研究[J]. 铁道车辆,2020,58(9):4-8.
[69] 王红旗,翁晶晶,田春,等. 风阻制动对高速列车垂向力影响分析[J]. 中国科技信息,2020(1):101-102.
[70] 高畅,张继业,李田,等. 高速列车首排风阻制动板气动特性研究[J]. 铁道标准设计,2020,64(6):172-176.
[71] 马飞,尹崇宏,刘中华,等. 安装风阻制动装置的高速列车制动距离研究[J]. 铁道车辆,2021,59(1):16-19.
[72] 王伟,谢红太,王云飞,等. 高速列车风阻制动风翼气动性能影响研究[J]. 机车电传动,2021(6):25-41.
[73] 张硕果,胡湘渝,米彩盈. 基于 SPH 方法的高速列车风阻制动板制动力研究[J]. 气体物理,2021,6(6):59-72.
[74] NIU J Q,WANG Y M,LIU F,et al. Aerodynamic behavior of a high-speed train with a braking plate mounted in the region of inter-car gap or uniform-car body: a comparative numerical study [J]. Proceedings of the Institution of Mechanical Engineers,Part F:Journal of Rail and Rapid Transit,2021,235(7):815-826.
[75] NIU J Q,WANG Y M,LIU F,et al. Comparative study on the effect of aerodynamic braking plates mounted at the inter-carriage region of a high-speed train with pantograph and air-conditioning unit for enhanced braking [J]. Journal of Wind Engineering and Industrial Aerodynamics:The Journal of the Inernational Association for Wind Engineering,2020,206:104360.
[76] NIU J Q,WANG Y M,LI R,et al. Comparison of aerodynamic characteristics of high-speed train for different configurations of aerodynamic braking plates installed in inter-car gap region[J]. Flow,Turbulence and Combustion,2021,106(1):139-161.

[77] NIU J Q, WANG Y M, CHEN Z W, et al. Numerical study on the effect of braking plates on flow structure and vehicle and enhanced braking of vehicles inside and outside tunnels[J]. Journal of Wind Engineering and Industrial Aerodynamics: The Journal of the Inernational Association for Wind Engineering, 2021, 214: 104670.

[78] TIAN C, WU M L, ZHU Y Y, et al. Running safety of high-speed train equipped with aerodynamic brake under cross wind[C]//Advances in Power and Electrical Engineering, Part 1: Trans Tech Publications, 2013: 341-347.

[79] ZHANG L, LI T, ZHANG J Y. Effect of braking plates on the aerodynamic behaviors of a high-speed train subjected to crosswinds[J]. Energies, 2021, 14(2): 401.

[80] NIU J Q, WANG Y M, WU D, et al. Comparison of different configurations of aerodynamic braking plate on the flow around a high-speed train[J]. Engineering Applications of Computational Fluid Mechanics, 2020, 14(1): 655-668.

[81] NIU J Q, WANG Y M, LIU F, et al. Numerical study on the effect of a downstream braking plate on the detailed flow field and unsteady aerodynamic characteristics of an upstream braking plate with or without a crosswind[J]. Vehicle System Dynamics: International Journal of Vehicle Mechanics and Mobility, 2021, 59(5): 657-674.

[82] ZHAI Y J, NIU J Q, WANG Y M, et al. Unsteady flow and aerodynamic behavior of high-speed train braking plates with and without crosswinds [J]. Journal of Wind Engineering and Industrial Aerodynamics: The Journal of the Inernational Association for Wind Engineering, 2020, 206: 104309.

高速铁路基础研究与技术创新丛书

第一期(16 册)

(一)基础理论与基础技术系列

高速铁路散体道床宏细观力学行为 赵春发 翟婉明 张 徐 著

ISBN 978-7-113-28857-0

高速铁路线路系统动力学 龙许友 时 瑾 王英杰 编著

ISBN 978-7-113-28997-3

高速铁路弓网关系研究 韩通新 著

ISBN 978-7-113-28941-6

(二)动车组系列

高速列车轻量化设计 李 明 伊召锋 米莉艳 等编著

ISBN 978-7-113-28972-0

(三)供电系列

高速铁路受电弓 韩通新 编著

ISBN 978-7-113-28975-1

高速铁路接触网检测技术 韩通新 著

ISBN 978-7-113-28961-4

(四)工程设计系列

高速铁路桥梁抗震设计 陈兴冲 张永亮 编著

ISBN 978-7-113-28964-5

高速铁路轨道工程 BIM 正向设计软件开发及实践 姚 力 刘大园 董凤翔 等编著

ISBN 978-7-113-28934-8

(五)工程施工与组织系列

高速铁路桥梁 BIM 技术研究与实践 盛黎明 苏 伟 刘延宏 宋树峰 编著

ISBN 978-7-113-28938-6

高速铁路岩溶路基边坡变形与稳定 白明洲 师 海 田 岗 等编著

ISBN 978-7-113-28880-8

高速铁路工程地质灾害超前预报图形判别和解译　　李　忠　郝娜娜　等编著

ISBN 978-7-113-28935-5

(六)通信与列控系列

高速铁路宽带无线信道测量与建模技术　　周　涛　何睿斯　艾　渤　编著

ISBN 978-7-113-28930-0

(七)测量与检测系列

(八)高铁运营与经济系列

高速铁路社会效益研究——基于时空经济分析　　李红昌　夏璇璇　著

ISBN 978-7-113-28942-3

(九)现代信息技术系列

高速铁路物联网技术　　史天运　孙　鹏　张惟皎　陈瑞凤　编著

ISBN 978-7-113-29029-0

(十)安全·健康·维护系列

高速铁路道砟飞溅机理及防治　　高　亮　石顺伟　殷　浩　著

ISBN 978-7-113-28906-5

高速列车多目标均衡综合节能技术　　张　雷　李　明　司志强　等编著

ISBN 978-7-113-28976-8

第二期(23册)

(一)基础理论与基础技术系列

高速列车空气动力学数值模拟——基于STAR-CCM+软件

李　明　李　田　戴志远　等编著

ISBN 978-7-113-30059-3

高速铁路沿线地面沉降研究与防治　　李国和　黄大中　尚海敏　王少林　编著

ISBN 978-7-113-30176-7

高速铁路路基智能填筑技术　　王同军　闫宏业　杨　斌　尧俊凯　等著

ISBN 978-7-113-30047-0

季冻区高速铁路路基服役性能与孕灾风险研究

叶阳升　蔡德钩　毕宗琦　李善珍　等著

ISBN 978-7-113-29934-7

高速铁路隧道内附属设施气动效应及安全性研究

彭立敏　杨伟超　施成华　雷明锋　著

ISBN 978-7-113-30104-0

高速铁路钢轨打磨理论与技术　王文健　郭　俊　周　坤　著

ISBN 978-7-113-30061-6

高速列车动态性能正向设计　周劲松　宫　岛　孙文静　著

ISBN 978-7-113-30050-0

高速列车自动驾驶控制理论　宿　帅　李开成　唐　涛　袁　磊　等编著

ISBN 978-7-113-30147-7

高速铁路行车调度与控制一体化　唐　涛　宿　帅　孟令云　阴佳腾　编著

ISBN 978-7-113-30112-5

高速铁路无砟轨道结构水泥基材料理论与技术

龙广成　曾晓辉　马昆林　谢友均　著

ISBN 978-7-113-30056-2

(二)动车组系列

高速列车空气动力学设计技术　丁叁叁　著

ISBN 978-7-113-30055-5

(三)供电系列

高速铁路电力牵引供电工程智能建造技术

胡志华　陈建明　奚金柱　吴命利　等编著

ISBN 978-7-113-30205-4

(四)工程设计系列

现代铁路枢纽规划设计　许佑顶　高丰农　吴学全　李传勇　等编著

ISBN 978-7-113-27468-9

高速铁路隧道底部结构动力响应特性及设计方法

彭立敏　施成华　黄　娟　丁祖德　著

ISBN 978-7-113-30133-0

(五)工程施工与组织系列

高速铁路工程勘察技术创新与实践　陈则连　著

ISBN 978-7-113-30189-7

高速铁路工程质量系统管理(第 2 版)　　卢春房　等著

ISBN 978-7-113-30108-8

高速铁路路基沉降分析与控制技术　　宋绪国　郭帅杰　编著

ISBN 978-7-113-30154-5

深埋高速铁路地下车站施工关键技术　　杨新安　马明杰　李路恒　罗　驰　编著

ISBN 978-7-113-30001-2

高速铁路施工组织创新与实践　　魏　强　编著

ISBN 978-7-113-30136-1

高速铁路路基沥青混凝土防水封闭结构　　蔡德钧　闫宏业　楼梁伟　石越峰　等著

ISBN 978-7-113-30033-3

(六)通信与列控系列

高速铁路信号系统雷电防护技术研究　　向念文　徐宗奇　阳　晋　编著

ISBN 978-7-113-30135-4

(七)测量与检测系列

(八)高铁运营与经济系列

(九)现代信息技术系列

智能高速铁路图像大数据分析技术及应用　　李　平　李　瑞　赵　冰　编著

ISBN 978-7-113-30134-7

(十)安全·健康·维护系列

高速列车横风效应及气动安全控制动力学　　毛　军　柳润东　郗艳红　著

ISBN 978-7-113-30028-9

第三期(18 册)

(一)基础理论与基础技术系列

高速铁路桥梁抗风技术　　何旭辉　邹云峰　敬海泉　等著

ISBN 978-7-113-31329-6

高速铁路智能选线理论与方法　　蒲　浩　宋陶然　李　伟　张　洪　著

ISBN 978-7-113-31670-9

(二)动车组系列

高速列车风阻制动技术　　田　春　周嘉俊　马天和　吴萌岭　编著

ISBN 978-7-113-31648-8

高速列车制动防滑控制基础理论与试验技术 田 春 朱文良 马天和 吴萌岭 编著

ISBN 978-7-113-31585-6

高速铁路轮轨廓形设计及应用 沈 钢 陈迪来 编著

ISBN 978-7-113-31307-4

高速列车辅助供电系统 张立伟 姜东杰 徐海大 编著

ISBN 978-7-113-31574-0

高速列车被动安全系统技术理论 丁叁叁 编著

ISBN 978-7-113-31996-0

(三)供电系列

高速铁路供电系统电磁暂态分析与防护 刘明光 刘 铁 编著

ISBN 978-7-113-31249-7

(四)工程设计系列

(五)工程施工与组织系列

寒区高速铁路隧道低温影响与工程对策 马志富 田四明 杨昌贤 王志杰 等编著

ISBN 978-7-113-31456-9

高速铁路路基边坡生态防护技术与实践 叶阳升 蔡德钩 魏少伟 吕 宋 著

ISBN 978-7-113-31741-6

(六)通信与列控系列

真空管磁浮高速飞行列车车地无线通信技术 刘 留 艾 渤 编著

ISBN 978-7-113-31382-1

(七)测量与检测系列

高速铁路运营监测技术 赵 斗 张冠军 王长进 梁 永 编著

ISBN 978-7-113-31182-7

高速铁路精密工程测量技术 王长进 刘 成 张冠军 石德斌 编著

ISBN 978-7-113-31519-1

铁路工程地质遥感技术创新与应用 刘桂卫 著

ISBN 978-7-113-31354-8

(八)高铁运营与经济系列

高速铁路列车开行决策理论与技术 周文梁 史 峰 徐光明 等著

ISBN 978-7-113-31563-4

（九）现代信息技术系列

高速铁路数据中心设计技术 杨德修　樊　艳　赵　耀　崔校玉　编著

ISBN 978-7-113-31126-1

（十）安全·健康·维护系列

绿色高速铁路技术 蒋　辉　编著

ISBN 978-7-113-31460-6

高速列车驾驶人因安全保障理论及方法 方卫宁　唐　涛　等著

ISBN 978-7-113-31311-1